westermann

Bernd Utpatel

Betrifft Sozialkunde

Lernbausteine 4 & 5

4. Auflage

Bestellnummer 02276

Die in diesem Werk aufgeführten Internetadressen sind auf dem Stand zum Zeitpunkt der Drucklegung. Die ständige Aktualität der Adressen kann vonseiten des Verlages nicht gewährleistet werden. Darüber hinaus übernimmt der Verlag keine Verantwortung für die Inhalte dieser Seiten.

service@westermann.de
www.westermann.de

Bildungsverlag EINS GmbH
Ettore-Bugatti-Straße 6-14, 51149 Köln

ISBN 978-3-427-**02276**-3

westermann GRUPPE

© Copyright 2020: Bildungsverlag EINS GmbH, Köln

Das Werk und seine Teile sind urheberrechtlich geschützt. Jede Nutzung in anderen als den gesetzlich zugelassenen Fällen bedarf der vorherigen schriftlichen Einwilligung des Verlages.

Inhalt

Vorwort 5

Lernbaustein 4: Gesellschaftliche Veränderungen analysieren 7

1 Bevölkerung im Wandel 8
   1.1 Bevölkerungsanalyse 9
   1.2 Demografischer Wandel als politische Herausforderung
       (Das Fallbeispiel Rentenpolitik) 28
   1.3 Bevölkerungsentwicklung und Pflegepolitik 37
   1.4 Bevölkerungsentwicklung und Familienpolitik 40
   1.5 Bevölkerungsentwicklung und Migrationspolitik 47
   1.6 Bevölkerungsentwicklung und Weltpolitik 55

2 Einstellungen im Wandel 70
   2.1 Kulturen, Werte, Normen 71
   2.2 Jugend im Wandel 73
   2.3 Jugend und Politik 76
   2.4 Moderne und gesellschaftlicher Wandel 77
   2.5 Wertetypen im Wandel 79
   2.6 Politische Meinungsbildung im Wandel 81
   2.7 Familie im Wandel 82

3 Arbeit im Wandel 88
   3.1 Erwerbsarbeit 89
   3.2 Arbeitslosigkeit 92
   3.3 Arbeitszeit 97
   3.4 Globalisierung des Arbeitsmarktes 101
   3.5 Beschäftigungsverhältnisse 103
   3.6 Berufliche Anforderungen in der digitalen Arbeitswelt 105

4 Sozialstaat im Wandel 112
   4.1 Entwicklung des Sozialstaats 113
   4.2 Soziale Leistungen 117
   4.3 Einkommen und soziale Gerechtigkeit 119
   4.4 Sozialversicherung in der Krise 124
   4.5 Soziale Sicherheit im internationalen Vergleich 127
   4.6 Soziale Teilhabe 131

Lernbaustein 5: Die Entwicklung des politischen Systems der Bundesrepublik Deutschland vor dem Hintergrund historischer Erfahrungen nachvollziehen und verstehen 139

1 Ideengeschichtliche Entwicklung des Staates 140
　1.1　Begriffsgeschichte des Staates 141
　1.2　Die Idee vom Staat als Ordnungsmacht 142
　1.3　Die Idee vom Gewaltmonopol des Staates 143
　1.4　Die Idee von der Herrschaft durch Vernunft 144
　1.5　Die Idee von der Begrenzung und Kontrolle staatlicher Macht 145
　1.6　Die Idee vom Staat als moralische Gesamtkörperschaft 146
　1.7　Ein fiktives Streitgespräch: Wozu braucht man einen Staat? 148

2 Demokratiegeschichtliche Entwicklung Deutschlands 156
　2.1　Die Verfassung als Grundlage des demokratischen Staates 157
　2.2　Staats- und Regierungsformen 160
　2.3　Verfassungen in Deutschland im Vorfeld der Demokratie 164
　2.4　Der Staat von Weimar als Erfahrungshintergrund der heutigen Demokratie 166
　2.5　Der nationalsozialistische Staat als Erfahrungshintergrund der Demokratie von heute 168
　2.6　Der Blick zurück – „Lehren aus der Geschichte" 171
　2.7　Der Staat der DDR als Erfahrungshintergrund der Demokratie von heute 173

3 Der Rechtsstaat als Schutz der Grund- und Menschenrechte 176
　3.1　Der Weg zur Menschenrechtserklärung der Vereinten Nationen (UN) ... 176
　3.2　Der Weg zu den Menschenrechten in der Verfassung von Weimar 179
　3.3　Die Missachtung der Menschenrechte in der nationalsozialistischen Diktatur 180
　3.4　Widerstand gegen Menschenrechtsverletzung im NS-Staat 183
　3.5　Konsequenzen aus der Verletzung des Rechtsstaats im Grundgesetz ... 184
　3.6　Merkmale des modernen Rechtsstaats 186

4 Der Sozialstaat als Antwort auf gesellschaftliche Konflikte 191
　4.1　Die „soziale Frage" als Ausgangspunkt des Sozialstaats 191
　4.2　Historische Voraussetzungen und Entstehung des Sozialstaats 193
　4.3　Der Sozialstaat als verfassungsrechtlicher Auftrag 194

5 Der Bundesstaat als Schutz vor Machtmissbrauch 197
　5.1　Grundgesetz und Bundesstaat 198
　5.2　Der Bundesstaat als Staatenverbindung 200
　5.3　Der Bundesstaat als Erbe der deutschen Vergangenheit 205
　5.4　Die Beseitigung bundesstaatlicher Strukturen in Deutschland 208

Sachwortverzeichnis 211

Bildquellenverzeichnis 214

Vorwort

Liebe Schülerinnen und Schüler,

die 4. Auflage des Lehr- und Arbeitsbuchs *Betrifft Sozialkunde* (Lernbausteine 4 und 5) folgt den Vorgaben des neuen rheinland-pfälzischen Lehrplans im Fach Sozialkunde/Wirtschaftslehre vom 27.05.2019.

Inhaltlich umfasst es den Lernbaustein 4 (Gesellschaftliche Veränderungen analysieren) und 5 (Die Entwicklung des politischen Systems der Bundesrepublik Deutschland vor dem Hintergrund historischer Erfahrungen nachvollziehen und verstehen). Dementsprechend ist das Lehr- und Arbeitsbuch in zwei große Kapitel unterteilt.

Beide Lernbausteine sind verpflichtender Teil des Bildungsangebots in Rheinland-Pfalz, um die allgemeine Fachhochschulreife zu erwerben. Sie beziehen sich auf den berufsübergreifenden Unterricht in der Fachoberschule, die Berufsoberschule I sowie die duale Berufsoberschule und den Fachhochschulreifeunterricht.

Mit dem Lernbausteinkonzept wird im Sinne einer Lernspirale eine fortschreitende schulform- bzw. stufenübergreifende Vertiefung und Erweiterung der Lerninhalte angestrebt. Von dorther sind dem inhaltlichen Umfang des Lehrbuchs Grenzen gesetzt: nicht zu viel wiederholen und nicht zu viel vorwegnehmen, sondern „Anschlusslernen" durch ein Austarieren der Lerninhalte ermöglichen.

Zu den Lerninhalten stellt der Lehrplan weiter fest, dass die angestrebte berufliche Handlungskompetenz nicht durch ein „lineares Abarbeiten" erreicht werden kann. Gefordert wird deren Erschließung aus einem situativen Kontext unter Nutzung vielfältiger Zugangsformen (z. B. Textarten, Darstellungsformen, Arbeitsaufträge). Dem will das Lehr- und Arbeitsbuch Rechnung tragen, indem es lebensweltliche Problemlagen mit den Lerninhalten verknüpft und zu ihrer Bearbeitung ein breites Spektrum an Materialien anbietet. Aus diesem Grund hält sich der Autor mit eigenen Darstellungen zurück und beschränkt sich weitgehend auf Texte, die die Materialien in einen inhaltlichen Zusammenhang stellen.

Das Lehr- und Arbeitsbuch versteht sich als ein Angebot, das den Lernenden helfen will, ihre Bereitschaft und Fähigkeit zu einem werteorientierten Verhalten in einer demokratischen Gesellschaft weiter auszuformen. Es will zentrale politische Herausforderungen der Gegenwart bewusst machen, Hilfen bei der Systematisierung der Problemlagen geben, den Blick in die Vergangenheit zum Vergleich öffnen und zur Erstellung von Zukunftsszenarien befähigen. Es will aber vor allem die eigene Verantwortung für die Gestaltung der Welt bewusst machen und zur Entwicklung von Lösungsvorschlägen anregen.

Es will aber keine Auseinandersetzung mit den Materialien vornehmen oder gar eine Meinung vorgeben. Dies müssen die Lernenden selbst leisten und hierbei ihre Kompetenz zur Auswertung fachbezogener Quellen – eine wesentliche Voraussetzung der Studierfähigkeit – weiter entwickeln. Dies gilt auch für die Lernaufgaben. Sie sind als Vorschläge gedacht und wollen zu eigenen problembezogenen Fragestellungen anregen.

Ich wünsche den Lernenden viel Freude und Erfolg mit diesem Lehr- und Arbeitsbuch. Kritik und Anregungen nehme ich gerne an.

Bernd Utpatel

inkl. E-Book

Dieses Lehrwerk ist auch als BiBox erhältlich. In unserem Webshop unter www.westermann.de finden Sie hierzu unter der Bestellnummer des Ihnen vorliegenden Bandes weiterführende Informationen zum passenden digitalen Schulbuch.

Lernbaustein 4

Gesellschaftliche Veränderungen analysieren

1 Bevölkerung im Wandel

Zum Einstieg:
1. Schreiben Sie einzelne Begriffe auf, die Ihnen zu den Bildern einfallen.
2. Sammeln Sie die Begriffe in Ihrer Klasse und ordnen Sie diesen Oberbegriffe zu.
3. Beziehen Sie das Ergebnis auf die Kapitel im Lehrbuch.

1.1 Bevölkerungsanalyse

1.1.1 Die Gesellschaft als Betrachtungsgegenstand

M 1 Die Lebensverhältnisse ändern sich!

„Test the best", Aufnahme der verwitterten East Side Gallery in Berlin

Eine Gesellschaft verändert sich – und damit auch die Verhältnisse der Menschen, die in ihr leben. Dieser Vorgang wird als **sozialer Wandel** bezeichnet. Mitunter vollzieht er sich durch einen radikalen Bruch wie 1989 im östlichen Teil Deutschlands. Meist verläuft er jedoch eher schleichend, wie der Wandel der Anforderungen in der Arbeitswelt.

Die Wissenschaft, die sich mit solchen Vorgängen beschäftigt, ist die **Soziologie**. Sie beobachtet den Verlauf gesellschaftlicher Veränderungen (**Beschreibungsfunktion**), fragt nach deren Ursachen (**Theoriefunktion**), kennzeichnet deren Stand der Entwicklung (**Klassifizierungsfunktion**) und macht Aussagen über den möglichen Verlauf in der Zukunft (**Prognosefunktion**). Hierbei stützt sie sich auf ein **Modell** mit drei Betrachtungsebenen: Auf der **Makroebene** nimmt sie die Gesellschaft als Ganzes in den Blick und fragt nach ihrem inneren Aufbau, der **Sozialstruktur** (z. B. Qualifikationsstruktur). Gegenstand der **Mesoebene** ist der Wandel der **Institutionen** einer Gesellschaft, das sind die organisierten Einrichtungen (z. B. Gewerkschaften). Die Veränderungen in der Lebenswelt der einzelnen Personen (**Individuen**) werden schließlich auf der **Mikroebene** beobachtet.

M 2 Betrachtungsebenen zum sozialen Wandel (Analysemodell)

Der Wandel von der Industrie- zur Wissensgesellschaft	
Ebene	Veränderung
Makroebene	**Qualifikationsstruktur:** Die Beschäftigten übernehmen verstärkt steuernde und kontrollierende Arbeiten. Dies erfordert in der Regel ein höheres Qualifikationsniveau, sodass der Anteil der Akademiker an der Bevölkerung steigt.
Mesoebene	**Gewerkschaft:** Die höhere Eigenständigkeit der Beschäftigten verändert zugleich deren Ansprüche an die Arbeitswelt. Individuelle Bedürfnisse (z. B. Selbstverwirklichung, Karriere, Freizeitinteressen) treten in Konkurrenz zu kollektiven Einheitsverträgen (z. B. Tarifvertrag, Betriebsvereinbarung). Will die Arbeitnehmerorganisation für die Beschäftigten attraktiv bleiben, muss sie sich durch Veränderungen in ihrer Organisations- und Handlungsstruktur den neuen Anforderungen anpassen.
Mikroebene	**Freizeit:** Die Beschäftigungsfähigkeit hängt immer stärker von der Bereitschaft zum lebensbegleitenden Lernen ab. Fort- und Weiterbildung wird zu einem prägenden Teil im Lebenslauf eines Beschäftigten.

Die Analyse einer Gesellschaft ist methodisch nicht einfach. So lassen sich die Betrachtungsebenen nicht sauber voneinander trennen, da sie miteinander verschränkt sind und sich wechselseitig beeinflussen. Die so entstehende Komplexität setzt der Aussagekraft von Prognosen enge Grenzen. Ein zweites Dilemma resultiert aus dem Prozesscharakter der Gesellschaft. Alle Daten, die durch empirische Erhebungen (z. B. Umfragen) gewonnen werden, sind nur Momentaufnahmen und haben deshalb nur eine zeitbezogene Aussagekraft. Erschwerend kommt drittens hinzu, dass sich die Gesellschaft im Inneren unterschiedlich entwickelt und von ihren Mitgliedern folglich verschieden (z. B. entsprechend der persönlichen Einkommenssituation) wahrgenommen wird. Beispiele für das Prognoseproblem der Sozialwissenschaften sind insbesondere die Krisen 1989 (Zusammenbruch der kommunistischen Staaten) und 2008 (Zusammenbruch des Weltfinanzmarktes). Beide wurden im Wesentlichen nicht vorhergesehen.

M 3 Geteilte Selbstwahrnehmung der Gesellschaft

Bundesministerium für Arbeit und Soziales (Hg.): Wahrnehmung von Armut und Reichtum in Deutschland – Ergebnisse der repräsentativen Bevölkerungsbefragung „ARB-Survey 2015", S. 19.

Lernaufgabe 1.1.1   Die Gesellschaft als Betrachtungsgegenstand 1
1. Erstellen Sie eine Umfrage in Ihrer Klasse nach M 3. Vergleichen Sie die Ergebnisse und begründen Sie mögliche Abweichungen.
2. Vergleichen Sie die Wohlstandsindikatoren mit den Angaben der OECD. Link: www.oecdbetterlifeindex.org/de (oder anhand folgender Suchbegriffe: OECD, Besser leben – wie und wo?).

1.1.2 Die Bevölkerung als Betrachtungsgegenstand

Politische Entscheidungen stützen sich auf Informationen über die **Bevölkerung**. Darunter werden alle Personen verstanden, die in einem festgelegten Gebiet ihren Hauptwohnsitz haben – also auch Ausländer, die im amtlichen Melderegister eingetragen sind. Die wichtigsten Stellgrößen der Bevölkerungsentwicklung sind die **natürlichen** (Geburten und Sterbefälle) und **räumlichen** (Zu- und Fortzüge) **Bevölkerungsbewegungen**. Beide bewirken eine Dynamik, durch die sich die Bevölkerung stets erneuert, während alle ihre Mitglieder früher oder später sterben.

Die Wissenschaft, die sich mit der Struktur der Bevölkerung und ihrer zahlenmäßigen Veränderung beschäftigt, ist die **Demografie**. Sie stützt sich auf die Daten der Register in den Behörden, beispielsweise der **Standesämter** (Geburten- und Sterbefälle) oder der **Meldeämter** (Zu- und Fortzüge). Die von unterschiedlichen Stellen erfassten Daten werden von den statistischen Ämtern auf Landes- und Bundesebene gesammelt, ausgewertet und als **amtliche Statistik** veröffentlicht (www.destatis.de). Zur Vertiefung und Ergänzung werden zudem jährlich Stichproben erhoben, bei denen eine repräsentative Auswahl von Bürgern im Umfang von einem Prozent der Bevölkerung verpflichtet wird, Auskunft über die individuelle wirtschaftliche und soziale Lage zu geben (**Mikrozensus**).

Seit 2011 beteiligt sich Deutschland an der EU-weiten Ermittlung von Kennzahlen zur Bevölkerung und deren Arbeits- und Wohnverhältnissen (**Zensus 2011**). Diese umfassende Befragung findet alle zehn Jahre statt und soll in den wichtigsten Bereichen ab 2025 jährlich aktualisiert werden. In Deutschland werden die Daten im Gegensatz zu den früheren und viel kritisierten direkten Volksbefragungen im Wesentlichen über vorhandene amtliche Register erhoben. Die Haushalte geben nur noch in Stichproben unmittelbar Auskunft und die Anzahl der befragten Haushalte ist auf maximal 10 % der Bevölkerung begrenzt. Zu beantworten sind 46 Fragen zu Bereichen wie Bildung, Familienstand oder Migrationshintergrund.

M 4   Begründung der Bevölkerungsstatistik (Zensus)

Das erste wichtige Ziel des Zensus ist die genaue Feststellung der amtlichen Einwohnerzahlen Deutschlands. Ob Länderfinanzausgleich, die Einteilung der Bundestagswahlkreise, die Stimmenverteilung der Bundesländer im Bundesrat oder die Sitze Deutschlands im Europaparlament – all das hängt von aktuellen Einwohnerzahlen ab. Auch eine ganze Reihe von Statistiken basiert auf den aktuellen Einwohnerzahlen, so zum Beispiel die Berechnung des jährlichen Bruttoinlandsprodukts (BIP) pro Kopf. Das zweite wesentliche Ziel […] ist,

Informationen zum Wohnraum, zur Bildung und zum Erwerbsleben zu gewinnen. Wie viele Erwerbstätige gibt es, wie viele Menschen davon sind selbstständig? Wo werden in den kommenden Jahren wie viele Kinder eingeschult? Wie viele Wohnungen gibt es in Deutschland und wie sind sie ausgestattet? Um diese Fragen zu beantworten, braucht man genaue und aktuelle Daten. Die Basis hierfür bildet ein Zensus, der – als eine Art Inventur – in regelmäßigen Abständen durchgeführt werden muss.

ZENSUS 2011: Informationen zum Ablauf der Befragungen. Herausgegeben vom Statistischen Landesamt Rheinland-Pfalz. Bad Ems: Statistisches Landesamt Rheinland-Pfalz 2011, S. 2.

Lernaufgabe 1.1.2   Die Bevölkerung als Betrachtungsgegenstand 2
1. Begründen Sie die Notwendigkeit der Erhebung von Daten über die Bevölkerung.
2. Ermitteln Sie die Zensusdaten Ihrer Heimatgemeinde. Link: https://ergebnisse.zensus2011.de (oder anhand folgender Suchbegriffe: Rheinland-Pfalz Zensus 2011).

1.1.3 Rechtliche Grundlagen der Bevölkerungsstatistik

M 5 Rechtsgrundlage der Bevölkerungsstatistik

Gesetz zur Durchführung einer Repräsentativstatistik über die Bevölkerung und die Arbeitsmarktbeteiligung sowie die Wohnsituation der Haushalte (Mikrozensusgesetz – MZG):
§ 13 Auskunftspflicht
(1) Für den Mikrozensus besteht Auskunftspflicht, soweit [...] nichts anderes bestimmt ist. [...]
(2) Auskunftspflichtig sind [...] alle volljährigen Haushaltsmitglieder und alle einen eigenen Haushalt führenden Minderjährigen, jeweils auch für minderjährige Haushaltsmitglieder.

M 6 Kritik an der bevölkerungsstatistischen Befragung

Ich weiß, dass ich gesetzlich verpflichtet wäre, zu antworten. Ich werde mich trotzdem verweigern, sollte ich unter den Auserwählten [der Stichprobe] sein. [...] Das Bußgeld [bis 5 000,00 €] würde ich in Kauf nehmen – und dagegen klagen. [...] Warum muss der Staat wissen, ob mein Haus eine Dusche und eine Toilette hat? Was hat das zu tun mit besseren Daten für den Länderfinanzausgleich, womit die Befragung ja begründet wird? [...] Datensammlungen wecken immer Begehrlichkeiten. Im Kommunikationszeitalter sind Daten ein Rohstoff, der Geld wert ist und ein Mittel, um Herrschaft auszuüben. Nur dass der Rohstoff nicht irgendwo in Afrika abgebaut wird. Es wird im Privatleben geschürft. Und wie wir [...] gesehen haben, können Daten immer auch geklaut werden, auch von Stellen, bei denen wir es nie vermutet hätten. Wikileaks hat das eindrucksvoll gezeigt. [...] Fakt ist: Der Diebstahl oder der Verlust von Daten ist immer möglich. Sichere Daten sind deshalb immer nur die, die nicht erhoben werden. [...] Es geht mir um die Würde. Das Erheben von Daten ist nicht erst dann ein Problem, wenn sie missbraucht werden. Genauso wenig wie ich will, dass der Nachbar in meinen Schubladen wühlt, will ich mir Fragen stellen lassen müssen, die meinen persönlichen Lebensbereich betreffen. Ganz egal, was mit den Antworten später gemacht wird. [...] „Haben

Sie in dieser Woche mindestens eine Stunde eine bezahlte Tätigkeit ausgeübt?", wird da gefragt. „Falls nein: Warum nicht?" Da wird nach der Religion gefragt und nach dem Geburtsland und dem der Eltern. [...] In seiner jetzigen Verfassung misstraue ich dem Staat nicht. Ich bin sogar der Meinung, dass wir allen Grund haben, ihm zu vertrauen. Aber ein System, so sonnig es uns heute vorkommen mag, besteht nicht für die Ewigkeit. Deshalb sollten wir den staatlichen Kontrollanspruch immer so klein wie möglich halten und nur das absolut Erforderliche zulassen. Das ist die Lebensversicherung für die Demokratie.

Zeh, Juli im Interview mit Wagner, Gert G.: Statistik, nicht Spitzelei. In: taz.de. 08.05.2011. www.taz.de/!5121180/ [11.07.2019].

Die statistische Erfassung von personenbezogenen Daten ist politisch umstritten, da sie die Freiheitsrechte des einzelnen Bürgers berührt. Das Bundesverfassungsgericht hat deshalb mit dem Recht auf **informationelle Selbstbestimmung** enge Grenzen gezogen: Jeder Mensch darf grundsätzlich selbst darüber entscheiden, ob und wem und zu welchem Zweck er seine personenbezogenen Daten preisgibt. Diese sind also kein frei zugängliches Informationsmaterial und der Zugriff auf sie ist eine begründungsbedürftige Ausnahme.

Lernaufgabe 1.1.3   Rechtliche Grundlagen der Bevölkerungsstatistik 3
1. Sichten Sie die verpflichtenden Befragungsinhalte des § 6 Mikrozensusgesetz. Suchbegriff: „Gesetz zur Durchführung einer Repräsentativstatistik über die Bevölkerung" (hier MZG).
2. Diskutieren Sie mögliche Gefahren, die mit dem „Mikrozensus" verbunden sind.

1.1.4   Die Speicherung von Daten als politisches Konfliktfeld

M 7 IT-Diktatur: Chinas Sozialkredit-System

Der Staat sammelt so viele Daten wie möglich, trägt sie zusammen und wertet sie aus. Jeder Bürger bekommt ein Punkte-Konto. [...] Zhang Jian [...] weiß, worauf er im Alltag zu achten hat. [...] „Wenn ich bei Rot über die Ampel fahre, geht's runter mit dem Kontostand. [...] Wenn man sich in der Öffentlichkeit daneben benimmt, zum Beispiel in eine Schlägerei verwickelt ist, kommt man sofort auf die schwarze Liste. Auch meine Arbeit [...] fließt in das Sozialkredit-System ein. Wenn die Bürger [...] nicht zufrieden sind, können sie sich beschweren. Das hat dann Auswirkungen auf meinen Punktestand." Die [...] Einwohner [...] müssen ihren Sozialkredit-Punktestand regelmäßig vorweisen: für eine mögliche Beförderung beim Arbeitgeber, für die Mitgliedschaft in der Kommunistischen Partei Chinas, für die Beantragung eines Kredits bei der Bank. Nichts geht mehr ohne gute Bewertung. An Lin ist Sachbearbeiterin im Amt für Sozialkredit-Management: „Der Punktestand ist anfangs für alle gleich, nämlich genau 1 000. Diese Zahl erhöht sich dann mit der Zeit – oder wird niedriger. Die höchste Bewertung ist AAA. Dazu braucht man einen Stand von mindestens 1 050 Punkten, also 50 mehr als die ursprünglichen 1 000. Dann geht es nach unten weiter mit AA und dann A und so weiter. Die schlechteste Bewertung ist D – da liegt man bei unter 599 Punkten." Die mit einer A-Bewertung stehen auf der roten, die anderen auf der schwarzen Liste. Die auf der roten Liste werden bevorzugt behandelt: bei Zulassungen für Schulen, bei sozialen Leistungen oder auch beim Abschluss von Versicherungen. Die aus der C-Gruppe werden regelmäßig kontrolliert und bekommen bestimmte Einschränkungen. Das kann z. B. die Kürzung von sozialen Hilfen sein. Wer in der untersten Klasse D auftaucht, qualifiziert sich nicht mehr für Führungspositionen, bekommt bestimmte Leistungen gestrichen und verliert seine Kreditwürdigkeit.

Dorloff, Axel: China auf dem Weg in die IT-Diktatur. In: Deutschlandradio. 23.08.2018. www.deutschlandfunk.de/sozialkredit-system-china-auf-dem-weg-in-die-it-diktatur.724.de.html?dram:article_id=421115 [12.07.2019].

M 8 Informationelle Selbstbestimmung – Datenschutz als Fundament der Demokratie

Im Mittelpunkt der grundgesetzlichen Ordnung stehen Wert und Würde der Person, die in freier Selbstbestimmung als Glied einer freien Gesellschaft wirkt. Ihrem Schutz dient [...] die [...] Befugnis des Einzelnen, grundsätzlich selbst zu entscheiden, wann und innerhalb welcher Grenzen persönliche Lebenssachverhalte offenbart werden [...]

[Diese Befugnis] ist vor allem deshalb gefährdet, weil [...] mit Hilfe der automatischen Datenverarbeitung Einzelangaben über persönliche oder sachliche Verhältnisse einer bestimmten oder bestimmbaren Person [personenbezogene Daten] technisch gesehen unbegrenzt speicherbar und jederzeit ohne Rücksicht auf Entfernungen in Sekundenschnelle abrufbar sind. Sie können darüber hinaus [...] mit anderen Datensammlungen zu einem teilweise oder weitgehend

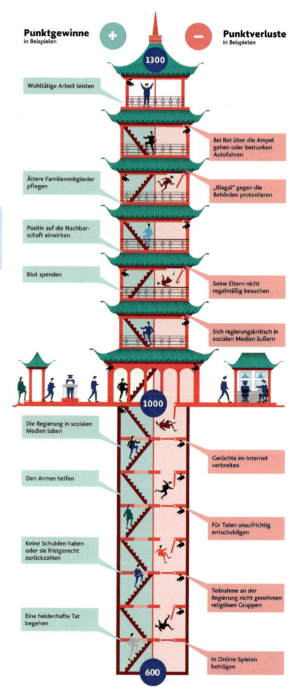

Grafische Darstellung von Chinas Sozialkredit-System

vollständigen Persönlichkeitsbild zusammengefügt werden, ohne daß der Betroffene dessen Richtigkeit und Verwendung zureichend kontrollieren kann. [...]

Wer nicht mit hinreichender Sicherheit überschauen kann, welche ihn betreffende Informationen in bestimmten Bereichen seiner sozialen Umwelt bekannt sind, und wer das Wissen möglicher Kommunikationspartner nicht einigermaßen abzuschätzen vermag, kann in seiner Freiheit wesentlich gehemmt werden, aus eigener Selbstbestimmung zu planen oder zu entscheiden. Mit dem Recht auf informationelle Selbstbestimmung wären eine Gesellschaftsordnung und eine diese ermöglichende Rechtsordnung nicht vereinbar, in der Bürger nicht mehr wissen können, wer was wann und bei welcher Gelegenheit über sie weiß.

Wer unsicher ist, ob abweichende Verhaltensweisen jederzeit notiert und als Information dauerhaft gespeichert, verwendet oder weitergegeben werden, wird versuchen, nicht durch solche Verhaltensweisen aufzufallen. Wer damit rechnet, daß etwa die Teilnahme an einer Versammlung oder einer Bürgerinitiative behördlich registriert wird und daß ihm dadurch Risiken entstehen können, wird möglicherweise auf eine Ausübung seiner entsprechenden Grundrechte (Art. 8, 9 GG) verzichten. Dies würde nicht nur die individuellen Entfaltungschancen des Einzelnen beeinträchtigen, sondern auch das Gemeinwohl, weil Selbstbestimmung eine elementare Funktionsbedingung eines auf Handlungsfähigkeit und Mitwirkungsfähigkeit seiner Bürger begründeten freiheitlichen demokratischen Gemeinwesens ist. [...]

Hieraus folgt: Freie Entfaltung der Persönlichkeit setzt unter den modernen Bedingungen der Datenverarbeitung den Schutz des Einzelnen gegen unbegrenzte Erhebung, Speicherung, Verwendung und Weitergabe seiner persönlichen Daten voraus. Dieser Schutz ist daher von dem Grundrecht des Art. 2 Abs. 1 in Verbindung mit Art. 1 Abs. 1 GG umfaßt. Das Grundrecht gewährleistet insoweit die Befugnis des Einzelnen, grundsätzlich selbst über die Preisgabe und Verwendung seiner persönlichen Daten zu bestimmen.

Auszug aus dem Volkszählungsurteil des Bundesverfassungsgerichts vom 15. Dezember 1983. In: www.servat.unibe.ch. www.servat.unibe.ch/dfr/bv065001.html#Rn152 [12.07.2019].

M 9 Rechtliche Grundlagen des Datenschutzes

- Grundgesetz Art 1 Abs. 1 und Art 2 Abs. 2
  (siehe unter: www.gesetze-im-internet.de/gg)
- Verordnung der EU 2016/679 - Datenschutz-Grundverordnung (DSGVO)
  (siehe unter: https://dsgvo-gesetz.de)
- Bundesdatenschutzgesetz (BDSG)
  (siehe unter: https://dsgvo-gesetz.de/bdsg)
- Telemediengesetz (TMG)
  (siehe unter: www.gesetze-im-internet.de/tmg)

Lernaufgabe 1.1.4 Die Speicherung von Daten als politisches Konfliktfeld 4
1. Begründen Sie das Recht auf „informationelle Selbstbestimmung".
2. Vergleichen und bewerten Sie die Digitalisierungspolitik Deutschlands und der Volksrepublik China.

1.1.5 Datenschutz und Kommunikation

M 10 Datenschutz und soziale Netzwerke

Im März 2018 wurde in der Öffentlichkeit bekannt, dass über eine von November 2013 bis Mai 2015 mit Facebook verbundene App – nach Angaben des Unternehmens – Daten von 87 Millionen Nutzern weltweit, davon 2,7 Millionen Europäern und etwa 310 000 Deutschen erhoben und an das Analyseunternehmen Cambridge Analytica weitergegeben wurden. [...] Der Datenskandal [...] wirft ein Schlaglicht auf den Umgang mit Millionen Nutzerdaten. Zudem dokumentieren die Vorgänge um Cambridge Analytica, dass Facebook über Jahre hinweg den Entwicklern von Apps den massenhaften Zugriff auf Daten von mit den Verwendern der Apps befreundeten Facebook-Nutzenden ermöglicht hat. Das geschah ohne eine Einwilligung der Betroffenen. Tatsächlich ist der aktuell diskutierte Fall einer einzelnen App nur die Spitze des Eisbergs. So geht die Zahl der Apps, die das Facebook-Login-System nutzen, in die Zehntausende. Die Zahl der davon rechtswidrig betroffenen Personen dürfte die Dimension des Cambridge-Analytica-Falls in dramatischer Weise sprengen und dem Grunde nach alle Facebook-Nutzenden betreffen. Das Vorkommnis zeigt zudem die Risiken für Profilbildung bei der Nutzung sozialer Medien und anschließendes Mikrotargeting [gezielte Ansprache], das offenbar zur Manipulation von demokratischen Willensbildungsprozessen [Brexit, US-Wahl] eingesetzt wurde.

Entschließung der Konferenz der unabhängigen Datenschutzbehörden des Bundes und der Länder – Düsseldorf, 26. April 2018. In: www.datenschutz-berlin.de. 25./26. April 2018. www.datenschutz-berlin.de/beschluesse.html [12.07.2019].

M 11 Die Gier sozialer Netzwerke nach Daten

M 12 Smart Nation versus Selbstbestimmung

Selbst wenn dem Schutz der Privatheit sowie personenbezogenen Daten von vielen Bürgerinnen und Bürgern ein geringerer Wert beigemessen wird und Menschen vielfach aus Bequemlichkeit oder wegen anderer Motive eine Fülle an Informationen aus ihrem Leben preiszugeben bereit sind oder als „Default-Einstellung" [Anerkennung der vorgegebenen Einstellungen] abwählen, bleibt das individuelle Eigentumsrecht davon unberührt und dies ist auch nicht veräußerbar. Gleichwohl werden bei Online-Diensten, Kommunikationsplattformen und Versandhändlern zunehmend Beispiele der Verhaltenssteuerung durch Algorithmen publik, die nicht immer rechtsstaatlichen Anforderungen und Prinzipien, wie Gerechtigkeit, Fairness, Transparenz oder Chancengleichheit, gehorchen. Von daher ist es auch mehr als Symbolik, der Wirksamkeit der informationellen Selbstbestimmung als „Default-Setting" bei der Nutzung digitaler Dienste und beim Zustandekommen von Vertragsverhältnissen Geltung zu verschaffen und nicht etwa deren Verzicht. Standardeinstellungen müssen rechtsstaatlichen Anforderungen entsprechen. Wo sie das nicht tun, muss der Staat dafür sorgen, dass sie angepasst werden. [...] Die Schule muss dafür sorgen, dass Kinder und Jugendliche Aufmerksamkeit und Problembewusstsein für das „Default-Setting" entwickeln und auch in dieser Hinsicht handlungsfähig werden.

Schupp, Jürgen: Smart nation versus Selbstbestimmung. In: Rat für Kulturelle Bildung e.V. www.rat-kulturelle-bildung.de/fileadmin/user_upload/RFKB_AllesImmerSmart_Juergen_Schupp.pdf [12.07.2019].

Lernaufgabe 1.1.5   Datenschutz und Kommunikation 5
1. Problematisieren Sie die Erfassung und Analyse von Bevölkerungsdaten durch soziale Netzwerke und Webseitenanbieter.
2. Zeigen Sie Beispiele für die Informationspflicht zum Datenschutz auf, die für Anbieter von Webseiten (§ 13 TMG) vorgeschrieben sind (Suchhilfe: „BMJV" und „Datenschutzerklärung").

1.1.6 Manipulation durch Statistik

„Mit Statistiken kann man alles beweisen!" Diese allgemeine Redensart ist weithin bekannt, aber die Behauptung gilt nicht für jeden: Wer gelernt hat, Statistiken genau zu lesen, dem kann man so schnell nichts vormachen. Um die statistischen Zahlen nicht falsch zu interpretieren, müssen sie in einem Ursache-Wirkung-Zusammenhang stehen (Kausalität). So ist beispielsweise die Aussage „kleinere Menschen haben längere Haare" statistisch gesehen zwar richtig, aber nicht wegen der Körpergröße, sondern wegen der weiblichen Haarmode und der Tatsache, dass Frauen in der Regel kleiner sind als Männer. Ferner ist zu fragen, wie die Zahlen entstanden sind, ob alle notwendigen Daten erfasst sind und die Stichprobe repräsentativ ist, sich also in der Gesamtheit widerspiegelt.

M 13 Konfuse Statistik

Unstatistik des Monats: Immer noch Konfusion bei Kriminalität
Die Unstatistik April 2018 ist die Zahl 14 864. So viele erfasste Straftaten pro 100 000 Einwohner gab es im Jahr 2017 in Frankfurt am Main. Die Stadt führt damit die Kriminalitätsliga in Deutschland an, melden unter anderem die Frankfurter Rundschau und der Tagesspiegel.

Aber tut sie das wirklich? Zunächst einmal gibt es große Unterschiede über Raum und Zeit bei der Erfassung von Kriminalität. In der einen Gemeinde schaut man bei Rauschgiftdelikten lieber weg, in der anderen wird ermittelt. Zudem pendeln in Frankfurt rund 300 000 Menschen täglich zur Arbeit ein, rund 60 Millionen Fluggäste kamen 2017 auf dem Flughafen Frankfurt an oder flogen ab. Alle von diesen Menschen verübten oder durch diese Menschen erlittenen Straftaten gehen auf das Konto der Stadt Frankfurt. In München dagegen gehört der Flughafen den Landkreisen Erding und Freising an.

RWI-Essen: Immer noch Konfusion bei Kriminalität. In: rwi-essen.de. www.rwi-essen.de/media/content/pages/presse/downloads/180427_unstatistik_april.pdf [12.07.2019].

Lernaufgabe 1.1.6   Manipulation durch Statistik 6
1. Erläutern Sie an Beispielen die Fragwürdigkeit von Statistiken (Recherchehilfe: www.rwi-essen.de/unstatistik).
2. Was das Statistische Bundesamt die Bevölkerung fragen darf, ist im Mikrozensusgesetz (MZG 2005) festgelegt. Recherchieren und problematisieren Sie die Vorgaben (www.gesetze-im-internet.de).

1.1.7   Elemente der Bevölkerungsstruktur

Ein Element des Bevölkerungsaufbaus ist die **Geschlechterstruktur**. Um die Anzahl von Frauen und Männern besser darstellen, analysieren und interpretieren zu können, wird sie häufig in Form einer **Kreuztabelle** oder eines **Diagramms** dargestellt.

M 14 Tabelle als Form der Darstellung

Kreuztabelle

Bevölkerungsaufbau 2012		
Geschlecht	absolut	relativ
männlich	40 221 667	49 %
weiblich	41 620 561	51 %
Summe	81 842 228	100 %

- Kopfleiste: obere Zeile
- Merkmal (Variable): Geschlecht
- Art der Häufigkeit: absolut / relativ
- Merkmalsausprägung (Variablenwert): männlich, weiblich
- Teilmenge (Klasse): Zeilen männlich/weiblich
- Zeile / Vorspalte / Hauptspalte
- Gesamtmenge (Masse): Summe

Eigene Darstellung nach Zahlen des Statistischen Bundesamtes, Wiesbaden 2012.

M 15 Diagramm als Form der Darstellung (Bevölkerungsstand 2017)

Beide Grafiken: Eigene Darstellung nach Zahlen des Statistischen Bundesamtes, Wiesbaden 2018.

Lernaufgabe 1.1.7   Elemente der Bevölkerungsstruktur 7
1. Im Jahr 2017 lebten in Deutschland 9 575 400 Nichtdeutsche (d. h. Personen ohne deutsche Staatsangehörigkeit). Erstellen Sie eine Kreuztabelle und ein Säulendiagramm in Relation zur Gesamtbevölkerung.
2. Problematisieren Sie die Darstellungsformen im Hinblick auf die Möglichkeit zur Manipulation.

1.1.8 Altersstruktur als Lebensbaum

Ein weiteres Element der Bevölkerungsanalyse ist die **Altersstruktur**. Sie wird im sogenannten **Lebensbaum** abgebildet. Die Vertikale zeigt hierbei die verschiedenen Altersklassen und die Horizontale, getrennt nach den Geschlechtern, die jeweilige Anzahl der Personen. Als klassische Form gilt die Dreiecksform, bei der die Zahl der Jungen die der Alten überwiegt. In modernen Gesellschaften hat der Lebensbaum eher die Form einer Urne, bei der die Zahl der Alten die der Jungen übersteigt.

M 16 Lebensbaum als Form der Darstellung

Beeinflusst wird die Struktur des Lebensbaums durch die Zahl der Geburten (**Fruchtbarkeit oder Fertilität**), der Zahl der Gestorbenen (**Sterblichkeit oder Mortalität**) und der Zu- bzw. Abwanderung (**Migration**) einer Bevölkerung. Grafisch wird der zeitliche Verlauf dieser Werte zumeist als Liniendiagramm dargestellt, um den Trend und seine Ausschläge aufzuzeigen. Bleibt die Geburtenzahl (bei ausgeglichener Migrationsbilanz) unter der Sterbezahl, dann sinkt die Bevölkerungszahl und umgekehrt.

20 Gesellschaftliche Veränderungen analysieren

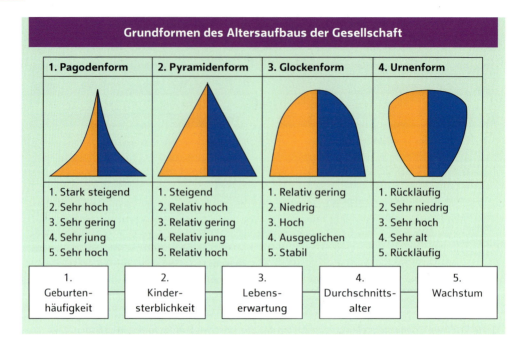

M 17 Verlauf der Anzahl der Geburten- und Sterbefälle

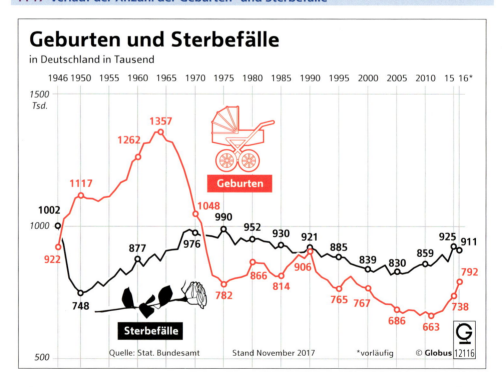

Lernaufgabe 1.1.8   Altersstruktur und Lebensbaum 8
1. Gliedern und vergleichen Sie den Verlauf der Geburten- und Sterbefälle.
2. Recherchieren Sie mögliche Ursachen der Abweichungen vom Trend.

1.1.9 Statistische Faktoren der Bevölkerungsentwicklung

M 18 Wichtige demografische Kennzahlen

- **Geburtenzahl:** absolute Anzahl der lebendgeborenen Kinder in einem Zeitraum (z. B. Kalenderjahr)
- **rohe Geburtenziffer oder -rate:** relative Geburtenzahl z. B. bezogen auf 1 000 Einwohner. Sie drückt als Schätzwert aus, wie viele Kinder eine Frau in ihrem Leben bekommt, wenn die Bedingungen gleich bleiben. Der Wert für 2017 liegt bei 1,7 Kindern und besagt, dass eine Frau nach aktuellen Gegebenheiten in ihrem Leben im Durchschnitt 1,7 Kinder bekommt. Damit liegt er unter dem Reproduktionserfordernis von 2,1 Kindern (Bestandserhaltungsniveau), was zu einer Schrumpfung der Bevölkerung führt. Da sich mit dem Geburtenrückgang zugleich die Zahl der Frauen verringert, erhöht sich das Tempo des Bevölkerungsrückgangs im Zeitverlauf.
- **allgemeine Fertilitätsrate:** relative Geburtenzahl z. B. bezogen auf 1 000 Frauen im gebärfähigen Alter von 15 bis 49 Jahren
- **altersspezifische Fertilitätsrate:** relative Geburtenzahl eines Jahrgangs oder einer Jahrgangsgruppe (Kohorte) z. B. bezogen auf 1 000 Frauen
- **zusammengefasste Geburtenziffer** (engl. total fertility rate TFR): Summe der altersspezifischen Fertilitätsraten. Sie drückt aus, wie viele Kinder im Durchschnitt eine Frau im Leben bekommt, wenn die Geburtenhäufigkeit bleibt, wie sie im Berechnungszeitraum ist: Fällt sie unter 2,1 (Bestandserhaltungsniveau), schrumpft die Bevölkerung und umgekehrt.
- **Sterbefälle:** Anzahl der in einem Zeitraum (z. B. Kalenderjahr) Verstorbenen (ohne Totgeburten)
- **Sterbeziffer bzw. -rate:** relative Zahl der Todesfälle bezogen auf z. B. 1 000 Einwohner
- **Lebenserwartung:** statistisch noch verbleibende Lebenszeit eines Menschen ab einem bestimmten Zeitpunkt
- **Sterbetafel:** altersbezogene statistische Wahrscheinlichkeit über die Zahl der Sterbenden in einem Zeitraum (z. B. Kalenderjahr)
- **Wanderungssaldo:** Zuzüge und Wegzüge im Vergleich

Gesellschaftliche Veränderungen analysieren

M 19 Zusammengefasste Geburtenziffer in Deutschland, 1871 bis 2016

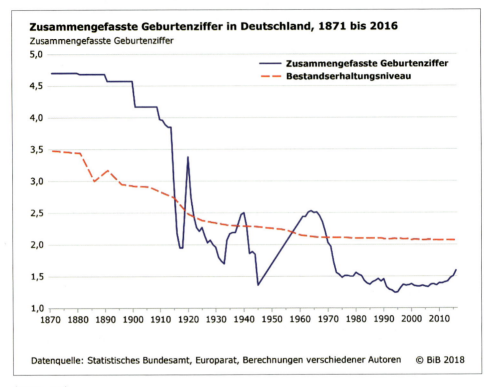

(2017 = 1,7)

M 20 Sterbetafel zur Lebenserwartung von Männern und Frauen im Vergleich der Zeiträume: 1871/1881 und 2015/2017

Vollendetes Alter in Jahren	Männer				Frauen			
	Lebenserwartung in Jahren		Überlebende von 100 000 Neugeborenen		Lebenserwartung in Jahren		Überlebende von 100 000 Neugeborenen	
	1871/1881	2015/2017	1871/1881	2015/2017	1871/1881	2015/2017	1871/1881	2015/2017
0	35,6	78,4	100 000	100 000	38,5	83,2	100 000	100 000
1	46,5	77,6	74 727	99 644	48,1	82,4	78 260	99 692
5	49,4	73,7	64 871	99 578	51,0	78,5	68 126	99 636
10	46,5	68,7	62 089	99 535	48,2	73,5	65 237	99 601
20	38,5	58,8	59 287	99 347	40,2	63,6	62 324	99 479
30	31,4	49,1	54 454	98 880	33,1	53,7	57 566	99 278
40	24,5	39,5	48 775	98 058	26,3	43,9	51 576	98 856
50	18,0	30,1	41 228	96 130	19,3	34,4	45 245	97 744

Vollen-detes Alter in Jahren	Männer				Frauen			
	Lebenserwartung in Jahren		Überlebende von 100 000 Neugeborenen		Lebenserwartung in Jahren		Überlebende von 100 000 Neugeborenen	
	1871/1881	2015/2017	1871/1881	2015/2017	1871/1881	2015/2017	1871/1881	2015/2017
60	12,1	21,6	31 124	90 570	12,7	25,3	36 293	94 655
70	7,3	14,2	17 750	77 835	7,6	16,9	21 901	87 410
80	4,1	7,9	5 035	54 866	4,2	9,4	6 570	71 443
90	2,3	3,7	330	17 953	2,4	4,3	471	31 903

Die Werte sind für folgende Gebietsstände aufgeführt: 1871/1881 Deutsches Reich; 2015/2017 Deutschland.
Lesehilfe: Ein Mann, der 1871 sein 51. Lebensjahr erreicht, also 50 Jahre gelebt hat, kann mit weiteren 18 Lebensjahren rechnen.
Vgl. Statistisches Bundesamt (Destatis), 2018.

M 21 Entwicklung der Lebenserwartung im Zeitverlauf 1957 bis 2015

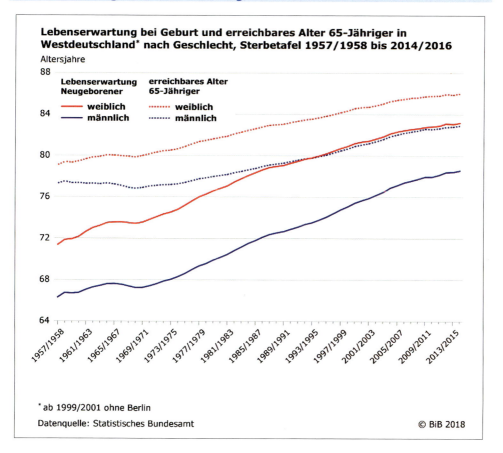

Lebenserwartung bei Geburt und erreichbares Alter 65-Jähriger in Westdeutschland* nach Geschlecht, Sterbetafel 1957/1958 bis 2014/2016

* ab 1999/2001 ohne Berlin
Datenquelle: Statistisches Bundesamt
© BiB 2018

24 Gesellschaftliche Veränderungen analysieren

Lesehilfe: Ein Mann, der zwischen 1985 und 1987 zur Welt kam, hat eine durchschnittliche Lebenserwartung von 68 Jahren. Wird er 65 Jahre alt, kann er mit einer Lebenserwartung von rund 79 Jahren rechnen. Er zeigt sich gegenüber Krankheiten – etwa durch seine Lebensführung – als besonders widerstandsfähig.

M 22 Immigration und Emigration

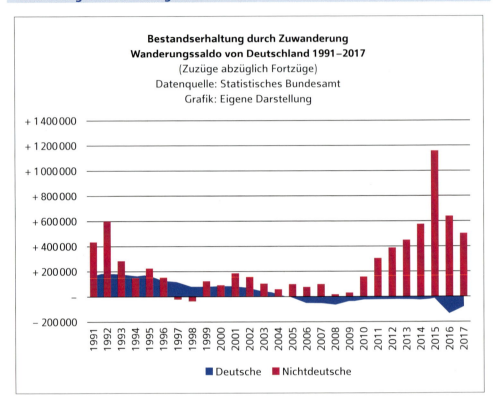

Lernaufgabe 1.1.9   Statistische Faktoren der Bevölkerungsentwicklung 9
1 Formulieren Sie die demografischen Kernaussagen der Statistiken.
2. Ermitteln Sie aktuelle Werte und Entwicklungen zentraler demografischer Kennzahlen.
   Weiterführende Links:
   – Bundesinstitut für Bevölkerungsforschung: www.bib.bund.de/DE/Fakten/Fakten (oder folgende Suchbegriffe: BiB, Fakten)
   – Statistisches Bundesamt: www.destatis.de/DE/ZahlenFakten/GesellschaftStaat/Bevoelkerung/Bevoelkerung.html

1.1.10 Entwicklung der Altersstruktur in Deutschland

M 23 Entwicklung der Altersstruktur in Deutschland

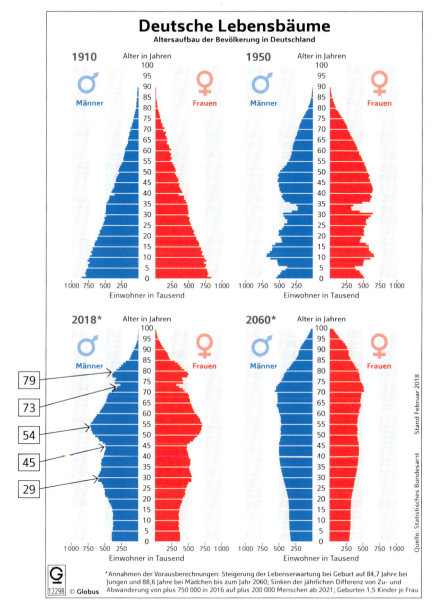

Lernaufgabe 1.1.10 Entwicklung der Altersstruktur in Deutschland 🔟
1. Bestimmen Sie die Anzahl der Bevölkerung Ihres Jahrgangs und den Ihrer Eltern und Großeltern in den Lebensbäumen.
2. Bestimmen Sie das Geburtsjahr des Jahrgangs in den gekennzeichneten Ausprägungen von 2018 und erläutern Sie den jeweiligen historisch-politischen Hintergrund.

1.1.11 Modell des demografischen Übergangs

Die Alterung der deutschen Bevölkerung erfolgte nur langsam und vollzog sich in fünf Phasen mit einem jeweils unterschiedlichen Verhältnis zwischen der Geburten- und Sterberate. Diesen Prozess beschreibt das **Modell des demografischen Übergangs**:

1. **Prätransformative Phase (Vorbereitung):** In der **vorindustriellen Gesellschaft** bringt eine Frau nicht selten 20 Kinder zur Welt, von denen aber fast die Hälfte nach der Niederkunft stirbt und die andere Hälfte im Durchschnitt nicht viel älter als 30 Jahre wird. Wegen der hohen **Geburten- und Sterberate** (Lebendgeborene bzw. Sterbefälle pro 1 000 Einwohner) wächst die Bevölkerung kaum oder nimmt sogar durch Kriege, Krankheit oder Hunger ab.

2. **Frühtransformative Phase (Einleitung):** In der vorindustriellen Phase bleibt die Geburtenrate zwar relativ hoch, aber die Kindersterblichkeit sinkt durch eine bessere Hygiene und medizinische Versorgung. Die Lebensverhältnisse verbessern sich und die durchschnittliche Lebenserwartung wird dadurch größer. Als Folge der sinkenden Sterberate wächst die Bevölkerung stetig an.

3. **Mitteltransformative Phase (Umschwung):** In der Hochphase der Industrialisierung verringert sich die Sterberate zwar weiter, aber gleichzeitig geht auch die Geburtenrate stark zurück, da die Familien auf die rückläufige Kindersterblichkeit mit einer Beschränkung ihrer Kinderzahl reagieren. Als Folge davon schwächt sich der Zuwachs der Bevölkerung ab.

4. **Spättransformative Phase (Einlenken):** Die Sterberate stabilisiert sich in der Spätphase der Industrialisierung auf einem relativ niedrigen Niveau, während die Geburtenrate – wenn auch schwächer – weiter abnimmt. Damit wird der Geburtenüberschuss immer kleiner und das Bevölkerungswachstum verringert sich erheblich.

5. **Posttransformative Phase (Ausklingen):** Die Geburtenrate stabilisiert sich auf dem niedrigen Niveau der Sterberate. In diesem Idealfall bleibt die Bevölkerungszahl konstant. Fällt sie jedoch darunter, sinkt die Bevölkerungszahl. Der Anteil der älteren Menschen steigt und mit ihm die Sterberate. Die Folge: Der Rückgang der Bevölkerungszahl wird beschleunigt.

6. **„Zweiter demografischer Übergang":** Um die Bevölkerungszahl auf dem gegebenen Niveau zu erhalten, müsste jede Frau im Durchschnitt mehr als zwei Kinder bekommen (Bestandsniveau). In Deutschland sind es jedoch „nur" ca. 1,5. Als Ursache gilt die zunehmende Individualisierung der Gesellschaft und das mit ihr verbundene Verlangen, sich selbst zu verwirklichen. Dieser Wertewandel leitet nach Anschauung einiger Demografen einen neuen „Zweiten demografischen Übergang" ein.

Das Modell des demografischen Übergangs erhebt nicht den Anspruch, eine gesetzmäßige Abfolge wiederzugeben. Es beschreibt lediglich die bisherige Entwicklung in der westlichen Welt. In anderen Kulturkreisen können andere generative Verhaltensweisen dominieren und damit auch andere Entwicklungen eintreten (vgl. S. 21 ff.).

Lernaufgabe 1.1.11 Modell des demografischen Übergangs **11**
1. Erstellen Sie eine Tabelle mit den wichtigsten Aussagen des Modells des demografischen Übergangs (Phase, Fertilität, Mortalität, Bevölkerungswachstum).

2. Wenden Sie das Modell des demografischen Wandels an (vgl. M 24). Erstellen Sie eine Verlaufsgrafik der Geburtenrate nach Regionen. Fügen Sie eine zweite mit den Sterberaten zu und diskutieren Sie den jeweiligen Stand der Übergangsphase.

1.1.12 Demografische Entwicklungen

M 24 Stand des demografischen Übergangs

Region	Geburtenrate	Sterberate
Zentralafrika	42	10
Zentralasien	24	6
Zentralamerika	20	5
Westeuropa	10	10
Deutschland	9	11

Vgl. Datenreport der Deutschen Stiftung Weltbevölkerung (DSW) 2018: Bevölkerung Mitte 2018 nach Indikatoren. www.dsw.org/landerdatenbank/#indikatoren [30.09.2019].

Ein Modell zeigt immer nur einen Ausschnitt der Realität und Vorhersagen stützen sich auf bisherige Trends. Seine Aussagekraft für die Zukunft ist deshalb sehr begrenzt.

M 25 Über die Problematik langfristiger Prognosen

Demografische Entwicklung – kein Anlass zur Dramatik

Ein Blick um 50 Jahre zurück bestätigt obige These eindrucksvoll: Zwangsläufig hätte man 1950 bei einer Schätzung für das Jahr 2000 u. a. folgende Einflussfaktoren übersehen müssen: Entwicklung und Verbreitung der Antibabypille; Anwerbung und Zuzug von ausländischen Arbeitskräften und ihren Familien; Öffnung der Grenzen im Osten mit dem Zuzug von etwa 2,5 Millionen Aussiedlern aus den osteuropäischen Ländern nach Deutschland. Auch die besten Berechnungsprogramme hätten nichts genutzt, denn auch diese können nur existierende, bekannte Trends fortschreiben. Strukturbrüche sind nicht vorhersagbar – das Problem jeder Langfristprognose! Wenn wir annehmen, im Jahr 1900 sei eine 50-Jahres-Prognose gewagt worden. Es wären schlicht zwei Weltkriege übersehen worden! Wenn zutreffende 50-Jahres-Prognosen also in der Vergangenheit unmöglich waren, warum sollen sie in unserer schnelllebigen Zeit plötzlich wie Naturgesetze gelten? [...] Auch die dritte wichtige Modellannahme, der Anstieg der Lebenserwartung um ca. 6 Jahre, ist alles andere als eine sichere Prognose. Nicht nur Kinderärzte sind angesichts von Adipositas [Fettleibigkeit] bei ca. 25 Prozent der Kinder, Bewegungsarmut, frühzeitigem Konsum von Alkohol, Nikotin und Drogen unsicher, ob der Trend tatsächlich langfristig in diese Richtung geht.

Bosbach, Gerd: Demografische Entwicklung – kein Anlass zur Dramatik. In: Demografie, Mitteilungen der Deutschen Gesellschaft für Demographie e. V. (DGD), Jahrgang 3, Ausgabe Nr. 6 (Oktober 2004), S. 21.

Gesellschaftliche Veränderungen analysieren

Lernaufgabe 1.1.12 Demografische Entwicklungen 12
1. Problematisieren Sie die Aussagekraft demografischer Prognosen.
2. Erstellen Sie eine Grafik zum Stand des demografischen Wandels in den Weltregionen (Geburten- und Sterbeziffern).

1.2 Demografischer Wandel als politische Herausforderung (Das Fallbeispiel Rentenpolitik)

1.2.1 Bevölkerungsentwicklung und Generationenvertrag

Der Geburtenrückgang und die steigende Lebenserwartung (vgl. S. 22ff.) verändern das Generationengefüge einer Gesellschaft (vgl. M 2, S. 29). Dies kann tiefgreifende soziale und wirtschaftliche Spannungen hervorrufen, in Deutschland beispielsweise durch das System der gesetzlichen Sozialversicherung (z. B. Renten- und Pflegeversicherung). Es beruht seit 1957 auf einem Umlageverfahren, dem sogenannten **„Generationenvertrag"**: Die Finanzierung der laufenden Ausgaben erfolgt durch die Beiträge der aktuell erwerbstätigen Sozialversicherungsmitglieder (ergänzt durch Beiträge der Arbeitgeber und Zahlungen des Staates).

M 1 Das Umlageverfahren zwischen den Generationen

Nimmt die Anzahl der Beitragszahler ab (vgl. M 17, S. 20) und die Anzahl der Leistungsempfänger zu (vgl. M 21, S. 23), dann entfallen auf 100 „Geldgeber" immer mehr „Geldnehmer". Als Folge müssen entweder Beiträge erhöht, Leistungen gekürzt oder staatliche Zuschüsse gewährt werden.

Bevölkerung im Wandel 29

M 2 Wandel der Altersstruktur

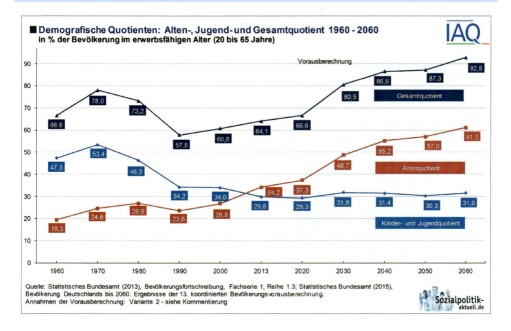

Lesehilfe: Im Jahr 2013 stehen 100 Personen im erwerbsfähigen Alter (20 bis 64 Jahre) 29,8 junge Menschen unter 20 Jahren und 34,2 ältere Menschen ab 65 Jahren gegenüber. Zusammengenommen stehen 100 erwerbsfähigen Personen 64,1 gegenüber, die in der Regel außerhalb des Erwerbslebens sind.

M 3 Geldgeber und Geldnehmer in der Rentenversicherung

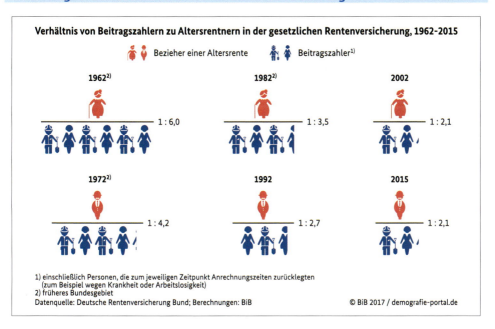

Gesellschaftliche Veränderungen analysieren

Lernaufgabe 1.2.1 Bevölkerungsentwicklung und Generationenvertrag 13
1. Erläutern Sie die Funktionsweise des Generationenvertrags.
2. Problematisieren Sie den Generationenvertrag.

1.2.2 Bevölkerungsentwicklung und Rentenpolitik

M 4 Umfrage: Frauen und Männer im Alter von 17 bis 27 Jahren

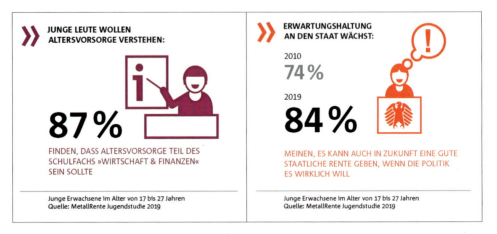

Wenn der Beitrag zur gesetzlichen Rentenversicherung aus demografischen Gründen steigt, erhöht sich nicht nur die Abgabenlast der pflichtversicherten Arbeitnehmer, sondern auch die ihrer Arbeitgeber (**„Lohnnebenkosten"**). Bei einem Bruttogehalt von 3 000,00 € beträgt der Arbeitgeberanteil monatlich rund 280,00 € (2018). Die Exportunternehmen sehen in dieser Entwicklung eine Gefahr für den Produktionsstandort Deutschland, weil höhere Kosten die globale Wettbewerbsfähigkeit beeinträchtigen. Die Rentenpolitik greift diese Bedenken zur Jahrtausendwende auf und setzt sich zum Ziel, den Beitragssatz stabil zu halten. Gleichzeitig soll jedoch – trotz der wachsenden Zahl der Rentenempfänger – das bisherige Niveau der Altersversorgung erhalten bleiben. Um dies zu erreichen, wird 2002 das Umlagesystem der Rentenversicherung durch eine kapitalgedeckte Form der Altersvorsorge (Finanzierung durch Vermögensrücklagen) ergänzt: Wer rentenversicherungspflichtig ist und zur Altersvorsorge privat Geld am Kapitalmarkt anspart (z. B. Aktien oder Sparbrief), erhält vom Staat einen finanziellen Zuschuss (**„Riesterrente"**). Eine demografische Begrenzung der gesetzlichen Rentenhöhe erfolgt 2004 mit der Einführung des **„Nachhaltigkeitsfaktors"**. Durch ihn wird die jährliche Anpassung der Renten an die Lohnentwicklung (**„Rentendynamik"**) verringert, wenn mehr Leistungsempfänger den Beitragszahlern gegenüberstehen.

Als Folge dieser Politik ist das **„Rentenniveau"** gesunken. Es gibt an, wie viel Prozent des letzten Erwerbseinkommens ein Versicherter als Rente erhält, wenn er 45 Jahre immer zum Durchschnittslohn Beiträge zahlt (**„Standardrente"**, Wert 2018 = 1 441,35 €). Beträgt das Rentenniveau im Jahr 2000 noch 53 %, liegt es 2018 nur noch bei 48 %. Zur Ausweitung der Zahl der Beitragspflichtigen wird 2007 festgelegt, das Alter für den abschlagsfreien Renteneintritt (**Regelaltersgrenze**) von 64 auf 67 Jahre anzuheben. Dies soll schrittweise im Zeitraum 2012 bis 2029 erfolgen. Das Maßnahmenbündel trug mit dazu bei, den Rentenbeitragssatz bis auf wenige Ausnahmen unter 20 % zu halten. Wissenschaftliche Studien gehen allerdings davon aus, dass dies wegen der Bevölkerungsentwicklung in den kommenden Jahren nur mit einer erheblichen Senkung des Rentenniveaus und/oder einem drastischen Anstieg staatlicher Zuschüsse möglich ist.

M 5 Rentenbeiträge als Wirtschaftsfaktor

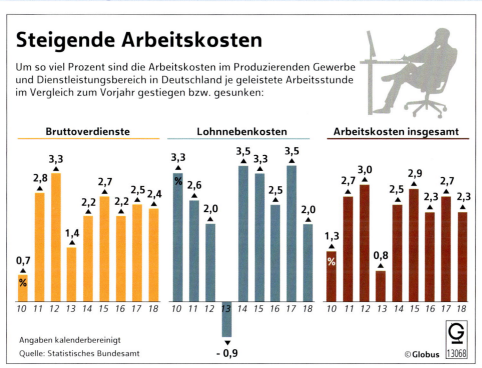

M 6 Simulationsrechnung zur demografisch bedingten Zukunft der Rentenversicherung (Recht vor 2019)

Unter dem aktuell geltenden Recht und „mittleren" (d. h. weder besonders optimistischen noch besonders pessimistischen) Annahmen entwickeln sich die wichtigsten Eckdaten der Finanzen der gesetzlichen Rentenversicherung in den nächsten Jahrzehnten wie folgt:

	aktuell	2020	2030	2040	2060
Rentenniveau[a] (%)	2017: 49,5	48,6	46,4	44,1	40,8
Beitragssatz (%)	2018: 18,6	18,6	20,6	22,4	25,4
Bundesmittel[b] (Mrd. €)	2017: 90,1	94,2	118,0	149,8	231,5

a) Sicherungsniveau netto vor Steuern (Definition lt. § 154 Abs. 3 SGB VI).
b) Bundeszuschüsse und andere Zahlungen des Bundes an die GRV (i. Pr. v. 2017).

Werding, Martin: Entwicklung der Rentenfinanzen: Berechnungen für die ZEIT. Grundlage der Simulationen: Modell SIM.16. Bochum: Ruhr-Universität Bochum 2018, 02.10.2018, S. 1. In: sowi.rub.de. https://www.sowi.rub.de/mam/content/sozialpolitik/werding_rentenfinanzen_zeit.pdf [13.07.2019].

Gesellschaftliche Veränderungen analysieren

Lernaufgabe 1.2.2   Bevölkerungsentwicklung und Rentenpolitik 14
1. Erläutern Sie die rentenpolitischen Reformen durch den demografischen Wandel.
2. Diskutieren Sie die Vor- und Nachteile einer kapitalgedeckten Rentenversicherung.

1.2.3 Kritik an der Rentenpolitik

Nach einer Umfrage der OECD aus dem Jahr 2018 („Risiken, die wichtig sind.") ist die Rentenproblematik für 76 % der Deutschen zu einer der drei Hauptzukunftssorgen geworden. Das wachsende Unbehagen der Betroffenen veranlasst 2018 den Gesetzgeber, eine „doppelte Haltelinie" in der gesetzlichen Rentenversicherung einzuführen: Bis 2025 darf der Beitragssatz nicht über 20 % steigen (**Beitragsobergrenze**) und das Rentenniveau nicht unter 48 % sinken (**Sicherungsniveaugrenze**). Zur Absicherung dieser Grenzwerte verpflichtet sich der Staat, aus den Steuereinnahmen jährlich Rücklagen zu bilden (**„Rentenfonds"**), um gegebenenfalls Fehlbeträge in der Rentenkasse auszugleichen.

M 7 Kritik an der Rentenpolitik

Vera Z., Beschäftigte im Großhandel, 60 Jahre
Nicht einmal 1 000 Euro netto habe ich als Rente zu erwarten, dabei hatte ich mit 100, 200 Euro mehr gerechnet. Ich werde mir einen Nebenjob suchen müssen, solange ich das gesundheitlich verkrafte. Traurig, aber das ist so. Die Politik hat in meinen Augen bei der Rente versagt. Die Absenkung des Rentenniveaus war ein großer Fehler, weil sie damit die Lebensleistung aller Menschen entwerten.

Eine falsche Entscheidung korrigieren
Die gesetzliche Rente schwächen und auf private Vorsorge setzen. Das war Anfang der 2000er Jahre die Idee der Politik. […] Das entlastet zwar die Arbeitgeber von Sozialabgaben, die Beschäftigten zahlen aber zusätzliche Beiträge für die private Rentenversicherung. […] Doch nach 15 Jahren zeigt sich: Dieser Plan lässt viele Menschen auf sozialen Abstieg oder gar Armut im Alter bzw. bei Erwerbsminderung zusteuern. Denn: Ein sinkendes Rentenniveau entwertet die Rente. Private Vorsorge kostet viel Geld und kann die Lücke trotzdem nicht schließen. Gibt es keinen Kurswechsel, bedeutet das: Auch bei durchschnittlichem Einkommen über Jahrzehnte drohen im Alter erhebliche finanzielle Einbußen und der soziale Abstieg.

Eine falsche Entscheidung korrigieren. In: Deutscher Gewerkschaftsbund. http://rente-muss-reichen.de/eine-falsche-entscheidung-korrigieren/ [13.07.2019].

M 8 Untergrenzen der Altersversorgung

Die **Grundsicherung** ist eine durch Steuern finanzierte Hilfe zum Lebensunterhalt im Alter. Anspruch hat jeder Bürger, wenn er ihn nicht bestreiten kann. Angerechnet wird das eigene Einkommen (z. B. Rente) und das eigene Vermögen (z. B. Immobilien). Im Gegensatz zur Sozialhilfe werden die eigenen Kinder nicht zur Zahlung herangezogen.

Die **Grundrente** ist ein für 2021 geplanter versicherungsrechtlicher Anspruch auf einen Rentenbetrag über der Grundsicherung. Er entsteht, wenn trotz langjähriger Beitragszahlung oder wegen Kindererziehungszeiten eine vorgegebene Mindestrente nicht erreicht werden kann („Respektrente").

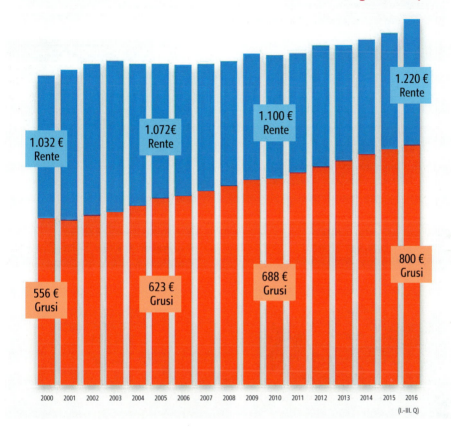

Abstand zwischen Standardrente und Grundsicherung schrumpft

Quelle: Deutsche Rentenversicherung Bund und Statistisches Bundesamt, eigene Berechnungen und Darstellung.
Grusi = anerkannte laufende Bruttobedarfe außerhalb von Einrichtungen der Grundsicherung im Alter (über 65-Jährige) für die Jahre 2003 bis 2015 beziehungsweise der Hilfe zum Lebensunterhalt die Jahre 2000 bis 2002.
Rente = verfügbare Standardrente (nach Sozialabgaben, vor Steuern)

Lernaufgabe 1.2.3   Kritik an der Rentenpolitik 15
1. Erläutern Sie die sogenannte „doppelte Haltelinie" im Rentensystem.
2. Beziehen Sie zur Kritik an der Rentenpolitik Stellung.

1.2.4 Die Zukunft der Rentenversicherung

Ab 2025 steht die gesetzliche Rentenversicherung vor einer Herausforderung: Die geburtenstarken Jahrgänge der 1960er-Jahre („Babyboomer") erreichen das Renteneintrittsalter (vgl. M 17, S. 20). Unter Beachtung der „Haltelinien" wird sich der notwendige Zuschuss des Staates (Bundesmittel) in die Rentenkasse drastisch erhöhen. Kann dies durch zusätzliche Steuereinnahmen bzw. Staatsschulden nicht finanziert werden, steigt der Beitragssatz und/oder das Rentenniveau sinkt. Der Gesetzgeber beruft deshalb 2018 die Kommission „Verlässlicher Generationenvertrag" ein, in der Rentenexperten Vorschläge zur Lösung der Finanzprobleme der gesetzlichen Rentenversicherung entwickeln.

M 9 Simulationsrechnung zur demografisch bedingten Zukunft der Rentenversicherung (Recht ab 2019)

	aktuell	2020	2030	2040	2060
Rentenniveau[a] (%)	2017: 49,5	48,6	48,0	48,0	48,0
Beitragssatz (%)	2018: 18,6	18,6	20,0	20,0	20,0
Bundesmittel[b] (Mrd. €)	2017: 90,1	94,2	140,7	232,3	472,9

a) Sicherungsniveau netto vor Steuern (Definition lt. § 154 Abs. 3 SGB VI).
b) Bundeszuschüsse und andere Zahlungen des Bundes an die GRV (i. Pr. v. 2017).

Werding, Martin: Entwicklung der Rentenfinanzen: Berechnungen für die ZEIT. Grundlage der Simulationen: Modell SIM.16. Bochum: Ruhr-Universität Bochum 2018, 02.10.2018, S. 3. In: Ruhr-Universität Bochum, Fakultät für Sozialwissenschaft. https://www.sowi.rub.de/mam/content/sozialpolitik/erding_rentenfinanzen_zeit.pdf [13.07.2019].

M 10 Zukunftsthema Rente: Karikatur aus der Sicht heutiger junger Menschen

M 11 Zukunftsthema Rente: Karikatur aus der Sicht baldiger Rentenempfänger

Lernaufgabe 1.2.4 Die Zukunft der Rentenversicherung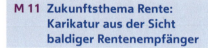
1. Stellen Sie das Zukunftsproblem der Rentenversicherung dar.
2. Beziehen Sie zu den Kernaussagen der Karikaturen kritisch Stellung.

1.2.5 Lösungsvorschläge zur Absicherung zukünftiger Renten

Die Anpassung der Rentenversicherung an die demografische Entwicklung ist eine gesamtgesellschaftliche Herausforderung. Je nach Interessenlage werden unterschiedliche Lösungswege vorgeschlagen. Gelingt es nicht, sie sozialverträglich ausgewogen in ein Ganzes einzubinden, läuft die Demokratie Gefahr, ihren Rückhalt in der Bevölkerung zu verlieren.

Zur Behebung des Rentenproblems werden zumeist die folgenden Maßnahmen vorgeschlagen:

- Anhebung der staatlichen Zuschüsse in die Rentenversicherung, finanziert durch eine allgemeine Steuererhöhung (z. B. Einkommensteuer, Mehrwertsteuer)
- Anhebung der Beitragsbemessungsgrenze der Rentenversicherung (Betrag bis zu dem das Einkommen zur Rentenfinanzierung herangezogen wird), sodass „Gutverdiener" mehr an die Rentenkasse abführen müssen
- Einbindung aller Einkommensarten (z. B. Kapitalerträge, Mieteinnahmen) in die Abgabepflicht der Rentenversicherung
- Anhebung des Renteneintrittsalters (z. B. 70 Jahre) zum besseren Ausgleich von Leistungsempfängern und Beitragszahlern
- Anhebung der Zahl der Rentenversicherungspflichtigen durch eine jährliche Zuwanderung von mindestens einer Million Migranten
- Einbindung von Selbstständigen und Beamten in die gesetzliche Rentenversicherung

M 12 Debatte: Rentenbeiträge nach Kinderzahl?

Pro: Wer altersbedingt nicht arbeiten kann, sei es als Kind oder als älterer Mensch, wurde in der vorindustriellen Zeit von seinen arbeitsfähigen Familienangehörigen versorgt. Dieser „Familienlastenausgleich" war ein Geben und Nehmen im Lebensverlauf. Mit der gesetzlichen Rentenversicherung wird dieses Versorgungssystem von der Familie auf die Gesellschaft übertragen: Die „Jüngeren" (Beitragspflichtige) finanzieren die „Älteren" (Rentenberechtigte). Auch dann, wenn keine eigenen Kinder großgezogen werden. Damit fehlt ein angemessener Ausgleich für die Erziehungskosten, die die Eltern der später Beitragspflichtigen zu tragen haben. Um diese Ungerechtigkeit zu beseitigen, muss sich der Rentenbeitrag nach der eigenen Kinderzahl richten.

Contra: Der Geburtenrückgang ist keine Folge der gesetzlichen Rentenversicherung, sondern hat gesellschaftliche Ursachen. Beispielsweise die wachsende Erwerbstätigkeit von Frauen. Diese Entwicklung stärkt die allgemeine Wirtschaftskraft (z. B. Steueraufkommen), wovon alle Gesellschaftsmitglieder profitieren. Also auch diejenigen, die nicht sozialversicherungspflichtig sind (z. B. Selbstständige, Beamte). Wenn aus einem Sachverhalt alle ihren Nutzen ziehen, müssen auch alle die damit verbundenen Nachteile tragen. So auch im Fall der geburtenbedingten Finanzlücke der Rentenversicherung. Sie muss durch höhere Zuschüsse des Staates geschlossen werden. Beispielsweise durch eine höhere Einkommensteuer.

M 13 Debatte: Rente nach Lebenserwartung?

Pro: Karl Lauterbach: Männer, die mehr als 4500 Euro im Monat verdienen, haben statistisch eine sieben Jahre längere Rentendauer als Bezieher von Einkommen unter 1500 Euro. Bei Frauen gilt ungefähr das Gleiche. Hinzu kommt, dass doppelt so viele Geringverdiener wie Gutverdiener das Rentenalter gar nicht erreichen, weil sie vorher sterben. [...] Die einkommensschwachen Gruppen könnten ihre eigene Rente mit einem Beitragssatz um die 15 Prozent abdecken. Einkommensstarke, wollten sie ihre eigene Umlage finanzieren, müssten deutlich mehr als 22 Prozent zahlen. [...] Könnte die Lebenserwartung der Einkommensschwachen nur auf das Niveau der mittleren Einkommensgruppen angehoben werden, wäre unser System langfristig nicht mehr bezahlbar. [...] Die [2007 zur Dämpfung der Beitragserhöhungen eingeführte] „Rente ab 67" benachteiligt Geringverdiener insofern, als ihre ohnehin meist kürzere Rentenbezugszeit weiter gekürzt wird. Hier sollte es [...] Ausnahmen für Berufe mit geringer Lebenserwartung geben. [...] Natürlich stellen solche Reformvorschläge die Prinzipien unserer heutigen Sozialversicherung grundsätzlich infrage. Doch ohne Veränderung bleibt das deutsche Sozialsystem, gemessen am Ergebnis, schlechter als sein Ruf: geprägt durch versteckte Ungleichheiten, schwindende Akzeptanz, hohe Arbeitslosigkeit und unsichere Finanzierbarkeit.

Contra: Bert Rürup: Die wichtigste Determinante der Lebenserwartung ist [...] die genetische Disposition: Wer Eltern und Großeltern hat, die alt wurden, der hat gute Chancen, auch selbst alt zu werden. Hinzu kommen andere Faktoren wie Geschlecht, Ernährung, Beruf und Qualifikation: Frauen leben im Schnitt 6 Jahre länger als Männer, die Lebenserwartung eines übergewichtigen 40-jährigen Rauchers liegt etwa 13,5 Jahre unter der mittleren Lebenserwartung. [...] Gut Ausgebildete haben eine höhere Lebenserwartung als gering Qualifizierte. [...] Im bestehenden System ist eine Unterscheidung nach der Lebenserwartung bestimmter Gruppen, etwa nach Männern und Frauen, verfehlt. [...] Bei jeder Versicherung [...] kommt es beim Eintreten von Versicherungsfällen immer zu einer Umverteilung von denjenigen, die Leistungen ihrer Versicherung nicht in Anspruch nehmen, zu denjenigen, die im Schadensfall Leistungen erhalten. [...] Sozialversicherungen zielen [im Gegensatz zu Privatversicherungen] auf risikounabhängige Beiträge. [...] In der gesetzlichen Rentenversicherung wird umverteilt von Personen mit einer niedrigeren Lebenserwartung, etwa den Männern, zu denen, die voraussichtlich länger leben, wie den Frauen. [...] [Zudem:] Ein Irrweg wären [...] Ausnahmen für einzelne Berufsgruppen, weil dies den Wandel der Arbeitswelt ausblendet und bei der konkreten Abgrenzung der belastenden Berufe der Beliebigkeit Tür und Tor öffnet.

Lauterbach, Karl; Rürup, Bert: Mehr Rente für kleine Leute? In. zeit.de. 09.02.2006. www.zeit.de/2006/07/pro_contra_neu/seite-3 [13.07.2019].

Lernaufgabe 1.2.5   Lösungsvorschläge zur Absicherung zukünftiger Renten 17
1. Diskutieren Sie die Wege, wie die Rentenversicherung auch in Zukunft ihrer Aufgabe der angemessenen Altersversorgung nachkommen kann.
2. Problematisieren Sie das Prinzip der sozialen Gerechtigkeit im Hinblick auf die Maßstäbe der Rentenberechnung.

1.3 Bevölkerungsentwicklung und Pflegepolitik

1.3.1 Lebensalter und epidemiologische Transformation

Noch nie war die Lebenserwartung der Deutschen höher als heute (vgl. M 21, S. 23). Dies zeugt von einer positiven Entwicklung des Gesundheitszustandes der Bevölkerung (vgl. demografischer Übergang). Krankheiten, die in vorindustrieller Zeit – neben dem Hungertod – in der Regel zum Tod führten, werden durch den wissenschaftlich-technischen Fortschritt eingedämmt, zum Beispiel in der Medizin (z. B. Impfstoffe), in der Umwelthygiene (z. B. Abwasserentsorgung) oder in der Lebensmitteltechnologie (z. B. Pasteurisierung). Auf diesem Weg verändert sich zugleich die Haupttodesursache (**epidemiologischer Übergang**): Starben die Menschen in der vorindustriellen Zeit (**Phase 1**) zumeist an Infektionskrankheiten (ansteckende Krankheiten), sterben sie in den Industriegesellschaften (**Phase 2**) in der Regel an sog. Zivilisationskrankheiten (z. B. Herz-Kreislauferkrankungen), die überwiegend der eigenen Lebensweise folgen (z. B. übermäßiger Alkoholkonsum oder mangelnde Bewegung). Neuere Statistiken der Todesursachen lassen eine weitere Stufe des epidemiologischen Übergangs vermuten: Vor allem in den hochentwickelten Ländern (Wissensgesellschaften) erlaubt es die Medizin, Zivilisationskrankheiten immer besser zu behandeln und dadurch den Tod hinauszuzögern. Die Folge: Die Menschen sterben zunehmend am altersbedingten Versagen ihrer Körperorgane (**Phase 3**).

Lernaufgabe 1.3.1 Lebensalter und epidemiologische Transformation 18
1. Diskutieren Sie, was einen „alten" Menschen heute kennzeichnet.
2. Beschreiben Sie an Beispielen die Phasen der epidemiologischen Transformation.

1.3.2 Gesundheit im Alter

Ein langes Leben ist nicht immer ein langes gesundes Leben. Die Bevölkerungsstatistik versucht dies zu berücksichtigen, indem sie von der allgemeinen Lebenserwartung die Lebenszeit abzieht, die im Durchschnitt in einem schlechten Gesundheitszustand verbracht wird. Basis der Berechnung ist die Krankheitshäufigkeit (**Morbidität**) der Bevölkerung oder Bevölkerungsgruppe. Die gesunde Lebenserwartung oder „**Healthy Life Expectancy**" (HALE) spiegelt die gesundheitliche Gesamtrealität einer Bevölkerung besser wider als die bloßen Sterblichkeitsverhältnisse. Der HALE-Wert von 16 Jahren für 60-jährige Männer in Deutschland sagt aus, dass diese Männer unter den gegenwärtigen Verhältnissen noch 16 Jahre bei guter Gesundheit zu erwarten haben. Nach Angaben der Weltgesundheitsorganisation (WHO) beträgt der HALE für einen Gleichaltrigen im afrikanischen Niger 9 und in Japan 18. Diese Unterschiede in der gesunden Lebenserwartung verweisen auf Unterschiede in den Lebensbedingungen zwischen und innerhalb von Gesellschaften. Werden die EU-Bürger in fünf Einkommensklassen eingeteilt, bezeichnen die Höchstverdienenden ihre Gesundheit zu über 80 % zumindest als gut, die mit dem niedrigsten Einkommen nur zu rund 61 %. Ein gleicher Zusammenhang lässt sich auch mit der Höhe des Bildungstandes herstellen (vgl. Bertelsmann Stiftung 2019).

M 1 Gesundheit im Alter als gesellschaftliche Herausforderung

Das gleichzeitige Auftreten mehrerer Erkrankungen (Multimorbidität) ist ein Charakteristikum der gesundheitlichen Lage älterer Menschen [...] Sie bestehen nicht unabhängig voneinander; vielmehr greifen Krankheitsfolgen, damit verbundene Funktionseinschränkungen und erforderliche Arzneimitteltherapien in komplexer Weise ineinander. Für die Betroffenen resultiert hieraus ein hohes Risiko, auftretende Fehlfunktionen von Organsystemen nicht mehr kompensieren [= ausgleichen] zu können. Damit sind Einbußen an unabhängiger Lebensführung, Selbstbestimmung und Lebensqualität verbunden, außerdem ergibt sich häufig ein umfassender Behandlungsbedarf. Die Versorgung älterer multimorbider Menschen stellt in ethischer, medizinischer und sozioökonomischer Hinsicht eine gesamtgesellschaftliche Herausforderung dar.

Statistisches Bundesamt, Deutsches Zentrum für Altersfragen, Robert-Koch-Institut: Gesundheit und Krankheit im Alter. Berlin 2009, S. 55 und 56. In: www.gbe-bund.de/pdf/Gesundh_Krankh_Alter.pdf [13.07.2019].

Lernaufgabe 1.3.2   Gesundheit im Alter 19
1. Statistisch gesehen haben Menschen mit hoher Bildung und hohem Einkommen eine bessere Gesundheit als Menschen mit niedriger Bildung und geringem Einkommen. Diskutieren Sie mögliche Ursachen für diesen Zusammenhang.
2. Begründen Sie die Behauptung, die gesundheitliche Versorgung älterer Menschen sei eine gesamtgesellschaftliche Herausforderung.

1.3.3 Pflegebedürftigkeit bei steigender Lebenserwartung

Mit der steigenden Lebenserwartung (vgl. S. 23) nimmt zugleich die Zahl von Menschen zu, die Pflegehilfe benötigen. Zu ihrer Finanzierung wird 1994 als fünfte Säule der Sozialversicherung die **Pflegeversicherung** eingeführt (Sozialgesetzbuch – Elftes Buch). Auch sie wird jeweils zur Hälfte von den sozialversicherungspflichtigen Arbeitnehmern und Arbeitgebern finanziert (Rentenempfänger müssen ihren Beitrag alleine tragen). Zur Minderung der damit verbundenen zusätzlichen Kostenbelastung der Unternehmen wird der Buß- und Bettag in fast allen Bundesländern als arbeitsfreier Feiertag gestrichen. Die Gewährung von Leistungen der Pflegeversicherung folgt aus Kostengründen dem Grundsatz **„ambulant vor stationär"**. Damit soll einerseits ein Leben im häuslichen Umfeld gefördert und zugleich die kostenintensive Unterbringung in Pflegeheimen in Grenzen gehalten werden.

M 2 SGB (XI) § 14 (Begriff der Pflegebedürftigkeit)

Sozialgesetzbuch (SGB) – Elftes Buch (XI) – Soziale Pflegeversicherung (Artikel 1 des Gesetzes vom 26. Mai 1994, BGBl. I S. 1014)

§ 14 Begriff der Pflegebedürftigkeit
Pflegebedürftig im Sinne dieses Buches sind Personen, die gesundheitlich bedingte Beeinträchtigungen der Selbstständigkeit oder der Fähigkeiten aufweisen und deshalb der Hilfe durch andere bedürfen.

Bevölkerung im Wandel 39

M 3 Struktur und Entwicklung der Pflegebedürftigen

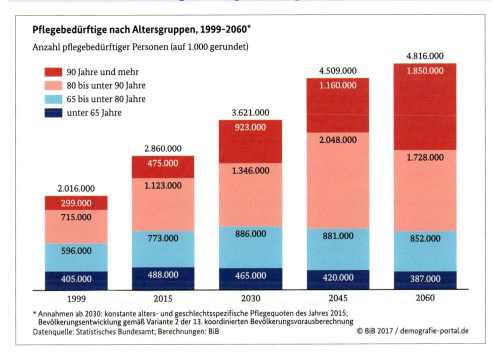

M 4 Pflegeversicherung und Entwicklung der Beitragslast

Zentrale Größen der sozialen Pflegeversicherung. 2000 bis 2045, Werte in Euro nominal

	2000	2017	2020	2025	2030	2035	2040	2045
Leistungsempfänger (Mio. Personen)	1,9	3,3	3,5	3,8	4,1	4,3	4,6	5,0
Einnahmen								
Beitragseinnahmen (Mrd. Euro)	16,3	36,0	47,6	59,0	74,7	89,6	111,0	142,7
Sonstige Einnahmen (Mrd. Euro)	0,2	0,1	0,1	0,1	0,1	0,1	2,4	2,4
Ausgaben								
Leistungsausgaben (Mrd. Euro)	15,9	35,5	41,9	54,8	69,8	86,3	110,0	141,2
Sonstige Ausgaben (Mrd. Euro)	0,8	3,0	3,3	3,8	4,4	2,7	3,2	3,8
Beitragssatz (%)	1,70	2,55	3,05	3,25	3,55	3,65	3,85	4,25

Quelle: PEO 2018 © Prognos 2019
BertelsmannStiftung (Hrsg.): Perspektive Pflege. Beitragssatzprognose SPV. Finanzentwicklung der Sozialen Pflegeversicherung im rechtlichen Status quo bis 2045, S. 5.

Lernaufgabe 1.3.3 Pflegebedürftigkeit bei steigender Lebenserwartung [20]
1. Diskutieren Sie die Notwendigkeit der Einführung der gesetzlichen Pflegeversicherung.
2. Aus familienpolitischen Gründen ist der Beitragssatz der Pflegeversicherung für Mitglieder ohne Kinder ab Vollendung des 23. Lebensjahres 0,25 Prozentpunkte höher. Beziehen Sie zu dieser Regelung Stellung.

1.4 Bevölkerungsentwicklung und Familienpolitik

1.4.1 Kinderwunsch und Geburtenrückgang

Die finanziellen Probleme der gesetzlichen Renten- und Pflegeversicherung veranschaulichen das gesellschaftliche Konfliktpotenzial, das mit der Verteilung demografisch bedingter Lasten verbunden ist. Deshalb versucht der Staat indirekt über familienpolitische Maßnahmen das wachsende Ungleichgewicht zwischen den Generationen abzumildern. Sie sollen und können lediglich dazu beitragen, die Erfüllung vorhandener Kinderwünsche zu erleichtern.

Eine direkte staatliche Steuerung der Geburtenzahl ist weder möglich noch politisch erwünscht. Die wehrpolitische Propaganda der Mutterrolle als „Schlachtfeld der Frau" unter der nationalsozialistischen Herrschaft oder das bis 2015 geltende Verbot eines zweiten Kindes zur Eindämmung des Bevölkerungswachstums („Ein-Kind-Politik") in der Volksrepublik China sind abschreckende Beispiele.

Wie Umfragen belegen, genießt die Familie bei jungen Menschen eine sehr hohe Wertschätzung: Fast alle Jugendlichen geben an, später eine gründen und Kinder bekommen zu wollen. Dem demografischen Trend nach klafft jedoch zwischen diesem Wunsch und der Wirklichkeit eine große Lücke. Die Gründe sind vielfältig und miteinander verwoben: Sie sind persönlich (z. B. Gesundheit), kulturell (z. B. Wertewandel), wirtschaftlich (z. B. Arbeitsmarkt) oder politisch (z. B. Kinderbetreuung). Dieses komplexe Wirkungsgeflecht macht die Analyse familiärer Entscheidungen sehr schwierig und setzt der Einflussnahme durch die Politik enge Grenzen.

M 1 Demografischer Wandel

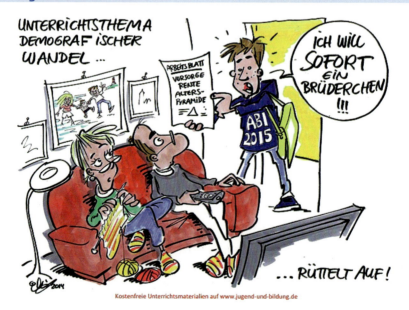

Kostenfreie Unterrichtsmaterialien auf www.jugend-und-bildung.de

Bevölkerung im Wandel 41

M 2 Zehn Thesen über mögliche Ursachen der rückläufigen Geburtenzahl

1. Kinder haben keinen wirtschaftlichen Nutzen.
Im Zuge des technischen Fortschritts verliert ein Kind seine Bedeutung als billige Arbeitskraft in der „Versorgungsgemeinschaft" Familie. In der Landwirtschaft beispielsweise durch den Einsatz von Erntegeräten und im Haushalt durch den von Waschmaschinen.

2. Kinder kosten viel Geld.
Nach Berechnungen des statistischen Bundesamtes (2018) verursacht ein Kind bis zum 18. Lebensjahr den Eltern rund 130 000,00 € direkte Kosten (z. B. Nahrung, Kleidung). Hinzu kommen die Aufwendungen für eine gute Ausbildung, ohne die der Nachwuchs kaum eine Chance hat, später wirtschaftlich auf eigenen Beinen zu stehen. Verstärkt wird der finanzielle Druck zudem durch indirekte Kosten (Opportunitätskosten) wie entgangener Lohn durch erziehungsbedingte Aussetzung der Erwerbstätigkeit.

3. Kinder mindern die soziale Teilhabe.
4,4 Millionen Kinder müssen nach Schätzung des Kinderschutzbundes (2018) in Deutschland schon in jungen Jahren Armut erfahren. Sie bedroht immer auch die Teilhabe an der Gesellschaft (soziale Integration): Beispielsweise auf dem Wohnungsmarkt oder im kulturellen Leben (Kunst, Sport etc.).

4. Kinder sind anstrengend.
Die Erziehung von Kindern ist eine physische und psychische Herausforderung. Sie kostet viel Kraft und lässt wenig Raum für die Erholung. Heute mehr denn je, denn in unserer schnelllebigen (z. B. Digitalisierung) und konsumorientierten Welt nehmen die Konfliktfelder zwischen den Generationen zu. Und im Brennpunkt dieser Entwicklung steht die Familie.

5. Kinder behindern die Selbstverwirklichung.
Freiheit ist die zentrale Lebensvorstellung in unserer Gesellschaft. Kinder setzen ihr jedoch Grenzen: Sie „beanspruchen" einen großen Teil der zeitlichen Ressourcen ihrer Eltern. In der Abwägung zwischen Kind und Selbstentfaltung (z. B. berufliche Karriere) entscheiden sich deshalb viele für das letztere.

6. Kinder mindern die beruflichen Chancen.
Kinder brauchen Betreuung und die kostet Zeit. Zeit, die mit der Arbeitszeit konkurriert. Berufstätige Eltern haben ein fortwährendes „Organisationsproblem" (z. B. Krankheitstage der Kinder). Das wissen auch die Arbeitgeber und beziehen diesen Sachverhalt nicht selten in ihre personalpolitischen Überlegungen (z. B. Bewerbungs- bzw. Aufstiegschancen) mit ein.

7. Kinder sind keine Rechtfertigung für Sexualität.
Das menschliche Bedürfnis nach Sexualität wird nicht mehr moralisch mit der Zeugung der Nachkommenschaft in der Ehe begründet. Insbesondere seit der „sexuellen Revolution" in den 1960er-Jahren. Sie gilt heute als Ausdruck der menschlichen Natur, die dank moderner Verhütungsmittel auch ohne Schwangerschaftsrisiko ausgelebt werden kann.

8. Kinder sind kein gesellschaftliches „Muss".
Früher galt bewusste Kinderlosigkeit als gesellschaftlicher Makel, als ein Abweichen vom „normalen", traditionellen Lebenskonzept. In der pluralistischen Gesellschaft von heute wird sie als individuelle Lebensentscheidung von der Gemeinschaft akzeptiert.

9. Kinder werden in der Lebensplanung hinausgeschoben.
Die zunehmende Erwerbstätigkeit der Frauen und die damit verbundenen Ausbildungsansprüche haben das Durchschnittsalter für erstgebärende Mütter auf heute über 30 Jahre ansteigen lassen. Mit dieser zeitlichen Verlagerung erhöht sich zugleich das Risiko von Frauen, altersbedingt keine Kinder mehr zu bekommen.

10. Kinder sind nur begrenzt erwünscht.
Der Kinderwunsch folgt heute wesentlich dem Bedürfnis nach einer familiären Gefühlsgemeinschaft. Diese gilt zumeist als erfüllt, wenn zwei Kinder die Paarbeziehung ergänzen. Eine größere Kinderzahl stößt zudem in der Gesellschaft oft auf Skepsis und wird nicht selten abfällig kommentiert.

Lernaufgabe 1.4.1   Kinderwunsch und Geburtenrückgang 21
1. Erstellen Sie ein Meinungsbild zum Kinderwunsch in Ihrer Klasse.
2. Diskutieren Sie die Thesen über die Gründe des Geburtenrückgangs. Erstellen Sie ein Ranking nach der Bedeutsamkeit der Argumente (Punktabfrage).

1.4.2 Gleichstellung von Frau und Mann

M 3 Mutterrolle und Kinderlosigkeit

Gut veranschaulichen kann man das [...] Entstehen von Kinderlosigkeit im Westen (Deutschlands). Hochqualifizierte Frauen, die viel in ihre Ausbildung investiert haben und über eine starke Berufsorientierung verfügen, entscheiden sich aufgrund der ungünstigen Vereinbarkeitsbedingungen häufig gegen Kinder und für eine Erwerbstätigkeit. Dabei spielt ebenso eine Rolle, dass das Leitbild der „Guten Mutter" im Westen über eine starke Präsenz verfügt. Die Mutter gehört zum Kind und es sollte bis zum dritten Lebensjahr nicht in Kindertagesstätten betreut werden, weil die Mutter erwerbstätig sein will. Wählen Frauen nicht diesen Weg, gelten sie in Westdeutschland schnell als „Rabenmütter". In einer solchen Situation, in der weder das traditionelle Hausfrauenmodell noch die Erwerbstätigkeit mit Kindern als attraktiv erscheinen, werden Entscheidungen gegen Kinder begünstigt. [...] Die geringe Akzeptanz außerhäuslicher Kinderbetreuung als kultureller Faktor und das begrenzte Angebot an Kinderbetreuungseinrichtungen als struktureller Faktor begünstigen in Westdeutschland die Entscheidung gegen Kinder. Aus der Ostperspektive gesehen, ist die Wahl der einen oder anderen Handlungsoption weniger zwingend vorgegeben, da das Vereinbaren [durch Erfahrungen mit dem breiten Betreuungsangebot in Zeiten der DDR] sozial akzeptiert und prinzipiell möglich ist.

Bujard, Martin; Dorbritz, Jürgen; Grünheid, Evelyn; Kühntopf, Stephan; Lück, Detlef; Naderi, Robert; Passet, Jasmin; Ruckdeschel, Kerstin: (Keine) Lust auf Kinder? Geburtenentwicklung in Deutschland. Herausgegeben vom Bundesinstitut für Bevölkerungsforschung. In: bib-demografie.de. www.bib-demografie.de/SharedDocs/Publikationen/DE/Download/Broschueren/keine_lust_auf_kinder_2012.pdf?__blob=publicationFile [15.07.2019].

M 4 Erwerbsbeteiligung von Müttern und Vätern in der Familie

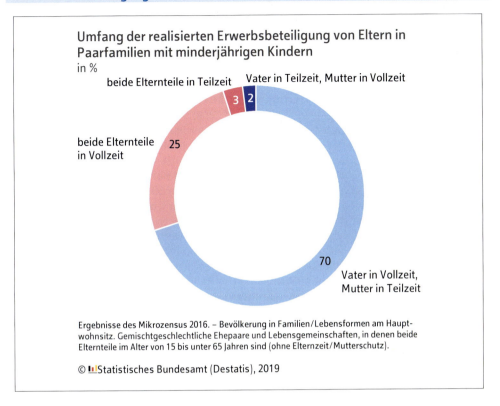

M 5 Vaterrolle und Kinderlosigkeit

Deutsche Männer wollen [...] nicht nur Familienernährer sein und sich an der Hausarbeit beteiligen, sondern auch [daran mitwirken] [...] für Kinder zu sorgen, sie zu erziehen und emotional zu unterstützen. Damit sind die Ansprüche an die Vaterrolle ebenso gestiegen wie an die Mutterrolle. Diese Rolle zeitlich auszufüllen, ist angesichts der in Deutschland gegebenen institutionellen Rahmenbedingungen [z. B. Arbeitszeiten] faktisch kaum möglich. [...] Den meisten Männern ist eine gute Partnerschaft im Zweifelsfall wichtiger als [eigene] Kinder, was impliziert [= einschließt], dass Frauenprobleme (etwa die Vereinbarkeit von Familie und Beruf) über die Ebene der persönlichen Beziehung auch Männerprobleme sind. [...] Trotz des Wunsches nach aktiver Vaterschaft [...], führt selbst bei Paaren, die vorher eine relativ egalitäre [gleichberechtigte] Rollenverteilung praktizierten, die Geburt des ersten Kindes zu einer Retraditionalisierung der Rollenverteilung [Ernährer-Hausfrauen-Ehe] [...]. Auch hier schlägt sich Wollen nicht in Handeln um. Möglicherweise lösen sie den Widerspruch zwischen persönlichen Wünschen und institutionell Möglichem einerseits und zwischen Anforderungen des Arbeitsmarktes und Sozialstaates andererseits durch die einzige Möglichkeit sozialen Handelns, die bleibt: das Nichts-Tun [also keine Kinder zu zeugen].

Baur, Nina: Der perfekte Vater. In: Freiburger Zeitschrift für Geschlechter-Studien 21 aus 2007, Seite 103–106. www.budrich-journals.de/index.php/fgs/article/viewFile/3330/2857 [15.07.2019].

Lernaufgabe 1.4.2   Gleichstellung von Frau und Mann 22
1. Beziehen Sie zu der These Stellung, wonach die Geburtenhäufigkeit in einem engen Zusammenhang mit der Gleichstellung von Frau und Mann steht.
2. Problematisieren Sie die Rolle von Vätern, die eine gleichberechtigte Partnerschaft anstreben.

1.4.3 Gleichstellung der Geschlechter auf dem Arbeitsmarkt

Die zunehmende – wenn auch nicht vollständige – Gleichstellung der Geschlechter zeigt sich auch auf dem Arbeitsmarkt. Heute streben Frauen wie Männer in ihrer Mehrheit nach wirtschaftlicher Unabhängigkeit durch Erwerbsarbeit. Nach Angaben des statistischen Bundesamts gehen 2018 drei von vier Frauen im Alter von 15 bis 74 Jahren einer Erwerbstätigkeit nach (Erwerbstätigenquote). Von den Frauen unter 55 Jahren finanzieren davon 72 % (zumindest überwiegend) ihren Lebensunterhalt. Nur noch 16 % stützen sich vornehmlich auf die Einkünfte anderer Familienangehöriger wie beispielsweise die des Ehepartners. Anders verhält es sich bei Müttern mit Kindern unter drei Jahren. Nur ein Drittel bleibt erwerbstätig und dies zumeist auf Teilzeit begrenzt. Aus der hohen Bedeutung, die Frauen der Erwerbsarbeit zumessen, ziehen Bevölkerungswissenschaftler den Schluss, dass sie die Verwirklichung ihres – breit vorhandenen – Kinderwunsches mit dem Verlust ihres Arbeitsplatzes abwägen und sich tendenziell für den Beruf entscheiden. Dies gilt besonders für die wachsende Zahl von Frauen mit einer höheren Berufsqualifikation. Als Gegenmaßnahme werden – wie in Nordeuropa – familienpolitische Regelungen gefordert, die es Frauen ermöglichen, Beruf und Mutterrolle miteinander zu verbinden (z. B. Betreuungsangebote) und die die Männer stärker in die Familien- und Erziehungsarbeit einbinden.

M 6   Vergleich: Erwerbstätigkeit – Geburtenrate – Kinderbetreuung

	Frauenerwerbstätigenquote	Geburtenrate	Kinderbetreuungsrate (0- bis 3-Jährige)
Schweden	70,2 %	1,91	45,3 %
Finnland	67,9 %	1,85	26,3 %
Norwegen	74,4 %	1,96	42,3 %
Frankreich	60,1 %	2,00	42,9 %
Deutschland	66,2 %	1,38	13,6 %

Quelle: Hanna Steidle, Melanie Henkel: Wohlfahrtsstaatliche Einflussfaktoren auf die Geburtenrate in europäischen Ländern, hg. vom Bundesministerium für Familie, Senioren, Frauen und Jugend, 1. Auflage 2010, S. 17. www.bmfsfj.de/blob/95544/4f3d19744cd47b46608632215bc6ea69/wohlfahrtsstaatliche-einflussfaktoren-geburtenrate-dossier-data.pdf [06.09.2019].

Kritiker der Ausweitung staatlicher Betreuungsangebote für Kinder befürchten, dass mit der verstärkten Einbindung der Frauen in den Arbeitsmarkt noch weniger Kinder geboren werden. Ihre Einschätzung belegen sie durch den statistischen Vergleich der Entwicklung der Frauenerwerbstätigenquote mit der der Geburtenrate. Während die erste Kennzahl im historischen Zeitablauf ansteigt, sinkt die zweite ab. Die zunehmende Erwerbstätigkeit der Frauen lässt – so die **Theorie des demografisch-ökonomischen Paradoxons** – den Wohlstand durch eine höhere wirtschaftliche Wertschöpfung zwar wachsen, gefährdet ihn aber zugleich durch den damit verbundenen Geburtenrückgang. Als Alternative zu staatlichen Betreuungsangeboten wird ein staatliches „Erziehungsgehalt" gefordert, das einem Elternteil die Chance eröffnet, Kinder im häuslichen Umfeld auch ohne Erwerbsarbeit zu erziehen.

Lernaufgabe 1.4.3   Gleichstellung der Geschlechter auf dem Arbeitsmarkt 23
1. Begründen Sie die Bedeutung der Erwerbsarbeit für Frauen.
2. Diskutieren Sie die „Theorie des demografisch-ökonomischen Paradoxons".

1.4.4 Elterngeld als Alternative zu Betreuungsangeboten

M 7 Debatte: Elterngeld als Alternative zur Kindertagesstätte

Der anhaltende Geburtenrückgang hat eine verstärkte Hinwendung der Familienpolitik zum Modell der Zwei-Verdiener-Familie bewirkt. Danach soll es erwerbstätigen Eltern ermöglicht werden, durch außerhäusliche Betreuungsangebote ohne erhebliche finanzielle Einbußen Beruf und Familie in Einklang zu bringen. Demgegenüber wird beklagt, dass dies die traditionelle Vollbetreuung der Kinder durch einen Elternteil in den ersten Lebensjahren benachteilige. Gefordert wird deshalb eine staatliche Finanzierung beruflicher Auszeiten für die Kindererziehung.

Ein Beispiel ist das Elterngeld. Mütter oder Väter, die zur Betreuung ihres Kindes vorübergehend auf eine Erwerbstätigkeit verzichten, erhalten vom Staat bis zu einem Jahr eine Lohnersatzleistung: Sie beträgt 65 % des entgangenen Nettoeinkommens. Mindestens 300,00 €, aber höchstens 1 800,00 € pro Monat (Basiselterngeld). Machen beide Elternteile im Wechsel vom Angebot auf Elterngeld Gebrauch, verlängert sich die Frist – wie bei Alleinerziehenden – auf 14 Monate (2 Partnermonate). Das Elterngeld wird auch in einer Teilzeitvariante (höchstens 30 Wochenstunden) angeboten (ElterngeldPlus): Wird die Arbeitszeit beispielsweise auf die Hälfte gekürzt, bezahlt der Staat 24 Monate 50 % des Elterngeldes. Bei einem Betreuungswechsel der Eltern verlängert sich dieser Zeitraum um vier Monate. Der Mindestbetrag wird auch gezahlt, wenn vor der Geburt keine Erwerbstätigkeit vorlag. Mit dieser Regelung soll die Ein-Verdiener-Familie vor einer Benachteiligung geschützt werden. Sozialleistungsempfänger und Mehrkinderfamilien werden gesondert berücksichtigt. Mit dem Elterngeld hat der Gesetzgeber 2007 zugleich eine sozialpolitische Wende eingeleitet: Zum einen entscheidet nicht mehr die Bedürftigkeit über die staatliche Zuwendung, sondern die Höhe des Erwerbseinkommens; zum anderen wird die Übernahme eines bestimmten Lebensmodells (Wechsel der Betreuungsperson) angestrebt. Beides ist politisch umstritten.

M 8 Elterngeld: Umverteilung von unten nach oben

[E]inkommensabhängiges Elterngeld [...] ist äußerst bedenklich. Begründet wird das Elterngeld mit der geringen Geburtenrate hoch qualifizierter Frauen. Diese Bevölkerungsgruppe würde hauptsächlich aufgrund der hohen Opportunitätskosten, also dem Einkommensverlust während der Abwesenheit vom Arbeitsplatz, kinderlos bleiben. Auch wenn diese sehr vereinfachende Sichtweise zutreffen sollte, rechtfertigt dies keine Umverteilung „von unten nach oben", wie sie im Elterngeld angelegt ist. Mit welcher Berechtigung soll Geringverdienern (über die Steuer) Einkommen entzogen und besser gestellten Einkommensschichten zugeführt werden? [Damit] verringern sich auch die Möglichkeiten von Geringverdienern, in die Erziehung ihrer Kinder zu investieren.

Arentz, Oliver: Plädoyer für eine sinnvolle Familienpolitik – um der Kinder willen. In: iwp, Heft 2/2006 vom 07.02.2006. www.iwp.uni-koeln.de/DE/Publikationen/komment/pdf-Dateien/OK02__06.pdf [15.07.2019].

Lernaufgabe 1.4.4   Elterngeld als Alternative zu Betreuungsangeboten 24
1. Diskutieren Sie die Vor- und Nachteile des Elterngeldes.
2. Recherchieren Sie das Elterngeld für unterschiedliche Einkommensbezieher.
   Link: https://familienportal.de/familienportal/rechner-antraege/elterngeldrechner

1.4.5 Grundrecht auf selbstbestimmte Reproduktion

M 9 Bevölkerungspolitik in einer freiheitlich-demokratischen Gesellschaft

Staatliche Bevölkerungspolitik war in der Vergangenheit in der Regel von machtpolitischen oder ideologischen Interessen geleitet. Die Morde und Menschenrechtsverletzungen durch die Bevölkerungspolitik des Nationalsozialismus waren der grausame Höhepunkt einer weit in die Geschichte zurückreichenden Entwicklung. Erst langsam setzte sich in liberal-demokratischen Gesellschaften die Anerkennung von **„reproduktiven Rechten"** – als **Grundrecht der Individuen auf selbstbestimmte Reproduktion** [i. S. Fortpflanzung] – durch. Moderne Familienpolitik erkennt die Autonomie von Individuen an und beschränkt sich darauf, die Realisierung bestehender Kinderwünsche zu erleichtern. [...] Das Ziel [...] ist primär, das Wohlbefinden von (potenziellen) Eltern und Kindern zu fördern. Dabei geht es darum, die Bedingungen für die kindliche Entwicklung optimal zu gestalten und Eltern in die Lage zu versetzen, die Entwicklung ihrer Kinder bestmöglich zu fördern, zu unterstützen und zu begleiten. Eine entsprechende Familienpolitik ermöglicht Eltern vor allem Zeit für die Familie, finanzielle Sicherheit und Teilhabechancen und garantiert diese auch für Kinder. [...]

Zeitpolitik bezeichnet politische Maßnahmen, die Fürsorge-, Betreuungs-, Bildungs- und Arbeitszeiten strukturieren. Dies betrifft Regelungen zur Teilzeitarbeit und der Gestaltung der Arbeitszeit, die sich auf die Alltagszeit beziehen, und Instrumente wie Mutterschutz, Elternzeit und Betreuungsfreistellungen, die sich auf Zeit für Fürsorge im Lebenslauf beziehen. Beispiele für **Infrastrukturpolitik** sind unter anderem Kinderbetreuungseinrichtungen, außerschulische Betreuungsangebote sowie Schulen, Eltern- und Erziehungsberatung. **Geldpolitik** bezeichnet soziale Transferleistungen wie Kindergeld, Unterhaltsvorschuss und Kinderzuschläge. Da es Lebensphasen gibt, in denen die Betreuung von Kindern mehr Zeit, Geld und infrastrukturelle Unterstützung erfordert als in anderen Phasen, werden in einer modernen Familienpolitik alle drei Dimensionen der Trias aus einer Lebenslaufperspektive heraus [d. h. aus den im Zeitablauf unterschiedlichen Erfordernissen] konzipiert.

Berlin-Brandenburgische Akademie der Wissenschaften (BBAW); Nationale Akademie der Wissenschaften Leopoldina: Zukunft mit Kindern. In: Deutsche Akademie der Naturforscher Leopoldina e. V. www.zukunft-mit-kindern.eu/sites/default/files/file_upload/BBAW_Broschure_Zukunft-mit-Kindern_PDF_1a.pdf [15.07.2019].

Lernaufgabe 1.4.5 Grundrecht auf selbstbestimmte Reproduktion 25
1. Erläutern Sie das Grundrecht auf selbstbestimmte Reproduktion.
2. Stellen Sie die Teilbereiche der Familienpolitik an Beispielen dar.

1.5 Bevölkerungsentwicklung und Migrationspolitik

1.5.1 Binnen- und Außenmigration

Migration (= Wanderung) liegt vor, wenn eine Person ihren Lebensmittelpunkt über eine sozial bedeutsame Entfernung verlegt. Geschieht dies innerhalb der Staatsgrenzen, wird von **Binnenmigration** gesprochen, werden sie überschritten, von **Außenmigration**. Wandert sie ab, von **Emigration**, wandert sie zu, von **Immigration**. Grundlage der Wanderungsstatistik ist das seit 1950 bestehende amtliche Zu- und Fortzugsregister. Es basiert auf den Daten der Meldeämter, die die Zahl der Umzüge festhalten. Insofern handelt es sich um eine Fall- und keine Personenstatistik. Eine Person, die mehrmals umzieht, geht dementsprechend mehrmals in die Statistik ein. Zur Vermeidung von Mehrfachmeldungen wird zum Abgleich der Eintragungen jeder Einwohner mit seiner persönlichen Steuernummer beim Meldeamt registriert.

Nach Angaben des Statistischen Bundesamtes sind im Jahr 2018 mehr deutsche Staatsbürger ins Ausland weggezogen, als von dort zuzogen. Umgekehrt kommen weit mehr Ausländer nach Deutschland, als es Ausländer verlassen. Ohne das Zuwanderungsplus bei den Ausländern wäre die Bevölkerungszahl in Deutschland zurückgegangen. Und dies trotz steigender Geburtenzahl, weil zugleich mehr Menschen gestorben sind (vgl. S. 20). Auch die Geburtenzunahme ist stark von der Zuwanderung beeinflusst: Fast ein Viertel der Neugeborenen hat ein ausländisches Elternteil. Soll die Bevölkerung in Deutschland nicht „überaltern", ist sie auf Zuwanderung angewiesen.

M 1 Wir alle sind Nachfahren von Migranten aus Afrika

Migration ist eine wesentliche Triebkraft der menschlichen Entwicklung. Ohne den Entschluss einiger Vertreter des „Homo sapiens", also des modernen Menschen, ihre angestammte Heimat in Ostafrika vor ca. 60 000 Jahren zu verlassen, wären die anderen Kontinente wohl menschenleer geblieben. Diese Migrationsthese erklären Wissenschaftler mit genetischen Studien. Danach geht der Stammbaum aller Menschen außerhalb von Afrika auf diese frühen „Migranten" zurück. Das bedeutet gleichzeitig, dass es aus genetischer Sicht nur eine „Menschenrasse" gibt. Die Unterschiede in der Hautfarbe oder der Form der Augen sind lediglich als Anpassungen an die jeweilige regionale Umwelt zu verstehen und damit Ausdruck der Evolution des Menschen. Dies ist ein Prozess, der in die Zukunft hineinwirkt und den Wandel des „Homo sapiens" weiter vorantreibt.

48 Gesellschaftliche Veränderungen analysieren

M 2 Außenwanderung und räumliche Verteilung

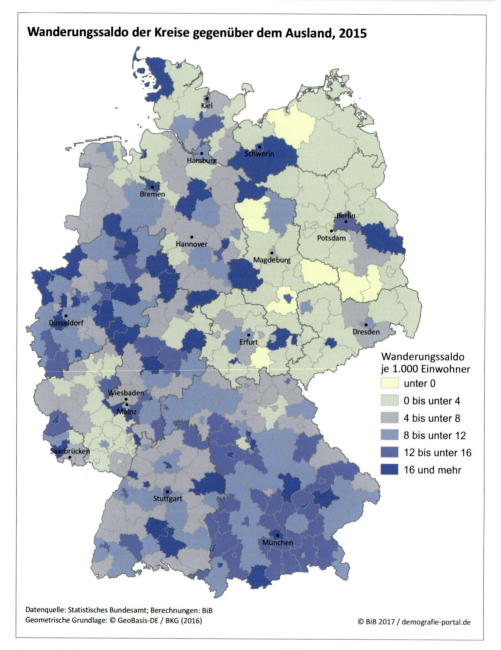

Lernaufgabe 1.5.1 Binnen- und Außenmigration 26
1. Beziehen Sie zu folgender These Stellung: „Deutschland ist ein Einwanderungsland."
2. Analysieren Sie die räumliche Verteilung der Außenwanderung und diskutieren Sie mögliche Ursachen und ihre Ergebnisse.

1.5.2 Nationalitätenstruktur und Zuwanderungsformen

M 3 Migration und Nationalitätenstruktur

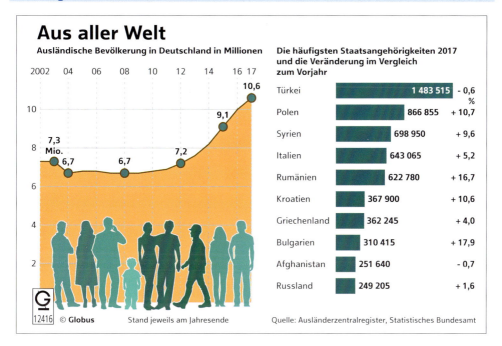

M 4 Migration und Zuwanderungsformen

12,5 % der Gesamtbevölkerung sind Ausländer. Sie sind gegenüber den Deutschen im Durchschnitt zwei Jahre jünger und ihr Männeranteil ist etwas größer. Ausländer sind nicht nur Personen, die mit einer ausländischen Staatsangehörigkeit zugezogen sind, sondern auch Kinder von Ausländern, die hier geboren wurden. Damit hängt die Gesamtzahl der Ausländer nicht nur von der Zu- und Abwanderung, sondern auch von der Geburtenentwicklung der ausländischen Bevölkerung ab. Die Geburtenrate ausländischer Frauen (1,9) ist zwar wegen des etwas niedrigeren Durchschnittsalters und herkunftsbezogener kultureller Prägungen etwas höher als die der deutschen Frauen (1,4), sie gleicht sich aber tendenziell dieser immer mehr an.

Die Ausländerzahl spiegelt den Anteil der Bürger mit Zuwanderungserfahrungen an der Gesamtbevölkerung nicht exakt wider. Sie beinhaltet beispielsweise nicht die Zuwanderer, die zu deutschen Staatsbürgern werden. Aus statistischen Gründen wird deshalb eine zusätzliche Bevölkerungsgruppe gebildet: „Personen mit Migrationshintergrund".

Gesellschaftliche Veränderungen analysieren

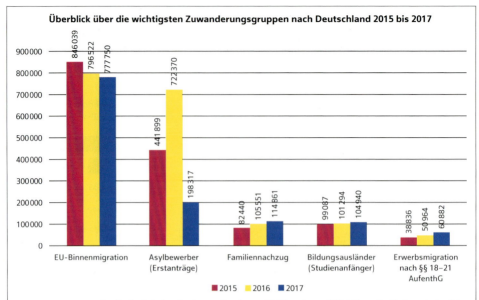

M 5 Bevölkerung und Migrationshintergrund

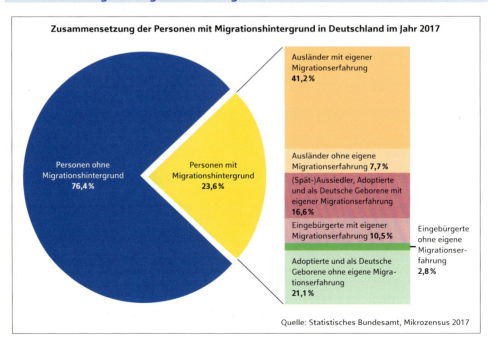

Lernaufgabe 1.5.2 Nationalitätenstruktur und Zuwanderungsformen 27
1. Recherchieren Sie in Ihrem persönlichen Umfeld nach Migrationserfahrungen.
2. Formulieren Sie Kernaussagen über den demografischen Wandel durch Migration in Deutschland.

1.5.3 Rechtliche Voraussetzungen für die Migration nach Deutschland

Rechtliche Grundlage für die Migration nach Deutschland ist das seit 2005 geltende **Zuwanderungsgesetz** (Kurzbezeichnung) und seine späteren Neuregelungen (Reformen). Es beruht auf einem hart umkämpften Kompromiss zwischen den Parteien und verfolgt das Ziel, die Zuwanderung von Fachkräften zu erleichtern sowie die Integration von Ausländern zu verbessern.

Das Gesetz legt sieben **Aufenthaltstitel** fest, die zum Verbleib in Deutschland berechtigen. Sie werden in drei Formen vergeben: Zweckgebunden für einen kurzen Zeitraum als **Visum** (z. B. Urlaub), zweckgebunden für einen längeren Zeitraum als **Aufenthaltserlaubnis** (z. B. Studium) und zweckungebunden (d. h. mit dem Recht auf uneingeschränkte Berufsausübung) auf Dauer als **Niederlassungserlaubnis**. Der umfassende Rechtsstatus kann allerdings nur erworben werden, wenn der Antragsteller zumindest fünf Jahre dauerhaft in Deutschland legal lebt, eine fünfjährige sozialversicherungspflichtige Beschäftigung nachweist und für seinen Lebensunterhalt selbst sorgt.

Ausnahmen gibt es für hochqualifizierte Arbeitskräfte wie z. B. Wissenschaftler (**Blaue Karte EU**). Ihre Einwanderung ist von großem wirtschaftlichem Interesse, weshalb sie eine erleichterte Form der Zuwanderung genießen. Bei ihnen genügt die Vorlage eines konkreten Arbeitsangebots aus Deutschland. In diesem Fall erhalten sie von Anfang an eine Niederlassungserlaubnis. Ausländische Studierende dürfen nach ihrem Studium in Deutschland bleiben, wenn sie einen entsprechenden Arbeitsplatz nachweisen. Für die Arbeitsplatzsuche erhalten sie nach dem Studium eine einjährige Aufenthaltserlaubnis.

Alle Migranten, die einen dauerhaften Aufenthalt anstreben, müssen ausreichende Sprachfähigkeiten in Deutsch und ein politisch-kulturelles Grundwissen nachweisen. Dafür erhalten sie einen Rechtsanspruch auf einen Sprach- und Integrationskurs. Bei Verweigerung können Sanktionen (z. B. Leistungskürzungen) ergriffen werden. **Ausländische Ehegatten**, die zu ihren Ehepartnern nach Deutschland ziehen wollen, müssen einfache deutsche Sprachkompetenzen schon vor dem Zuzug nachweisen. Ein Nachzug setzt überdies – zur Vorbeugung vor Zwangs- und Scheinehen – voraus, dass beide Ehepartner mindestens 18 Jahre alt sind. Die Kinder der Migranten können bis zu ihrem 16. Lebensjahr zu ihren in Deutschland lebenden Eltern ziehen, bis zum 18. Lebensjahr, wenn sie zusammen mit den Eltern neu zuwandern.

EU-Bürger besitzen ein Daueraufenthaltsrecht, das im Wesentlichen der Niederlassungserlaubnis entspricht. Ihnen genügt eine Anmeldung beim Einwohnermeldeamt.

Lernaufgabe 1.5.3 Rechtliche Voraussetzungen für die Migration nach Deutschland 28
1. Diskutieren Sie die Notwendigkeit der unterschiedlichen Aufenthaltstitel im Ausländerrecht.

2. Problematisieren Sie die Regelung, dass nachziehende Ehepartner deutsche Sprachkenntnisse nachweisen müssen.

1.5.4 Zuwanderung und Arbeitsmarkt

Laut dem Deutschen Industrie- und Handelskammertag konnten 2018 1,6 Millionen Stellen aufgrund von Fachkräftemangel hochgerechnet auf alle Unternehmen in Deutschland nicht besetzt werden.

Mit dem **Fachkräfteeinwanderungsgesetz** (2018) wird das Zuwanderungsgesetz erneut geändert. Jetzt dürfen sich auch beruflich qualifizierte Arbeitskräfte von außerhalb der Europäischen Union (**„Drittstaat"**) – wie schon zuvor die Hochqualifizierten (Blaue Karte EU) – auf einen Arbeitsplatz in Deutschland bewerben und bei einer Zusage des Arbeitgebers einreisen. Ein Ausschluss bestimmter Länder ist jedoch möglich. Ausländer, die über deutsche Sprachkenntnisse verfügen und ihren Lebensunterhalt selbst bestreiten, dürfen zudem zur Arbeitsplatzsuche nach Deutschland einreisen und befristet (z. B. sechs Monate) bleiben. In diesem Zeitraum ist ihnen erlaubt, auf Probe zu arbeiten. Voraussetzung ist jedoch eine durch Dokumente **nachgewiesene berufliche Qualifikation**, die mit einem deutschen Abschluss vergleichbar ist. Die eingereichten Urkunden werden dahingehend von der zuständigen Behörde überprüft. Qualifikationslücken können nachträglich durch **Fortbildung** ausgeglichen werden. Das einstellende Unternehmen ist zudem verpflichtet, gegebenenfalls Nachqualifizierungen auf das betriebliche Anforderungsprofil der Beschäftigten durchzuführen. Kann ein Bewerber keine Unterlagen – z. B. aus Fluchtgründen – vorlegen, ist ein Nachweis durch **„Qualifikationsanalyse"** möglich. Sie erfolgt durch Fachgespräche, Arbeitsproben oder **probeweises Arbeiten** im Betrieb. Ausländer, deren Abschiebung ausgesetzt wurde („Duldung"), können ihren Aufenthalt in Deutschland durch eine **„Ausbildungs- oder Beschäftigungsduldung"** verlängern. Eine Begrenzung der Arbeitsmigration auf Tätigkeiten mit Bewerbermangel („Engpassberufe") gibt es nicht. Auch keine Überprüfung, ob heimische Arbeitskräfte zur Verfügung stehen („Vorrangprüfung"). In zeitlichen Abständen wird jedoch überprüft, ob die ergriffenen Maßnahmen zu Fehlentwicklungen am Arbeitsmarkt führen. Sollte dies der Fall sein, werden Gegenmaßnahmen ergriffen.

M 6 Migration und Zuwanderungssteuerung

M 7 Das Fachkräfteeinwanderungsgesetz in der Kritik

Statt am volkswirtschaftlichen Bedarf ist das Gesetz an kurzfristigen Unternehmensinteressen ausgerichtet. Es kann für Lohndumping und Ausbeutung missbraucht werden, weil die Aufenthaltserlaubnis an eine bestimmte Tätigkeit bei einem Arbeitgeber gebunden ist. Wenn eine Fachkraft aufgrund von miserablen Arbeitsbedingungen kündigt oder gekündigt wird, ist sie auf Gedeih und Verderb auf die Ausländerbehörde angewiesen. Nur sie entscheidet darüber, ob ein anschließender Aufenthalt gewährt oder ob abgeschoben wird. Das führt zu einer ausländerrechtlich gewollten Abhängigkeit und schwächt die Arbeitnehmerrechte. [...] Die Bundesregierung wird mit dem Gesetz in seiner jetzigen Form das Ziel verpassen, allen hier lebenden Erwerbsfähigen das Arbeiten zu ermöglichen. Deshalb muss sie jetzt nachbessern: Der DGB fordert, dass eine Aufenthaltserlaubnis auch nach Kündigung und zur Suche eines neuen Arbeitgebers fortbestehen muss. Die Einhaltung gleicher Arbeitsbedingungen darf nicht nur auf dem Papier geprüft werden, es braucht in den ersten Jahren auch verstärkte Vor-Ort-Prüfungen. Insgesamt müssen Konkurrenz und Unterbietung am Arbeitsmarkt verhindert werden. Das geht nur, wenn die Sozialpartner gemeinsam die Arbeitskräftebedarfe in Branchen und Berufsgruppen feststellen und diese Engpassanalyse auch für die Zustimmung der Bundesagentur für Arbeit zur Aufenthaltserlaubnis maßgeblich ist."

Deutscher Gewerkschaftsbund: Eine verpasste Chance für Integration und Teilhabe. In: dgb.de. 18.12.2018. www.dgb.de/presse/++co++a53c6bc2-02b2-11e9-9c88-52540088cada [16.07.2019].

Lernaufgabe 1.5.4   Zuwanderung und Arbeitsmarkt 29
1. Diskutieren Sie die Notwendigkeit der Zuwanderung von Arbeitskräften.
2. Beziehen Sie zu der Aussage der Karikatur „Willkommenskultur" kritisch Stellung.

1.5.5 Einwanderung qualifizierter Arbeitskräfte: Chance oder Gefahr?

M 8 Debatte: Ist die Einwanderung von qualifizierten Arbeitskräften eine Chance oder eine Gefahr?

Pro: Qualifizierte Einwanderer befördern die wirtschaftliche Entwicklung.

[D]ie Eliten aus dem Süden [verkörpern] am deutlichsten, was Einwanderer aus allen Schichten seit jeher zu den Motoren wirtschaftlicher Entwicklung macht: „Wenn man sie lässt", sagt Migrationsforscher Klaus Bade, „kommen nicht die Schwachen und Desorientierten, sondern die Mutigen, Innovativen und Unternehmungslustigen." Eliten machen im Ausland Karriere, weniger Gebildete schuften dafür, dass es ihren Kindern besser geht. Für die einen existiert ein fast globaler Arbeitsmarkt, die anderen gehen dahin, wo Arbeit ist. Beide helfen sich und ihren Gastgebern. [...] Neu ist, dass sich manche Einwanderer in mehreren Gesellschaften gleichzeitig bewegen. Damit füllt sich ein neuer Begriff mit Wirklichkeit. So wie es transnationale Unternehmen gebe, sagen Ökonomen, so würden transnationale Bevölkerungsgruppen zu einem Charakteristikum der globalen Wirtschaft. [...] Nach Schätzung des Bundesforschungsministeriums verlässt inzwischen jeder fünfte deutsche Jungakademiker seine Heimat – meist in Richtung Amerika und oft mit der Absicht, nicht mehr zurückzukehren.

Tenbrock, Christian; Uchatius, Wolfgang: Geschlossene Gesellschaft. In: Zeit Online. 22.12.2013. www.zeit.de/suche/index?q=Christian+Tenbrock+und+Wolfgang+Uchatius%3A+Geschlossene+Gesellschaft [16.07.2019].

Kontra: Globaler Arbeitsmarkt gefährdet menschengerechte Lebensform.

Wir sahnen die Qualifizierten der ärmeren Länder ab. Die Armen und Elenden dürfen bleiben, wo sie sind, die Alten und Kranken auch. Wir sind gierig auf die Ausgebildeten. Wir lassen anderswo ausbilden. Das kostet uns nichts und schafft willige und billige Arbeitskräfte hierzulande. Unser schlechtes Gewissen beruhigen wir durch die Almosen für die Entwicklungshilfe. [...] Die Kapital- und Finanzströme [z. B. Investitionen in Arbeitsplätze] umkreisen den Erdball auf der Datenautobahn – und die Menschen hetzen hinterher. So schnelle Füße wie das Kapital hat kein Mensch. Mal nimmt das Kapital da Platz, mal dort; und die Menschen hopsen im Gefolge des Kapitals atemlos von Job zu Job: globale Mobilmachung. Eine solche flexibel-mobile Welt muss jedoch auf einiges verzichten. Heimat, Nachbarschaft – Ehe und Freundschaft haben eingebaute Mobilitätshemmnisse. [...] Das Programm [...] ist die Reduzierung der Menschen auf den Faktor „Arbeitskraft". [...] Jetzt kommt die Menschenverachtung durch die Hintertür ins Haus geschlichen und maskiert sich als Liberalisierung: Befreiung von allen dauerhaften Bindungen. Es gilt der Augenblick. Vor Tausenden von Jahren „erfanden" die Menschen die Sesshaftigkeit. Jetzt wird der Arbeitsmarkt-Nomade zur Leitfigur des flexiblen Arbeitnehmers, und so fügen wir dem Heer der Flüchtlinge und Vertriebenen ein mobiles Kommando von Wanderarbeitern hinzu.

Blüm, Norbert: Globale Dumping-Staffette. In: Süddeutsche Zeitung. 21.03.2002. www.sueddeutsche.de/politik/meinung/globale-dumping-staffette-1.311688 [16.07.2019].

Lernaufgabe 1.5.5 Einwanderung qualifizierter Arbeitskräfte: Chance oder Gefahr? 30
1. Stellen Sie die unterschiedlichen Sichtweisen der Zuwanderungspolitik von Arbeitskräften gegenüber.
2. Beziehen Sie selbst Stellung.

1.6 Bevölkerungsentwicklung und Weltpolitik

1.6.1 Entwicklung der Weltbevölkerung

M 1 Historische Entwicklung der Weltbevölkerung

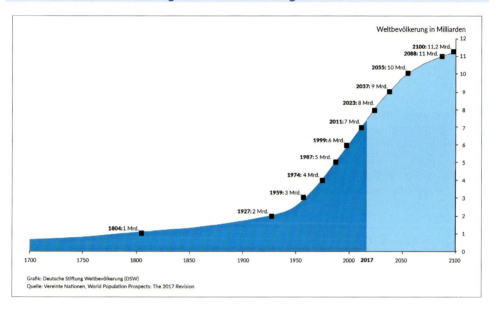

Grafik: Deutsche Stiftung Weltbevölkerung (DSW)
Quelle: Vereinte Nationen, World Population Prospects: The 2017 Revision

M 2 Weltbevölkerung und regionale Verteilung

DIE WELT – EIN DORF

2018
Wenn die Welt ein Dorf mit nur 100 Einwohner*innen wäre, wären davon:
17 aus Afrika, **5** aus Nordamerika, **10** aus Europa, **8** aus Lateinamerika,
1 aus Ozeanien und **59** aus Asien.
26 wären Kinder unter 15 Jahren,
9 Menschen wären älter als 64,
Im Durchschnitt bekämen die Frauen
2,4 Kinder.

2050
Die Zahl der Dorfbewohner*innen würde jährlich um etwa eine Person steigen.
Im Jahre 2050 würden bereits 129 Menschen im Dorf leben:
34 aus Afrika, **6** aus Nordamerika, **9** aus Europa, **10** aus Lateinamerika,
1 aus Ozeanien und **69** aus Asien.

Grafik: Deutsche Stiftung Weltbevölkerung (DSW)   Quelle: PRB World Population Data Sheet 2018

Gesellschaftliche Veränderungen analysieren

Der Mensch als ein vernunftbegabtes, „kluges" Lebewesen (Homo sapiens) hat sich in einem langen Prozess der Evolution vor rund 100 000 Jahren in Afrika herausgebildet. Seine Nahrung beschaffte er sich zunächst als Jäger und Sammler. Später dann, vor ca. 12 000 Jahren, erwarb er die Fähigkeit, die Natur durch Ackerbau und Viehzucht bewusst zu bearbeiten (neolithische Revolution). Der Mensch wurde sesshaft, er verbesserte seine Ernährungslage und seine Anzahl stieg auf etwa zehn Millionen an. Der zivilisatorische Fortschritt (z. B. Bewässerungssysteme in den antiken Hochkulturen) beförderte das Wachstum der Weltbevölkerung weiter: Um Christi Geburt auf etwa 300 Millionen. Bis zur ersten Milliarde dauerte es weitere 1 800 Jahre. Bis zu diesem Zeitpunkt war die Bevölkerungsentwicklung von hoher Kindersterblichkeit, wiederkehrenden Hungersnöten und Seuchen geprägt. Dies änderte sich mit der Industrialisierung im 19. Jahrhundert: Der wissenschaftlich-technische Fortschritt verbesserte den Wohlstand und die Gesundheit der Menschen. Die Überlebenschancen der Kinder stiegen (vgl. S. 26). Schon im Jahr 1924 bestand die Weltbevölkerung aus zwei Milliarden Menschen. Der Zeitraum ihrer Verdoppelung hatte sich erheblich verkürzt. Ab 1950 beschleunigte sich das Bevölkerungswachstum und erreichte in den 1960er-Jahren mit rund 2 % seinen historischen Höhepunkt. Nach Prognosen der Vereinten Nationen leben aktuell rund 7,7 Milliarden Menschen auf unserem Planeten. Ihre Anzahl hat sich – wie nie zuvor in der Geschichte – in nur 100 Jahren fast vervierfacht. Für das Jahr 2100 werden sogar über elf Milliarden vorhergesagt.

M 3 Weltbevölkerung und aktuelle Entwicklung

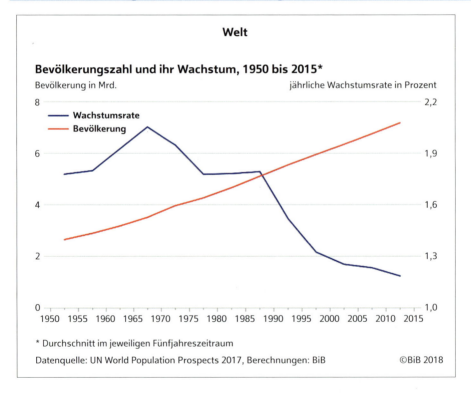

M 4 Weltbevölkerung und Zukunftstrend

Ergebnisse der Modellrechnungen der UN für die Jahre bis 2100 – mittlere Variante

Zeitraum	Durchschnitt im jeweiligen Fünfjahreszeitraum	
	Bevölkerung (in Mrd.)	jährliches Wachstum der Bevölkerung (in Prozent)
2015–2020	7,59	1,09
2025–2030	8,37	0,87
2035–2040	9,05	0,70
2045–2050	9,64	0,56
2055–2060	10,12	0,42
2065–2070	10,50	0,32
2075–2080	10,79	0,24
2085–2090	11,01	0,17
2095–2100	11,16	0,11

Datenquelle: UN World Population Prospects 2017; Berechnungen: BiB

Lernaufgabe 1.6.1   Entwicklung der Weltbevölkerung 31
1. Teilen Sie die Entwicklung der Bevölkerung in Epochen ein.
2. Erläutern Sie die Rolle der „industriellen Revolution" für die Entwicklung der Bevölkerung.

1.6.2 Ernährungssicherheit der Weltbevölkerung

Die rasante Vermehrung der Weltbevölkerung lässt immer wieder die Angst vor einer Übervölkerung der Erde aufkommen. Befürchtet wird, dass die Erde nur eine bestimmte Anzahl von Menschen ernähren kann, weil die landwirtschaftlich nutzbare Fläche der Erde begrenzt ist („Tragfähigkeit"). Schon Ende des 17. Jahrhunderts behauptete Thomas Robert Malthus, dass dies nach seiner Berechnung bei einer Milliarde der Fall sei. Spätere Prognosen heben die mögliche Bevölkerungszahl zwar stetig an (z. B. Studien des Club of Rome ab 1972), aber eine demografisch bedingte globale Nahrungskatastrophe ist bisher ausgeblieben. Verhindert wird sie durch den wissenschaftlich-technischen Fortschritt („Grüne Revolution"), der die Ertragskraft der Landwirtschaft erheblich steigert (z. B. Neue Fruchtsorten, Düngemittel und Anbaumethoden). Die heutige Welternte von Kulturpflanzen übersteigt sogar nach Angaben der Vereinten Nationen die global notwendige Nahrungsenergie um fast ein Drittel. Es ist allerdings umstritten, ob dies auch für die Zukunft gilt. Begründet werden die Zweifel mit den ökologischen Gefahren, die sich aus der „industriellen Landwirtschaft" ergeben. Um ihnen zu begegnen, wird in der Bewirtschaftung der Erde eine Wende zur „Nachhaltigkeit" verlangt. Um die Biokapazität zu erhalten, darf aus der Natur nur die Menge entnommen werden, die nachwächst (Regeneration). So ist in der Forstwirtschaft jeder gefällte Baum zum Ausgleich mit einem neuen zu bepflanzen. Der Baumbestand soll in seiner Summe erhalten bleiben. Geschieht dies nicht, dann handelt der Mensch so, als ob er auf ein zweites Waldstück zurückgreifen kann, wenn das erste abgeholzt ist. Er beansprucht damit eine doppelte Erdfläche. Bezogen auf alle natürlichen Ressourcen ist der Flächenverbrauch der Menschheit zwischenzeitlich so hoch, dass die vorhandene Erdfläche als Reserve nicht mehr ausreicht. Die Folgen rücksichtsloser

Gesellschaftliche Veränderungen analysieren

Verschwendung von Biokapazitäten veranschaulichen die verkarsteten Böden rund um das Mittelmeer: Die dortigen Wälder wurden im antiken Rom nacheinander bedenkenlos abgeholzt.

M 5 Bevölkerungsentwicklung und Agrarfläche

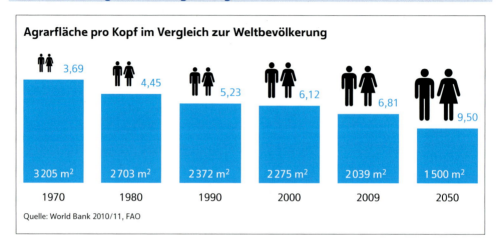

Agrarfläche pro Kopf im Vergleich zur Weltbevölkerung

Jahr	Agrarfläche pro Kopf	Weltbevölkerung (Mrd.)
1970	3 205 m²	3,69
1980	2 703 m²	4,45
1990	2 372 m²	5,23
2000	2 275 m²	6,12
2009	2 039 m²	6,81
2050	1 500 m²	9,50

Quelle: World Bank 2010/11, FAO

M 6 Agrarwirtschaft zwischen Fortschritt und Gefahren

Viele Nutzpflanzen brauchen zusätzlichen Stickstoff für ein optimales Wachstum, darum ist er ein wichtiger Bestandteil unserer Düngemittel – ob organisch [z. B. Gülle] oder künstlich [Salzverbindung]. Wir fordern deshalb nicht, auf Dünger ganz zu verzichten. Aber wir könnten ihn weitaus effizienter einsetzen. Denn viele andere Pflanzen, die zum Beispiel nebenan auf Magerrasen wachsen, vertragen den Stickstoffüberschuss nicht oder werden von Gewächsen wie Brombeeren, Brennnesseln und Löwenzahn verdrängt. Gehen sie verloren, finden Insekten nicht mehr ausreichend Nahrung, weil nur noch die stickstofftoleranten Pflanzen blühen. Dadurch sinkt die Bestäubungsleistung für unsere Nutzpflanzen und die Zahl der Singvögel, denn beide brauchen Insekten. Auch große Vögel wie die Störche verschwinden, weil sie auf den Wiesen keine Amphibien mehr finden, die ebenfalls Insekten fressen.

Berndorff, Jan: „Stickstoff ist die zweitgrößte Umweltbelastung der Welt". In: Süddeutsche Zeitung. 08.03.2015. www.sueddeutsche.de/wissen/ueberduengung-stickstoff-ist-die-zweitgroesste-umweltbelastung-der-welt-1.2381659 [16.07.2019].

M 7 Welternährung und Bodenschädigung (Bodendegradation)

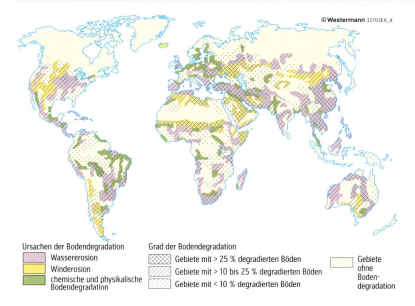

Ursachen der Bodendegradation
- Wassererosion
- Winderosion
- chemische und physikalische Bodendegradation

Grad der Bodendegradation
- Gebiete mit > 25 % degradierten Böden
- Gebiete mit > 10 bis 25 % degradierten Böden
- Gebiete mit < 10 % degradierten Böden
- Gebiete ohne Bodendegradation

M 8 Bevölkerungsentwicklung und Ressourcenverbrauch

Der ökologische Fußabdruck der Länder

Der **ökologische Fußabdruck** misst den Verbrauch aller Ressourcen (u. a. Energie, Ernährung, Abfall), die ein Mensch für den Alltag benötigt. Er berechnet, wie viel Fläche dafür benötigt wird. Angegeben wird der Fußabdruck in globalem Hektar pro Kopf (gha).

< 1,75 gha | 1,75 - 3,49 gha | 3,50 - 5,24 gha | 5,25 - 7,0 gha | > 7,0 gha | keine Angaben

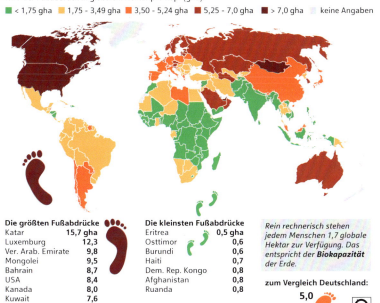

Die größten Fußabdrücke
Land	gha
Katar	15,7
Luxemburg	12,3
Ver. Arab. Emirate	9,8
Mongolei	9,5
Bahrain	8,7
USA	8,4
Kanada	8,0
Kuwait	7,6
Dänemark	7,1

Die kleinsten Fußabdrücke
Land	gha
Eritrea	0,5
Osttimor	0,6
Burundi	0,6
Haiti	0,7
Dem. Rep. Kongo	0,8
Afghanistan	0,8
Ruanda	0,8

Rein rechnerisch stehen jedem Menschen 1,7 globale Hektar zur Verfügung. Das entspricht der **Biokapazität** der Erde.

zum Vergleich Deutschland: 5,0

Quelle: Global Footprint Network (Living Planet Report 2018, Daten: Stand 2014)

Lernaufgabe 1.6.2 Ernährungssicherheit der Weltbevölkerung 32
1. Problematisieren Sie die Ernährungssicherheit der Weltbevölkerung.
2. Bestimmen Sie Ihren „ökologischen Fußabdruck".
   Link: www.fussabdruck.de/fussabdrucktest/#/start/index/

1.6.3 Hunger und Wohlstand

M 9 Hunger und geografische Verteilung

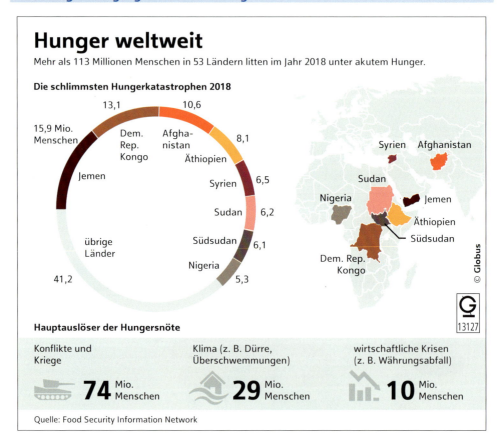

Auch wenn die globale Erzeugung von Nahrungsmitteln rechnerisch ausreicht, um jeden Erdenbürger zu sättigen, leiden in der Realität über 800 Millionen Menschen an Hunger und zwei Milliarden an Mangelernährung (UN-Welternährungsbericht). Die Ursachen dafür sind vielschichtig. Ein Drittel der Welternte geht zwischen Anbau und Verzehr verloren. Es verderben in weniger entwickelten Ländern Ernteerträge, weil Lager- und Transportmöglichkeiten fehlen. In den wohlhabenden Ländern verrotten Lebensmittel, weil sie durch den Kauf von Übermengen als Abfall in der Mülltonne landen. Hinzu kommt, dass pflanzliche Nahrungsmittel verstärkt für andere Zwecke als zum unmittelbaren menschlichen Verzehr verwendet werden. So steigt mit dem wachsenden Wohlstand der Fleischkonsum weltweit an (z. B. China) und mit ihm der Bedarf an pflanzlichem Futtermittel. Zur Erzeugung tierischer Nahrungsmittel ist ein Vielfaches an pflanzlichen Kalorien notwendig, wodurch sich die globale Versorgungsbilanz erheblich verschlechtert. Eine Tendenz, die durch die zunehmende Nutzung von Nahrungsmitteln als Biokraftstoff weiter verstärkt wird. Alle Faktoren zusammen lassen die Nachfrage an landwirtschaftlichen Produkten und damit deren Preis steigen. Viele sind wegen ihrer Armut der kaufkräftigen Konkurrenz auf dem Weltmarkt nicht gewachsen und bleiben deshalb hungrig. Hunger ist somit kein Mengenproblem, sondern eine Frage der Verteilungsgerechtigkeit: Hunger ist Folge der Armut und Armut ist Folge des Hungers.

M 10 Lebensmittel als Abfall

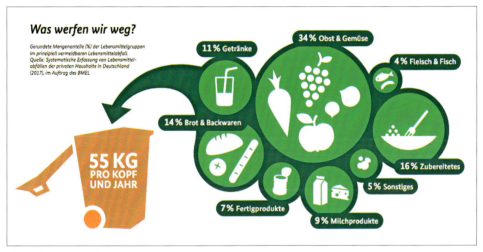

GfK-Studie im Auftrag des BMEL, 2019

Lernaufgabe 1.6.3   Hunger und Wohlstand 33
1. Beziehen Sie zu der These Stellung, dass der Hunger in der Welt menschengemacht ist.
2. Diskutieren Sie Maßnahmen, die Sie persönlich ergreifen können, um den Welthunger zu mindern.

1.6.4 Hunger und Menschenwürde

M 11 Hunger und Menschenwürde

UN-Sozialpakt: Internationaler Pakt über wirtschaftliche, soziale und kulturelle Rechte vom 19. Dezember 1966 (Bundesgesetzblatt (BGBl) 1976 II, 428)
Artikel 11 (2):
In Anerkennung des grundlegenden Rechts eines jeden, vor Hunger geschützt zu sein, werden die Vertragsstaaten einzeln und im Wege internationaler Zusammenarbeit die erforderlichen Maßnahmen, einschließlich besonderer Programme, durchführen
a) zur Verbesserung der Methoden der Erzeugung, Haltbarmachung und Verteilung von Nahrungsmitteln durch volle Nutzung der technischen und wissenschaftlichen Erkenntnisse, durch Verbreitung der ernährungswissenschaftlichen Grundsätze sowie durch die Entwicklung oder Reform landwirtschaftlicher Systeme mit dem Ziel

einer möglichst wirksamen Erschließung und Nutzung der natürlichen Hilfsquellen; b) zur Sicherung einer dem Bedarf entsprechenden gerechten Verteilung der Nahrungsmittelvorräte der Welt unter Berücksichtigung der Probleme der Nahrungsmittel einführenden und ausführenden Länder.

Institut für Menschenrechte: Internationaler Pakt über wirtschaftliche, soziale und kulturelle Rechte vom 19. Dezember 1966. In: www.institut-fuer-menschenrechte.de/fileadmin/user_upload/PDF-Dateien/Pakte_Konventionen/ICESCR/icescr_de.pdf [16.07.2019].

Die Ernährungssicherheit ist nach Angaben der UN-Welternährungsorganisation (FAO) erst dann gegeben, wenn vier Kriterien erfüllt sind:

1. **Verfügbarkeit:** z. B. werden Lebensmittel vor Ort ausreichend angeboten?

2. **Zugang:** z. B. reicht das Einkommen aus, um Lebensmittel zu kaufen?

3. **Verwendung:** z. B. werden die Lebensmittel gesundheitsschützend angeboten, verzehrt und deren Abfälle entsorgt?

4. **Stabilität:** z. B. stehen die Lebensmittel jeder Zeit für jeden zur Verfügung?

Lernaufgabe 1.6.4   Hunger und Menschenwürde 34
1. Stellen Sie die Ernährungssicherheit der Menschen als globales Problem dar.
2. Beziehen Sie zu der Auffassung der Vereinten Nationen Stellung, Ernährungssicherheit sei ein Menschenrecht.

1.6.5 Hunger und Klimawandel als Motive für Migration

M 12 Welternährung und Klimawandel

Sira Traore lächelt bei der Frage, ob sie gerne auf dem Land lebe, und nickt. Das Landleben sei sehr gut, sagt sie, fügt aber hinzu: „Wenn es nur endlich wieder regnen würde. Bleibt der Regen weiter aus, dann wird es richtig schwierig." Drei Jahre schon habe es in ihrem Dorf Same Plantation, das im malischen Teil der Sahelzone liegt, nicht mehr richtig geregnet. Manchmal sei ein Schauer gekommen, mal ein Sturm – aber nie genug, um vernünftig Regenfeldbau zu betreiben. Der fehlende Regen und die aufkommende Dürre werden zum Problem für viele Menschen, vor allem im globalen Süden. Bleibt die Ernte aus, steht womöglich die Versorgung einer ganzen Familie oder eines ganzen Dorfes auf dem Spiel.

Patrick Große: Hunger: Das kaum noch lösbare Problem. In: Deutsche Welle. 11.09.2018. www.dw.com/de/hunger-das-gr%C3%B6%C3%9Fte-l%C3%B6sbare-problem-der-welt-un-fao-bericht/a-45443086 [16.07.2019].

Für die Weltgemeinschaft ist die Sicherung der Ernährung aller Menschen eine vielschichtige Herausforderung. Wirtschaftliche, politische, soziale, kulturelle und ökologische Problembereiche überlagern sich und verstärken sich wechselseitig. Vor allem dort, wo die Geburtenrate hoch ist und vielfach Hunger herrscht (z. B. Afrika). Wie zur Zeit der Industrialisierung in Europa wandert auch dort die notleidende Landbevölkerung auf der Suche nach Arbeit in die Städte ab (Urbanisierung), verstärkt durch die Folgen des Klimawandels, die die Produktivität der Landwirtschaft beeinträchtigen (z. B. Anstieg von Überflutungen und Dürren). Die Zielorte der Binnenmigration werden sich nach Vorhersagen der Vereinten Nationen (UNO) zu fast unüberschaubaren städtischen Ballungsräumen („Megastädte") entwickeln. Kinshasa in der Demokratischen Republik Kongo wird beispielsweise 2035 nach Schätzungen der Vereinten Nationen fast 26 Millionen Einwohner haben. Neu-Delhi in Indien schon im Jahr 2030 sogar knapp 39 Millionen. Dies entspricht in etwa der Hälfte der Bevölkerung in Deutschland. Die vom Elend Betroffenen werden aber auch – wie die Auswanderung der Europäer im 19. Jahrhundert nach Amerika zeigt – in anderen Weltregionen ihr Glück suchen, wo sie sich bessere Lebensverhältnisse erhoffen (Außenmigration).

M 13 Bevölkerungsentwicklung und Binnenmigration

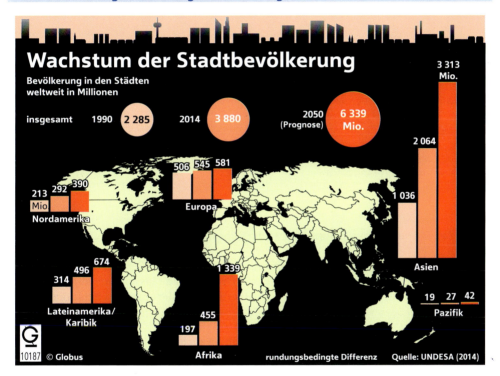

M 14 Bevölkerungswachstum und Außenmigration

Die Entscheidung, sein Land dauerhaft zu verlassen, fällt den Menschen nicht leicht. Im Gegenteil: Die lange Geschichte der Migration lehrt, dass die Belastungen sehr hoch sein müssen, bevor all das aufgegeben wird, was mit dem Leben in der Heimat verbunden ist. Die Gründe selbst sind vielfältig und betreffen mehrere Ebenen. Um sie besser zu erfassen, bedient sich die Migrationsforschung eines Modells, das die Ziel- und Herkunftsregion einschließt. Gefragt wird, was Migranten an ihrem Herkunftsland abstößt (**Push-Faktoren**) beziehungsweise was sie an ihrem Zielland anzieht (**Pull-Faktoren**) und in welcher Wechselbeziehung beide Seiten stehen.

Gesellschaftliche Veränderungen analysieren

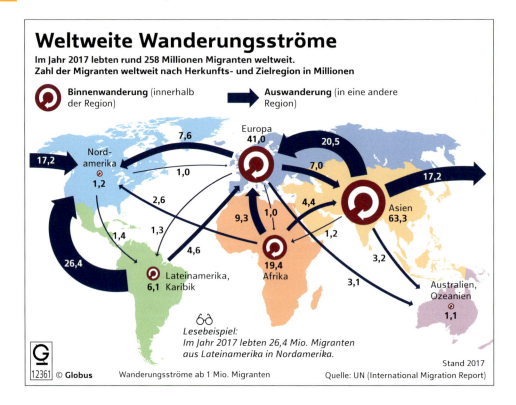

M 15 Bevölkerungsentwicklung und Migrationsmotive

Wanderungen erfolgen in der Regel immer dann, wenn eine Gesellschaft die Erwartungen ihrer Mitglieder nicht erfüllen kann. Drei Bereiche lassen sich abgrenzen, in denen die Frustration der ansässigen Bevölkerung Wanderungsentscheidungen auslösen kann:

- Die bloße physische Existenz der Menschen ist nicht mehr gesichert (so etwa bei Migranten aus Kriegs- und Krisengebieten, aber auch aus Regionen mit einem hohen Maß an Umweltzerstörung).

- Die institutionelle Struktur der Gesellschaft kann die materiellen, besonders die wirtschaftlichen Wünsche und Erwartungen nicht erfüllen (so bei den Wirtschaftsmigranten aus schwach entwickelten Gebieten, historisch etwa bei den europäischen Auswanderern nach Übersee, heute z. B. bei Migranten aus Osteuropa).

- Lebensvorstellungen können unter dem herrschenden politisch-ideologischen System nicht verwirklicht werden (dies ist etwa bei der Migration wegen religiöser Diskriminierung oder politischer Verfolgung, aber auch bereits bei mangelnder Identifikation mit den Werten einer Gesellschaft vorstellbar).

Kröhnert, Steffen: Migration – Eine Einführung. In: Berlin-Institut für Bevölkerung und Entwicklung. Oktober 2007. www.berlin-institut.org/online-handbuchdemografie/bevoelkerungsdynamik/faktoren/migration.html [16.07.2019].

Lernaufgabe 1.6.5   Hunger und Klimawandel als Motive für Migration 35
1. Erläutern Sie die Motive der Migration.
2. Diskutieren Sie die Forderung, dass auch Migranten, die sich ohne legalen Aufenthaltstitel in Deutschland aufhalten, ein Recht auf Bildung und Gesundheit haben.

1.6.6 Zusammenleben und Toleranz

M 16 Migration als politisches Konfliktfeld

Geflüchtete fordern im Sommer 2015 die europäische Migrations- und Grenzpolitik heraus. Hunderttausende fliehen, vor allem vor den Kriegen in Syrien, Afghanistan und Irak. Sie treffen in Europa einerseits auf Ablehnung und verschärfte Grenzkontrollen, auf der anderen Seite auf Aufnahmebereitschaft und eine „Willkommenskultur". Die europäische Migrationspolitik gerät in eine Krise, weil die Länder an den Außengrenzen der EU organisatorisch und wirtschaftlich nicht mehr in der Lage sind, die vielen Flüchtenden aufzufangen und zu versorgen. Staaten wie Griechenland und Italien, wo die meisten Flüchtenden auf dem Seeweg ankommen, lassen die Menschen weiter in andere EU-Staaten ziehen. Damit handeln sie entgegen der EU-Richtlinien (Dublin-Bestimmungen), wonach Geflüchtete in dem Land der EU Asyl beantragen müssen, in dem sie als erstes angekommen sind. In der Folge sagt Deutschland auch EU-Staaten wie Griechenland zu, Geflüchtete aufzunehmen und sie nicht nach der „Drittstaatenregelung" zurückzuweisen. Andere Staaten wie Österreich und Ungarn schließen hingegen ihre Grenzen und belassen die Menschen in Camps der Nachbarstaaten, in denen humanitäre Mindeststandards nicht mehr eingehalten werden. Im August 2015 setzt das BAMF [Bundesamt für Migration und Flüchtlinge] Abschiebungen von Syrer*innen in den Ersteinreisestaat aus. Deutschland nimmt Geflüchtete auf, um europäische Nachbarstaaten zu unterstützen. 2015 stellen Geflüchtete fast 500 000 Asylanträge in Deutschland. Die ankommenden Menschen erfahren in Deutschland zunächst viel Solidarität. Der Sommer der Migration hat europäische Grenzen und Abkommen herausgefordert. Die Schattenseite: einwanderungsfeindliche Kräfte nutzen das Migrationsthema für ihre ideologischen Zwecke aus; der Rechtspopulismus erstarkt und Anschläge und Angriffe auf Geflüchtete nehmen in ganz Europa zu. Die Seenotrettung wird weitestgehend eingestellt und kann nur notdürftig durch ehrenamtliche Initiativen aufgefangen werden. Die Folge: Alleine im Jahr 2015 starben 3 782 Menschen im Mittelmeer beim Versuch Europa zu erreichen.

DOMiD – Dokumentationszentrum und Museum über die Migration in Deutschland e. V.: Sommer der Migration und Willkommenskultur. In: www.meinwanderungsland.de/historyslider/2015/ [16.07.2019].

M 17 Migration und Integration

[Toleranz] bedeutet nicht nur Hinnahme einer abweichenden Lebensweise, sondern auch Zurücknahme der eigenen. [...] Das klingt nach einer leicht zu erfüllenden Einschränkung. Tatsächlich ist sie aber für islamische Fundamentalisten, deren Religion auf das öffentliche Leben zielt, nicht leicht zu erfüllen, und sie ist auch für die deutsche Mehrheitsgesellschaft kaum zu erfüllen, wenn der Verzicht auf Kränkung der Muslime beispielsweise den Verzicht auf Nacktbadestrände, Sexshops oder gar den gemeinsamen Unterricht von Jungen und Mädchen bedeuten müsste. [...]

Die westlichen Gesellschaften sind zwar in hohem Maße bereit, die abweichende Lebensführung der islamischen Minderheiten zu dulden; [...] Nicht aber ist unsere Gesellschaft bereit, auf die eigene Rede- und Kunstfreiheit [z. B. Karikatur über Mohammed] oder die Gleichberechtigung der Geschlechter zu verzichten, und zwar auch dort nicht, wo sie für Muslime schwer erträglich wird. Eine solche Beschränkung ist für unsere Gesellschaft auch gar nicht denkbar, weil sie in den Kern unserer Freiheiten eingriffe [...] Das heißt aber auch: Der liberale Staat, der so ausschaut, als sei er weltanschaulich neutral, indem er jede Religion als Privatsache erlaubt, ist keineswegs vollkommen neutral; jedenfalls nicht gegenüber Religionen, die diese Beschränkung auf die Privatsphäre verweigern. [...] Auch der milde Liberalismus ist eine Weltanschauung, nämlich eine solche, in der religiöse Wahrheiten nicht vorkommen. Daran gibt es nichts zu deuteln [...] und [...] wir [sollten] uns vielleicht offen zu seiner Parteilichkeit bekennen. Denn diese Parteilichkeit ist keine unzumutbare, sie tritt nur angesichts seiner Feinde in Erscheinung, diesen gegenüber aber gleichermaßen. Sie bevorzugt weder Christen noch Muslime, noch kämpferische Atheisten. Sie kürzt nur allen gemeinsam den Anspruch, der Gesellschaft ihren Willen aufzuzwingen. Der liberale Rechtsstaat schützt die Minderheiten voreinander und alle zusammen vor der Mehrheit; daher muss ihm auch zugestanden werden, die Mehrheit vor einer herrschsüchtigen Minderheit zu schützen.

Jessen, Jens: Die Tücken der Toleranz. In: DIE ZEIT 48 vom 18.11.2004. www.zeit.de/2004/48/01__leit_1_48 [16.07.2019].

Lernaufgabe 1.6.6   Zusammenleben und Toleranz 36
1. **Der Sommer 2015 gilt als historisches Ereignis in der Migrationspolitik. Begründen Sie die Auffassung.**
2. **Diskutieren Sie die Toleranzauffassung des Autors Jens Jessen.**

1.6.7 Bevölkerungs- und Wirtschaftswachstum

Eine zentrale Ursache der Abwanderung aus den weniger entwickelten Ländern ist das Ungleichgewicht zwischen Bevölkerungs- und Wirtschaftswachstum: Die Zahl der jungen Menschen nimmt stärker zu als die Finanzkraft des Staates. In der Folge reichen die Steuermittel nicht aus, um der nachwachsenden Generation ausreichend Beschäftigungs- und damit Zukunftschancen zu verschaffen. Vor allem fehlt das Geld für gute Bildungseinrichtungen und die Gesundheitsvorsorge. Mit der damit verbundenen beruflichen Perspektivlosigkeit gehen soziale Konflikte einher, die sich nicht selten in gewaltsamen Auseinandersetzungen entladen. Dies verstärkt den Migrationsdruck weiter. Vor allem bei jenen jungen und qualifizierten Arbeitskräften, die von den entwickelten Ländern stark umworben werden (vgl. S. 52). Ihr „Humankapital" fehlt dann der eigenen sozio-ökonomischen Entwicklung und kann eine Spirale des wirtschaftlichen Niedergangs einleiten. Aus entwicklungspolitischer Sicht wird deshalb das Ziel verfolgt, die hohe Geburtenrate durch Familienplanung zu senken. Um bevölkerungspolitische Zwangsmaßnahmen der Regierungen (z. B. „Ein-Kind-Politik") zu vermeiden, beschließen die Vereinten Nationen 1994 in Kairo ein neues Konzept der Familienplanung („Sexuelle und reproduktive Gesundheit und Rechte"). Es stellt das Selbstbestimmungsrecht der Frau ins Zentrum der Familienpolitik: Die Sexualität wird zwar zum Menschenrecht erklärt, aber nur unter der Bedingung von Freiwilligkeit und Gesundheitsschutz.

M 18 Bevölkerungsregionen und Geburtenrate

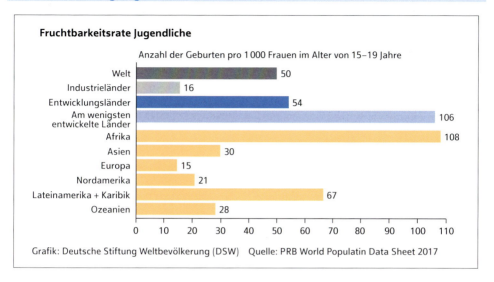

Grafik: Deutsche Stiftung Weltbevölkerung (DSW)   Quelle: PRB World Populatin Data Sheet 2017

M 19 Geburtenrate und Müttersterblichkeit

Hannover, 7. März 2019. Weltweit sind die Folgen von Schwangerschaft und Geburt das größte Risiko für das Leben von Mädchen zwischen 15 und 19 Jahren. Vor allem in Entwicklungsländern ist der Handlungsbedarf groß. Hier treten 99 Prozent der Fälle von Müttersterblichkeit auf und jede Zehnte wird vor ihrem 20. Lebensjahr schwanger – meistens ungewollt. Täglich sterben hunderte von Mädchen und jungen Frauen an starken Blutungen, Infektionen, Geburtskomplikationen oder unsicheren Schwangerschaftsabbrüchen. Dies ist vor allem auf mangelnden Zugang zu Verhütungsmethoden und fehlende Gleichberechtigung zurückzuführen. Darauf macht die Deutsche Stiftung Weltbevölkerung (DSW) anlässlich des internationalen Frauentages aufmerksam.

Deutsche Stiftung Weltbevölkerung: Internationaler Frauentag: Schwangerschaft ist die häufigste Todesursache für 15 bis 19-Jährige. In: Deutsche Stiftung Weltbevölkerung. 04.03.2019. www.dsw.org/pi-weltfrauentag-2019/ [16.07.2019].

M 20 Bevölkerungsentwicklung und Geschlechtergleichheit

Sexuelle Gesundheit setzt eine positive und respektvolle Haltung zu Sexualität und sexuellen Beziehungen voraus sowie die Möglichkeit, angenehme und sichere sexuelle Erfahrungen zu machen, und zwar frei von Zwang, Diskriminierung und Gewalt. Sexuelle Gesundheit lässt sich nur erlangen und erhalten, wenn die sexuellen Rechte aller Menschen geachtet, geschützt und erfüllt werden.

WHO-Regionalbüro für Europa: Definition. In: www.euro.who.int/de/health-topics/Life-stages/sexual-and-reproductive-health/news/news/2011/06/sexual-health-throughout-life/definition [16.07.2019].

Seit 2017 kommen jährlich global immer weniger Kinder zur Welt. Deshalb wird für die Mitte des kommenden Jahrhunderts mit einer Trendumkehr gerechnet: Die Weltbevölkerung wird zahlenmäßig wieder kleiner. Ursache ist die zwischenzeitlich stark rückläufige globale Geburtenrate (vgl. S. 56). Kritiker sehen diese Prognose mit Skepsis. Sie wenden ein, dass die Bedingungsfaktoren dieser Entwicklung (z. B. steigender Wohlstand) in den Zukunftsberechnungen zu wenig Beachtung finden. So ist beispielsweise die Verfügbarkeit von Primärenergie (z. B. Erdöl und Kohle) ein wichtiger Wohlstandindikator. Von 1965 bis 2017 ist dessen Verbrauch um ein Drittel stärker gewachsen als die Bevölkerung. Bei knapper werdenden Rohstoffvorkommen und den Gefahren des durch ihre Verbrennung bedingten Klimawandels kann dies nicht unbegrenzt fortgesetzt werden. Hierin wird die Gefahr gesehen, dass durch knappheitsbedingte Preiserhöhungen vor allem die Bewohner ärmerer Länder Einschränkungen hinnehmen müssen. Befürchtet wird, dass der wirtschaftliche Druck die Altersvorsorge dort wieder von der Anzahl der Kinder abhängig macht.

M 21 Bevölkerungsentwicklung und „Importierter Fortschritt"

In Europa und Nordamerika kam der Übergang zu niedriger Sterblichkeit und weniger Geburten durch die Entstehung moderner, städtischer Industriegesellschaften quasi „von selbst" in Gang. In vielen Entwicklungsländern war und ist dies nicht der Fall. Die Sterblichkeit sank dort durch den massiven Einsatz wirksamer Arzneimittel aus den Industriestaaten sowie chemischer Schädlingsbekämpfungsmittel etwa in der Malariaprophylaxe. Auch ein Großteil der in Entwicklungsländern verwendeten Verhütungsmittel stammt aus Westeuropa und Nordamerika. Sie werden zum Teil aus Mitteln der Entwicklungshilfe finanziert. Durch diesen „importierten" Fortschritt vollzieht sich der demografische Übergang [vgl. S. 26] heute in vielen Entwicklungsländern erheblich rascher, als dies seinerzeit in Europa der Fall war. Die genannten Einflüsse und Eingriffe von außen sind im Modell des demografischen Übergangs nicht berücksichtigt. Aber sie haben deutlich erkennbare Folgen: Die Einwohnerzahlen der europäischen Länder erhöhten sich im Verlauf des demografischen Übergangs zwischen 1800 und heute auf das Doppelte bis Vierfache. In den meisten Entwicklungsländern rechnet man hingegen mit einem Anstieg auf das Sieben- bis Zehnfache, bis es zu einer Stabilisierung der Bevölkerungszahl kommt. Die Bevölkerung wächst dort in den meisten Fällen um 1,5 bis drei Prozent pro Jahr, also in einem Tempo, das Europa und Nordamerika auch im 19. und frühen 20. Jahrhundert nie erreichten.

Münz, Rainer; Ulrich, Ralf E.: Demografischer Übergang – Theorie und Praxis. In: Berlin-Institut für Bevölkerung und Entwicklung. Oktober 2006, aktualisiert durch Mitarbeiter des Berlin-Instituts im Oktober 2012. www.berlin-institut.org/online-handbuchdemografie/bevoelkerungsdynamik/auswirkungen/demografischeruebergang.html [16.07.2019].

Lernaufgabe 1.6.7   Bevölkerungs- und Wirtschaftswachstum 37
1. Beziehen Sie zu der Aussage Stellung, dass zwischen dem Wachstum der Bevölkerung und dem Wachstum der Wirtschaft ein enger Zusammenhang besteht.
2. Vergleichen Sie die unterschiedlichen historischen Ausgangsbedingungen zwischen den entwickelten Ländern in Europa und den zumeist armen Ländern in Afrika.

Bevölkerung im Wandel

Zusammenfassung

Die hoch entwickelten Gesellschaften unterliegen einem grundlegenden Generationenwandel: Der Anteil der Jungen nimmt ab und der der Alten nimmt zu. Daraus ergeben sich vielfältige politische Spannungen. Zum Beispiel die Lastenverteilung im „Generationenvertrag" der Sozialversicherung oder der Mangel an Arbeitskräften zur Sicherstellung der Wirtschaftskraft. Für diesen „demografischen Übergang" sind zwei Faktoren verantwortlich: Die steigende Lebenserwartung und die fallende Geburtenrate. Dass die Menschen immer älter werden, wird als Gewinn an Lebenszeit allgemein begrüßt. Dies heißt aber auch, dass die Gesellschaft verstärkt auf die besonderen Belange älterer Menschen eingehen muss und ihnen ein weitestgehend selbstbestimmtes Leben ermöglicht. Auch für den Fall, dass sie auf fremde Hilfe und Pflege angewiesen sind. Im Hinblick auf die Geburtenrate ist der familienpolitische Einfluss sehr begrenzt. Zwar können Kinder finanziell stärker unterstützt und die Vereinbarkeit von Beruf und Familie verbessert werden, die Entscheidung für Kinder ist aber eine sehr persönliche und hängt stark von der Ausformung eines partnerschaftlichen Verhältnisses zwischen Mann und Frau ab. Ein Ausgleich der Generationen wird deshalb verstärkt in der Zuwanderung von jungen und qualifizierten Arbeitskräften gesehen. Aber auch diese Strategie ist mit Risiken verbunden. In den Abwanderungsländern kann dies zur Abschöpfung der die Gesellschaft tragenden Intelligenz und im Inland zu soziokulturellen Konflikten führen. Die Gesellschaft wird dadurch vielfältiger und spannungsreicher. Ein Impuls, der allen von Nutzen ist, wenn jeder jedem mit kritischer Toleranz begegnet.

Zusammenfassende Lernaufgaben

Erkennen

1. Erläutern Sie das Modell des demografischen Übergangs.
2. Zählen Sie Ursachen für den Rückgang der Geburten in Deutschland auf.
3. Benennen Sie die Gründe für den Anstieg der Lebenserwartung.
4. Stellen Sie die Möglichkeit der Zuwanderung nach Deutschland dar.

Werten

1. Beziehen Sie zur Aussagekraft von demografischen Prognosen kritisch Stellung.
2. Diskutieren Sie die Notwendigkeit der Gleichstellung von Mann und Frau als Beitrag zur Erhöhung der Geburtenrate.
3. Die Mehrwertsteuer sollte für Fleisch erhöht werden, um seinen Konsum im Interesse der globalen Ernährungssicherheit zu drosseln. Setzen Sie sich mit dieser Forderung kritisch auseinander.
4. „Kein Mensch ist illegal!" Problematisieren Sie diesen häufigen Graffiti-Spruch.

Anwenden

1. Stellen Sie Grundsätze für ein familienpolitisches Konzept Ihrer Heimatgemeinde auf.
2. Vergleichen Sie die rentenpolitischen Vorstellungen der Parteien.
3. Ermitteln Sie die Bereitschaft Ihrer Mitschüler, in den Ferien einen einwöchigen Freiwilligendienst in einem Pflegeheim durchzuführen. Fassen Sie die jeweiligen Begründungen zusammen.
4. Entwerfen Sie einen Katalog von Grundsätzen, der die Toleranz gegenüber Migranten kennzeichnet.

2 Einstellungen im Wandel

Jugendkultur: Das Beispiel „Hitlerjugend" 1938

Reichsparteitag 1938/HJ beim Hitlergruß

Jugendkultur: Das Beispiel „Hippie-Jugend" 1968

Jugendkultur: Das Beispiel „Greta-Jugend" 2019

„Fridays for Future"-Demonstration in Mainz

Zum Einstieg:
1. Vergleichen Sie die Bilder im Hinblick auf die Veränderungen des Lebensgefühls.
2. Erstellen Sie eine Fotocollage, die Ihres Erachtens das Lebensgefühl der heutigen Jugend widerspiegelt.

Einstellungen im Wandel

2.1 Kulturen, Werte, Normen

M 1 Mittlere Lebenszufriedenheit in Deutschland
(0 = „vollkommen unzufrieden" bis 10 „vollkommen zufrieden")

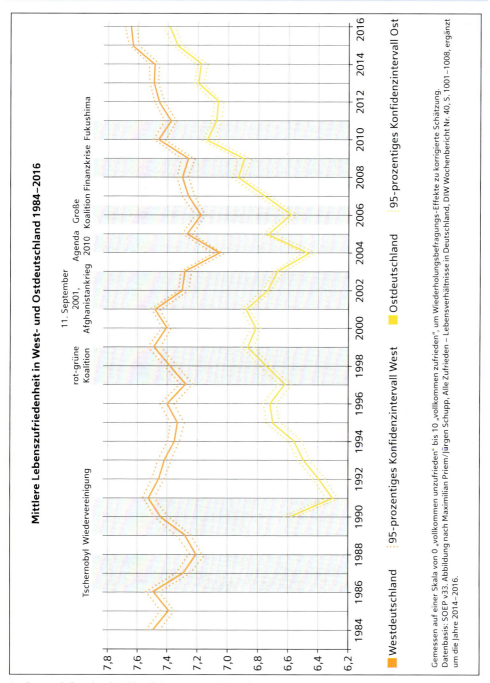

Bundeszentrale für politische Bildung/bpb, Datenreport 2018, Rub. 10.1, S. 384.

Mit dem Begriff „**Kultur**" wird die Art und Weise gekennzeichnet, wie Menschen in einer Gemeinschaft zusammenleben. Häufig wird sie mit einer „Software" verglichen, die den Geist ihrer Mitglieder „programmiert". Sie „steuert" das Wahrnehmen, Denken, Werten und Handeln der Menschen. Sie bestimmt nicht, was gedacht wird, sondern wie gedacht wird. Für das einzelne Mitglied einer Gemeinschaft ist die Kultur ein Orientierungssystem. Sie hilft, das eigene Tun mit dem der anderen in Einklang zu bringen. Auf diesem Weg sorgt sie für Entlastung und Sicherheit im Alltag. Dies erstreckt sich bis auf ganz gewöhnliche Dinge des Lebens: Begrüßen, Essen, Zeigen oder Verbergen von Gefühlen. Die jeweilige Form, in der dies geschieht, wird als Kulturstandard bezeichnet. Er wird durch das Aufwachsen in einer Gemeinschaft erlernt (Sozialisation) und auf diesem Weg von früheren Generationen übernommen (Tradition). Werte bilden die „Lebensweisen" ab, die von einer Gesellschaft akzeptiert werden. Zur „Norm" werden sie, wenn sie unter der Androhung von Strafen verbindlich festgelegt werden (z. B. Gesetz). Kulturen sind jedoch keine geschlossenen Systeme. Durch den Kontakt mit anderen verändern sie sich ständig. Das „Fremde" kann zum „Eigenen" werden, wie umgekehrt das „Bisherige" fremd. Ohne den Kontakt mit anderen Kulturen wäre uns womöglich vieles von dem unbekannt geblieben, was heute längst unseren Alltag prägt, beispielsweise die Demokratie und die moderne Wissenschaft. Beide wurzeln im Denken des antiken Griechenlands, von dem wir in Mitteleuropa durch die Übersetzungen arabischer Gelehrter erfahren haben. Kulturen verändern sich aber auch von innen heraus. Im Verlauf der Geschichte wird der Mensch immer selbstbewusster („Aufklärung"). Er löst sich von Althergebrachtem und bestimmt sein Leben zunehmend selbst (Individualisierung). Der Einzelne geht eigene Wege, grenzt sich von traditionellen Lebensformen ab (Differenzierung). Mit Gleichgesinnten bildet er „Subkulturen": Die kulturelle Vielfalt der Gesellschaft wächst (Pluralisierung). Ein Beispiel: Wurde Homosexualität früher öffentlich verurteilt und unter Strafe gestellt, wird sie heute gesellschaftlich weitgehend akzeptiert und entsprechende Paare werden auf Antrag rechtlich als eheähnliche Partnerschaft anerkannt.

M 2 Lebensweisen im Wandel

Lernaufgabe 2.1 Kulturen, Werte, Normen 1
1. Zeigen Sie Beispiele für Kulturstandards auf.
2. Problematisieren Sie die Rolle von Werten in einer Gesellschaft.

2.2 Jugend im Wandel

M 1 Jugend als Spiegelbild der Gesellschaft

[Es] verwundert nicht, dass gelegentliche Meldungen über eine Wiederbelebung „traditioneller" Werte von vielen mit Zustimmung und Gefühlen der Erleichterung begrüßt werden. In der Tat hat in der Bevölkerung die Meinung deutlich zugenommen, auf „traditionelle" Werte wie „Moral", „Pflichtbewusstsein", „Recht und Ordnung" sowie „Fleiß" werde in Deutschland zu wenig Wert gelegt. [...] Die Gesellschaft im Ganzen beginnt sich als eine Egoistengesellschaft zu verachten, wie man feststellen kann, wenn man die Menschen fragt, was sie von „den anderen" halten. Umfrageergebnisse, die auf dieser Grundlage aufbauen, sind nicht in erster Linie als Indikatoren einer Werterenaissance zu interpretieren, sondern bilden vielmehr ein massenhaftes Nachvollziehen der schlechten Nachrichten ab, die Meinungsführer im Lande seit Längerem verbreiten.

Klages, Helmut: Brauchen wir eine Rückkehr zu traditionellen Werten? In: Aus Politik und Zeitgeschichte. B 29/2001. Bundeszentrale für politische Bildung. 26.05.2002. www.bpb.de/publikationen/OFHC1R,1,0,Brauchen_wir_eine_R%FCckkehr_zu_traditionellen_Werten.html#art1 [17.07.2019]

Die Jugend wird schon immer gern von der älteren Generation kritisiert – ob berechtigt oder nicht. Erst recht geschieht dies seit dem Aufkommen spezieller Jugendkulturen, mit denen sich junge Menschen – oft provozierend – von der Lebensweise ihrer Eltern abgrenzen. Durch sie formen sie ihren eigenen Lebensstil – in der Mode, der Musik, der Sprache und den Lebenseinstellungen. Vieles von dem, was auf diesem Weg kulturell neu entsteht, stößt in der Mehrheitsgesellschaft zunächst auf Ablehnung, wird aber dann im Laufe der Zeit von dieser oftmals übernommen. In der jüngsten Vergangenheit sind alle zehn Jahre neue Jugendkulturen entstanden: Ende der 60er-Jahre die Hippies und die rebellische Linke, später die Punks und dann in den 90er-Jahren die Techno-Szene. Heute gibt es eine Fülle unterschiedlicher und sich schnell wandelnder Richtungen. Jugendkulturen entstehen, weil in modernen Gesellschaften die traditionellen Rituale des Übergangs ins Erwachsenenleben (z. B. Konfirmation, Firmung oder Jugendweihe) an Einfluss verlieren und deshalb neue Orientierungsmuster für diesen schwierigen Lebensabschnitt gesucht werden.

M 2 Generationen und kultureller Wandel

[Im] Zeitablauf ändern sich die technischen, wirtschaftlichen, kulturellen und politischen Bedingungen derartig stark, dass jeweils eine neue „Generationslagerung" entsteht, die eine neue „Generationsgestalt" hervorbringt. Auf die skeptische Generation folgten die 1968er (geboren etwa zwischen 1940 bis 1955), dann die Babyboomer (1955 bis 1970), die Generation X (1970 bis 1985), Y (1985 bis 2000) und zuletzt die Generation Z (ab 2000 geboren). Jede dieser Generationen ist durch kollektiv erlebte Ereignisse geprägt, die Spuren in ihrem „Sozialcharakter" hinterlassen haben.

Hurrelmann, Klaus: Was erwarten Jugendliche vom Berufsleben?, 15.-16-.11.2016. In: Bundesinstitut für Berufsbildung. www.bildungsketten.de/_media/BK-Konferenz_Vortrag_Hurrelmann.pdf [17.07.2019].

M 3 Generationenabfolge und Einstellungen

	Jahrgänge	Werte	Glaubenssätze	Umwelt
Baby Boomer 33 %	1945–1960 Optimisten	• Starke Tradition • Patriacharl • Beruf vorgezeichnet • Konstanter Beruf	• Schuster bleib bei deinen Leisten • Deine Füsse unter meinem Tisch	• Wirtschaftswunder • 68er • Bildungsexplosion • Frauenemanzipation
Generation X 35 %	1960–1980 Pessimisten	• Tradition und Möglichkeiten • Wachsender Wohlstand • Neue Erziehungswege	• Alles geht – man muss nur wollen • Ohne Fleiss kein Preis • Politisch sein • Eigenverantwortung	• Umweltzerstörung • HI-Virus nicht heilbar • Tschernobyl • Erste Computer in der Arbeitswelt/EDV
Generation Y Millenials 29 %	1980–2000 Optimisten	• Multioptional • Flexibilität von Beziehungen LAP • Erziehung basiert auf Verständnis	• Gute Ausbildung • Viele Praktika • Ausprobieren • Alles geht	• Digital Immigrants PC im Privatleben • Smartphone und Internet • Unklare Zukunft bei sich ändernden Berufen
Generation Z Die neueste Ausgabe der Menscheit	Ab 2000 Realisten	• Anerkennung Peer Group • Sicherheit • Stabilität • Sinnhaftigkeit des Tuns	• Ich muss mich gut darstellen • Karriere ist wichtig • Vernetzen	• Digital Natives • Globalisierung

Koch, Maximilian: Generation Z – und jetzt?, Vortrag 2018, Pädagogische Hochschule St. Gallen, S. 6. In: www.agv-rorschach.ch/pdf/Generation_Z___Vortrag45_Prof._Dr._Koch_LA_2018.pdf [06.09.2019]

Die Generation Z ist vor dem Hintergrund der großen Weltwirtschaftskrise (2008) aufgewachsen. Es ist eine Zeit, in der althergebrachte Überzeugungen tief erschüttert werden. Die Gesellschaft ist ins Wanken geraten, weshalb Sicherheit im Leben der Generation Z einen großen Stellenwert besitzt. Dem politischen und wirtschaftlichen System steht sie wegen der krisenhaften Verwerfungen kritisch gegenüber, deren Führungskräfte haben bei ihr an Leuchtkraft erheblich verloren. Sie sympathisiert eher mit jenen „Jungunternehmern", die die digitale Revolution nutzen, um im kleinen Rahmen eigene Ideen zu verwirklichen („Startups"). Bei der Wahl des Arbeitsplatzes spielt bei dieser Generation – neben dem Einkommen – der Gewinn an Lebensfreude eine große Rolle. Die Identifikation mit dem eigenen Unternehmen hält sich zwar in Grenzen, dennoch ist man bereit, hart zu arbeiten. Nur nicht in der Freizeit, denn das Vergnügen darf im Leben dieser Generation nicht zu kurz kommen. Die auf Spaß ausgerichtete permanente Werbung ist nicht ohne Wirkung. Das Smartphone bleibt deshalb in der Freizeit privat. Ist das nicht gegeben, wird der „Job" gewechselt. Arbeitsplatzangebote gibt es genügend. Bei allem Individualismus, sieht sich die Generation Z in einer gesellschaftlichen Verantwortung. Insbesondere im Hinblick auf die Sicherung der ökologischen Lebensbedingungen.

M 4 Forderungen von Jugendlichen an die Berufswelt

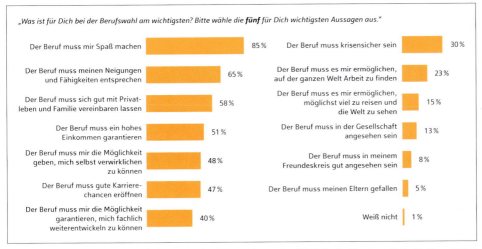

„Was ist für Dich bei der Berufswahl am wichtigsten? Bitte wähle die **fünf** für Dich wichtigsten Aussagen aus."

- Der Beruf muss mir Spaß machen — 85 %
- Der Beruf muss meinen Neigungen und Fähigkeiten entsprechen — 65 %
- Der Beruf muss sich gut mit Privatleben und Familie vereinbaren lassen — 58 %
- Der Beruf muss ein hohes Einkommen garantieren — 51 %
- Der Beruf muss mir die Möglichkeit geben, mich selbst verwirklichen zu können — 48 %
- Der Beruf muss gute Karrierechancen eröffnen — 47 %
- Der Beruf muss mir die Möglichkeit garantieren, mich fachlich weiterentwickeln zu können — 40 %
- Der Beruf muss krisensicher sein — 30 %
- Der Beruf muss es mir ermöglichen, auf der ganzen Welt Arbeit zu finden — 23 %
- Der Beruf muss es mir ermöglichen, möglichst viel zu reisen und die Welt zu sehen — 15 %
- Der Beruf muss in der Gesellschaft angesehen sein — 13 %
- Der Beruf muss in meinem Freundeskreis gut angesehen sein — 8 %
- Der Beruf muss meinen Eltern gefallen — 5 %
- Weiß nicht — 1 %

Fassnacht, Axel: Erwartungen Jugendlicher an Beruf und Unternehmen: eine SINUS-Studie über Jugendliche für die zwölf IHK in Baden-Württemberg (Teil 2), 2016. SINUS Markt- und Sozialforschung GmbH. In: www.sinus-akademie.de/fileadmin/user_files/downloads/IHK-Jugendstudie/0916_72-77_Bildungswelten.pdf [06.09.2019].

M 5 Generationenwandel und Unterricht

Individualistisch wie die Generationen Y und Z ausgerichtet sind, haben sie in Schule, Ausbildung und Hochschule bereits vielfach durchgesetzt, dass der Lernstoff und die Lernmethode auf ihre persönlichen Bedürfnisse abgestellt werden und auch die Lehrkräfte persönlich auf sie eingehen. Sie sind durch ihre permanente Arbeit am Computer und insbesondere durch ihre intensive Spieltätigkeit gewohnt, regelmäßiges Feedback zu erhalten und Schritt für Schritt in ein Thema einzusteigen. Sie wissen, dass es moderne und flexible Methoden der Selbsteinschätzung von Fähigkeiten und Fertigkeiten gibt, und sie fordern deren Einsatz auch im schulischen Bereich heraus. Sie haben Erfolg damit: Individuelle Diagnosen des Lern- und Leistungsstands und ebenso individuelle Angebote für die Förderung des Weiterkommens und die Lösung von Herausforderungen prägen immer mehr das Bildungssystem.

Hurrelmann, Klaus: Was erwarten Jugendliche vom Berufsleben?, Vortrag auf der Bildungsketten-Konferenz „Jugendliche stärken, Übergänge schaffen, Zukunft gestalten", 15.-16.11.2016, Berlin, S. 9. In: www.bildungsketten.de/_media/BK-Konferenz_Vortrag_Hurrelmann.pdf [06.09.2019]

Lernaufgabe 2.2   Jugend im Wandel 2
1. Zeigen Sie die sozialwissenschaftliche Charakterisierung des Verlaufs von Jugendkulturen auf.
2. Vergleichen Sie die Kennzeichnung der Jugend mit Ihrer eigenen Lebenswirklichkeit.

2.3 Jugend und Politik

M 1 Generation „Greta"

Greta Thunberg auf der Fridays-for-Future-Demonstration in Berlin, Juli 2019

Es ist jetzt schon das zweite Mal, dass irgendwelche Halbstarken die Politik das Fürchten lehren. Nach der Klimarebellin Greta Thunberg aus Schweden [Aufruf zum Schulstreik] mischt Rezo, ein dauerquasselnder Youtuber aus Deutschland, den Politikbetrieb auf. [...] Hier sagen Junge den Alten den Kampf an. Gut so. [...] Selbstverständlich kann man sich jetzt erst einmal ausgiebig über diesen Rezo aufregen, dessen Politvideo so seriös ist wie Zahnpastawerbung. Der 26-Jährige [...] redet wie aus den hinteren Bänken einer Schulklasse: übers Klima, den Krieg, die Notlügen der Politik und deren „krasse Inkompetenz". Natürlich fehlt die Hälfte, natürlich wird nicht abgewogen, denn Rezo ist Youtuber, kein Bundeskanzler. Irgendwann versteigt er sich noch zur Aussage, es gebe nur „eine legitime Einstellung". Das ist natürlich Blödsinn. Nur: Es hilft den etablierten Parteien halt nichts. [...] Er trifft mit seinen kritischen Fragen einen Nerv. Das beweisen auch die 2,3 Millionen Aufrufe, die sein Video in nur zwei Tagen sammelt. [...] Der Faktencheck zeigt, dass Rezo manches zurechtgebogen hat, damit es ins Bild passt. [...] Wer jetzt aufschreit und ruft „Fake News!", das seien doch Methoden wie von Rechtspopulisten, hat nur auf den ersten Blick recht. Ja, es stimmt, es wird hier polemisiert gegen das politische Establishment. Es wird Selbstgewissheit und Verkrustung angeprangert. Dass Demokratie nur mit Kompromissen am Leben bleibt, wird in Rezos Video flott unterschlagen. Anders aber als bei Scharfmachern von Rechtsaußen wendet sich sein Zorn nicht gegen das „System" oder gegen gesellschaftliche Minderheiten. Nachdenken, mitfühlen, sich einmischen, wählen gehen, lautet da die Botschaft. Was für politischen Nachwuchs kann sich eine Demokratie eigentlich wünschen, wenn nicht solchen? Den Volksparteien brennt die Hose [...] Statt sich jetzt aber beleidigt in die Wagenburg zurückzuziehen und auf korrektere Zitierweise zu pochen, sollten die Routiniers des Politikbetriebs endlich zugeben: Es stimmt. Es werden täglich Entscheidungen auf Kosten nachwachsender Generationen gefällt, im Privaten wie in der Politik. Sie betreffen nicht nur den rücksichtslosen Verschleiß des Planeten, sondern auch Renten, Bildung, globale Gerechtigkeit. Eine Jugend, die da ungemütlich wird, gehört nicht verächtlich gemacht. Das Land sollte stolz auf sie sein.

von Bullion, Constanze: Junge sagen den Alten den Kampf an. Gut so! In: Süddeutsche Zeitung. 24.05.2019. www.sueddeutsche.de/politik/cdu-rezo-youtube-kommentar-1.4459354 [17.07.2019].

Lernaufgabe 2.3 Jugend und Politik 3
1. Erstellen Sie eine Umfrage in Ihrer Klasse über die Bereitschaft zum politischen Engagement.
2. Beziehen Sie zu der Auffassung über die Jugend im Zeitungskommentar kritisch Stellung.

2.4 Moderne und gesellschaftlicher Wandel

2.4.1 Der Wertewandel als Ausdruck der Moderne

Mit dem Begriff **Moderne** (lat. modo = eben, jetzt) ist das Neue im Denken und Handeln der Menschen gemeint, das durch den Bruch mit alten Vorstellungen entsteht. Eine solche epochale Zeitenwende erfolgte um 1500 n. Chr., als das Weltbild der Neuzeit das des Mittelalters ablöste. Sah sich der Mensch im Mittelalter noch als Teil einer gottgewollten Ordnung, in der ihm ein fester Platz mit klaren Verhaltensvorgaben zugewiesen ist, begreift er sich in der Neuzeit als Individuum, das aus eigenem Denken heraus handelt. Verschiedene Faktoren führen zur Abkehr vom mittelalterlichen Denken. Die **Reformation** spielt dabei eine wichtige Rolle. Sie führt zur Kirchenspaltung und damit zur Zersplitterung jener Instanz, die nach mittelalterlichem Verständnis als „Sprachrohr" Gottes für die Festlegung der „Wahrheit" zuständig ist. Die Frage nach dem rechten Glauben muss der Mensch nun für sich selbst beantworten. In diesem Zustand des Zweifelns sieht der Philosoph **René Descartes** den eigentlichen Beginn des Menschseins, weil sich durch ihn der Einzelne als selbstverantwortliches Individuum bewusst wird („Cogito ergo sum" = „Ich denke, also bin ich"). Der Aufklärer **Immanuel Kant** trägt diesen Gedanken mit der Feststellung weiter, dass der Mensch zwar ein vernunftbegabtes Wesen ist, also prinzipiell denken kann, aber aus Faulheit und aus Feigheit dem nicht nachkommt. Diesem Zustand der selbstverschuldeten Unmündigkeit entkommt er nach Kant nur, wenn er in die Freiheit entlassen wird und dann aus eigener Kraft sein Leben gestalten muss.

Die Idee der Aufklärung leitet einen Prozess ein, der das Leben der Menschen in allen Bereichen der Gesellschaft zunehmend von Vorgaben befreit und der Eigenverantwortung unterstellt (**Individualisierung**): Der Wissenschaftler wird von religiösen Vorgaben entbunden und setzt seine ethischen Maßstäbe selbst fest. Die Zunftordnung wird durch die Gewerbefreiheit ersetzt und macht die Wettbewerbsfähigkeit zur Sache des einzelnen Handwerkers. Der unfreie Bauer wird schließlich zum „freien" Lohnarbeiter und handelt seine Arbeitsbeziehung mit dem Arbeitgeber selbst aus. Die politische Herrschaft wird dem Volk übertragen und stellt den einzelnen Bürger in die politische Verantwortung. Mit der Freiheit wächst die Unterschiedlichkeit der Lebensgestaltung und damit die Vielfalt der Lebenssituationen (**Pluralisierung**): Die Gesellschaft differenziert sich aus und lässt neue Interessen und Wertvorstellungen entstehen.

Die Individualisierung ist ein offener Prozess und setzt sich bis in die heutige Zeit fort. So kommt unter US-Präsident Ronald Reagan und der britischen Premierministerin Margaret Thatcher in den 80er-Jahren des vorigen Jahrhunderts international eine Politik zum Durchbruch, die in der Freiheit der Marktteilnehmer die besten Chancen für Wachstum und Wohlstand der Bevölkerung sieht. In der Folge werden die nationalen Märkte von staatlichen Vorgaben „befreit", die die Marktkräfte im Sinne politischer Ziele zügeln (**Deregulierung**). Diese Öffnung der Märkte gilt auch gegenüber dem Ausland und vertieft die internationale Verflechtung, sei es auf europäischer (**EU-Binnenmarkt**) oder auf globaler Ebene (**WTO**). Gestützt wird diese Auffassung vor allem durch die Wirtschaftstheorie von Friedrich August von Hayek und Milton Friedman, für die die Freiheit der Marktkräfte die einzige Garantie für Effizienz und damit Wohlstand ist (**Neoliberalismus**).

Lernaufgabe 2.4.1   Der Wertewandel als Ausdruck der Moderne 4
1. Erläutern Sie den geistesgeschichtlichen Hintergrund der Modernisierung.
2. Zeigen Sie Beispiele für die Individualisierung in heutiger Zeit auf.

2.4.2 Die Kehrseite der Freiheit – der Verlust an Sicherheit

Die Modernisierung verläuft nicht konfliktfrei. So verschafft beispielsweise die Öffnung der nationalen Arbeitsmärkte in der EU dem einzelnen Arbeitnehmer einen größeren beruflichen Handlungsraum, setzt ihn aber zugleich der grenzüberschreitenden Konkurrenz aus. Wer dem nicht gewachsen ist, gehört schnell zu den Verlierern der Modernisierung. Ihre Frustration kann leicht zu extremistischen Strömungen führen, die die Freiheitsrechte grundsätzlich infrage stellen und das Leben der Menschen ihren ideologischen Vorstellungen unterwerfen wollen (**Gegenmoderne**).

M 1 „Eine quasi revolutionäre Situation"

Durch die europäischen Länder läuft eine gemeinsame Konfliktlinie. Auf der einen Seite diejenigen, die ihre berufliche Existenz weitgehend territorial definieren, also nur in Deutschland oder nur in Österreich beruflich tätig werden können und den staatlichen Schutz als Voraussetzung ihrer Existenzsicherung wahrnehmen. Die sind sehr defensiv eingestellt, reagieren auf rechte Parolen und fordern vom Staat, sie gegen Konkurrenten anderer Länder zu schützen. Auf der andere Seite jene, auch relativ große Gruppe, die in der Lage ist, sich grenzübergreifend neue berufliche Chancen zu eröffnen. Ich glaube ohnehin, dass dies in der Epoche der Globalisierung zu einem zentralen Statusmerkmal wird. Es wird zu einer Polarisierung kommen zwischen denen, die Globalisierung als Chance nutzen und jenen, die sich dadurch in ihrer materiellen Existenz bedroht sehen. Das ist eine Spaltung der Gesellschaft.

Beck, Ulrich: Interview mit dem Soziologen Ulrich Beck. In: Tom Schimmecks Archiv, www.schimmeck.de. 01.05.2009. www.schimmeck.de/Texte/beck.htm [17.07.2019].

Mit dem Ausbruch der **Weltwirtschaftskrise 2008** ist die Politik der Deregulierung auch grundsätzlich in die Kritik geraten. Sie wird für den größten wirtschaftlichen Zusammenbruch seit der Weltwirtschaftskrise 1929 verantwortlich gemacht. Bemängelt wird vor allem der Glaube, dass der Markt immer wieder aus sich selbst heraus zum Gleichgewicht findet. Demgegenüber wird heute wieder vielfach die Überzeugung vertreten, dass der Markt festen Regeln unterworfen werden muss, um die Gesellschaft vor möglichen zerstörerischen Kräften zu schützen. Ob dies allerdings gelingt, wird infrage gestellt, da globale Märkte nur durch globale Regeln von globalen Institutionen im Zaum gehalten werden können.

M 2 „Eine Volkswirtschaft steckt die andere an"

Der Prozess der Entgrenzung, wie wir ihn seit dem Mauerfall erlebt haben, wird sich wohl kaum so fortsetzen. Der Glaube ist erschüttert, dass freie Märkte die Probleme der Menschen lösen, dass es also allen besser geht, wenn wir nur den Markt sich selbst überlassen. [...] Es gibt zweifellos Gewinner, denen sich neue berufliche Perspektiven eröffnet haben. Aber nach unseren Untersuchungen überwiegt die Zahl der Verlierer. [...] Es sind alle Menschen, die in den vergangenen Jahren bereits Einkommenseinbußen hinnehmen mussten und deren Existenzgrundlage nun bedroht ist. Die Globalisierung hat das Versprechen auf stetig wachsenden Wohlstand für viele ins Gegenteil verkehrt. [...] Andererseits kann sich kein Land vom globalen Trend abkoppeln, eine Volkswirtschaft steckt die andere an. Die Interdependenz, auch was Terrorismus oder

Klimawandel angeht, nimmt sogar noch zu. [...] Leider sind wir gedanklich völlig unvorbereitet in die Krise gegangen. [...] Ich stelle nur fest, dass wir mit nationalstaatlichen Mitteln versuchen, auf globale Risiken zu reagieren. Es ist die große Illusion dieser Epoche, sich davon Erfolg zu versprechen. Nationale Antworten helfen uns in einer so vernetzten Welt nicht weiter.

Beck, Ulrich; Jung, Alexander: Interview mit dem Soziologen Ulrich Beck. In: DER SPIEGEL (Online), 22.03.2009. www.spiegel.de/politik/deutschland/soziologe-ulrich-beck-eine-volkswirtschaft-steckt-die-andere-an-a-614328.html [17.07.2019].

Lernaufgabe 2.4.2   Die Kehrseite der Freiheit – der Verlust an Sicherheit 5
1. Erläutern Sie die These, dass der Prozess der Modernisierung die Gesellschaft spaltet (M 1, S. 78).
2. Diskutieren Sie die These, dass die Probleme der „Modernisierung" mit nationaler Politik nicht lösbar sind (M 2, S. 78).

2.5   Wertetypen im Wandel

M 1   Einstellungsmuster

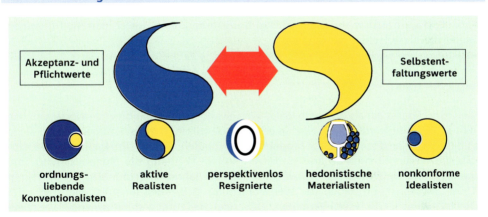

Um den **Wandel von Werteinstellungen** messen zu können, wurden fünf **Wertetypen** entwickelt. Ausgangspunkt der Typisierung ist der Wertekonflikt zwischen Akzeptanz- und Pflichtwerten einerseits und der Selbstentfaltung andererseits. Bei den ordnungsliebenden Konventionalisten dominiert das erstere, bei den nonkonformen Idealisten das zweite. Aktive Realisten suchen einen Kompromiss zwischen beiden Seiten, während sich die hedonistischen Materialisten opportunistisch dem anpassen, was ihnen gerade die größte Steigerung ihres Lebensgenusses verspricht. Die perspektivlos Resignierten orientieren sich weder an der einen noch an der anderen Seite. Sie sind durch einen Werteverlust gekennzeichnet. Die Wertetypen repräsentieren damit unterschiedliche Fähigkeiten und Neigungen, sich produktiv und sozialverträglich den Herausforderungen des Modernisierungsprozesses in der Gesellschaft zu stellen.

M 2 Der aktive Realist als Sollprofil menschlicher Handlungsfähigkeiten

Vorrangig *traditionell* orientierte Menschen [...] halten sich eher ans Bewährte und lassen wenig Neigung zur Selbstständigkeit und Risikofreude erkennen. Vorrangig *hedonistisch* und *materiell* Orientierte [...] sind zwar flexibel. Die Dominanz des Lustprinzips und Jagd nach schnellen Gewinnen lassen sie jedoch nicht selten die Grenzen des sozial und legal Verträglichen austesten. Vorrangig *idealistisch* Eingestellte [...] sind zwar verbale Fortschrittsbejaher, stehen jedoch wegen ihrer oft ideologisch geprägten Sichtweise der Realität der Modernisierung frustrationsanfällig gegenüber. „Perspektivenlos Resignierte" [...] sind die eigentlichen „Stiefkinder" des gesellschaftlichen Wandels; Rückzug, Passivität und Apathie sind für sie typisch. *Aktive Realisten* können dagegen von ihrer mentalen Grundausstattung her am ehesten als hochgradig modernisierungstüchtige Menschen charakterisiert werden. [...] Menschen, die dieser Gruppe angehören, sind in der Lage, auf verschiedenartigste Herausforderungen „pragmatisch" zu reagieren, gleichzeitig aber auch mit starker Erfolgsorientierung ein hohes Niveau an „rationaler" Eigenaktivität und Eigenverantwortung zu erreichen. Sie sind auf eine konstruktiv-kritikfähige und flexible Weise institutionenorientiert und haben verhältnismäßig wenige Schwierigkeiten, sich in einer vom schnellen Wandel geprägten Gesellschaft zielbewusst und mit hoher Selbstsicherheit zu bewegen. Mit allen diesen Eigenschaften nähern sie sich am ehesten dem Sollprofil menschlicher Handlungsfähigkeiten unter den Bedingungen moderner Gesellschaften an.

Klages, Helmut: Brauchen wir eine Rückkehr zu traditionellen Werten? In: Aus Politik und Zeitgeschichte, B 29/2001. In: Bundeszentrale für politische Bildung. www.bpb.de/publikationen/OFHC1R,1,0,Brauchen_wir_eine_R%FCckkehr_zu_traditionellen_Werten.html#art1 [17.07.2019].

Der aktive Realist gilt als das Leitbild des Wertewandels. Die ihn prägende Wertesynthese hilft ihm, die Anforderungen einer modernen Gesellschaft zu bewältigen. Durch seine Fähigkeit, gegensätzliche Werte produktiv zu verbinden, setzt er sich kritisch von ideologischen Wertesystemen ab und stabilisiert so den Fortgang der Modernisierung. Ihm werden rund ein Drittel der Bevölkerung unter 30 Jahren zugeordnet (Klages, Helmut 1999). Aktuellere Umfragen der Werteforschung (z. B. Shell-Jugendstudie 2015 oder Sinus-Millieus 2018) lassen vermuten, dass seine Bedeutung stetig zunimmt, vor allem wegen seiner Verbindung von Weltoffenheit und Kreativität. Dennoch muss sich die Gesellschaft zur Stärkung ihres inneren Zusammenhalts überlegen, wie sie den Trägern problematischer Orientierungen (beispielsweise mit rassistischem Weltbild) eine Wertehaltung ermöglicht, die die Wahrnehmung von Modernisierungschancen erlaubt. Dies gilt im besonderen Maße für die perspektivlos Resignierten, da sie sonst der Gesellschaft verloren gehen (**Exklusion**).

M 3 Erziehung zum aktiven Realisten

Zunächst spielt hierbei die Erfahrung stabiler familiärer Ordnungsstrukturen und intensive emotionale Zuwendung eine Rolle. [...] Zu einer in ausreichendem Maße vorhandenen emotionalen und sozialen Vertrauensfähigkeit kommt bei aktiven Realisten etwas hinzu, was man als ein in der Grundstruktur der Persönlichkeit verankertes Bedürfnis nach produktiver Aktivität bezeichnen kann. Voraussetzung für die Entstehung dieses Bedürfnisses im Prozess der Primärsozialisation ist die Leistungserziehung im Elternhaus, d. h. also die angemessene und anspornende Übertragung von Aufgaben und Verantwortung, die immer wieder Erfolgserlebnisse ermöglicht und produktive Leistung zum verinnerlichten Bedürfnis der Person macht. Dass die „traditionell" erzogenen Konventionalisten zwar eine hohe Leistungsbereitschaft, aber keine Disposition zur Wertesynthese besitzen, kann unter Rückgriff auf die Psychoanalyse mit der Vermutung erklärt werden, dass Leistungsantriebe hier in erster Linie durch ein psychisch verinnerlichtes und allzu strenges Über-Ich ausgelöst werden, das stets zu folgsamer Pflichterfüllung ermahnt.

Klages, Helmut: Brauchen wir eine Rückkehr zu traditionellen Werten? In: Aus Politik und Zeitgeschichte, B 29/2001. In: Bundeszentrale für politische Bildung. www.bpb.de/publikationen/OFHC1R,1,0,Brauchen_wir_eine_R%FCckkehr_zu_traditionellen_Werten.html#art1 [17.07.2019].

Lernaufgabe 2.5 Wertetypen im Wandel 6
1. Vergleichen Sie die Wertetypen im Hinblick auf ihre Rolle im Modernisierungsprozess der Gesellschaft.
2. Diskutieren Sie Wege, um den Wertetyp „aktiver Realist" in der Gesellschaft zu fördern.

2.6 Politische Meinungsbildung im Wandel

Die Modernisierung der Gesellschaft, also die Herauslösung des Einzelnen aus traditionellen Lebenslagen, schlägt sich auch im Wahlverhalten der Bürger nieder. Insbesondere die großen Volksparteien sind davon betroffen. Sie sprechen gezielt bestimmte soziale Milieus an und sind dort stark vertreten, wo ihre Zielgruppe dominiert. Die Sozialdemokratie beispielsweise bei den gewerkschaftlich organisierten Arbeitnehmern in den städtischen Industriegebieten, die Christdemokraten demgegenüber bei den religiös gebundenen Landwirten. Mit der Ausdifferenzierung der Lebenssituationen verändert sich das politische Wahrnehmungsmuster des Wählers: Neue Interessen entstehen und führen zur Bildung neuer politischer Gruppierungen, die diese vertreten. Die damit verbundene Komplexität macht es den Wählern schließlich immer schwerer, sich im vorhandenen politischen Spektrum zu orientieren.

M 1 Der Wähler hat sich deutlich verändert!

Wähler sind nicht dümmer als früher

Das klassische Links-Rechts-Schema wie überhaupt das politische Koordinatensystem ist nicht mehr so klar wie noch vor Jahrzehnten. Damals lebten die Leute in festgefügten Strukturen und waren geprägt von weltanschaulichen Gruppen wie Kirchen oder Gewerkschaften. Heute ist die Gesellschaft differenzierter. Es gibt eine erhöhte soziale und politische Mobilität. Die Bereitschaft von Menschen, sich dauerhaft zu binden, hat abgenommen, im Privaten ja auch. Die Parteien sind da noch nicht so weit. [...] Die traditionelle, übrigens ja viel kritisierte Parteiendemokratie wird sich wandeln müssen. Wie die Gesellschaft, so stehen auch die Parteien unter Modernisierungsdruck. Dabei ist Modernisierung an sich weder gut noch schlecht. Sie führt jedoch dazu, dass die Verhältnisse, dass der politische Prozess unübersichtlicher wird. Vor 40 Jahren hatte die „Tagesschau" noch die Möglichkeit, die Welt zu erklären. Heute können sich alle Bürger anders orientieren. Wir haben es mit einem deutlich veränderten Wähler zu tun, der sich in einer Multi-Options-Welt zurechtfinden muss: mit vielen Kanälen, nicht nur im Fernsehen, ohne Milieus, in die er hineingeboren wurde und die ihm feste Verhaltensmuster vermittelt haben. Verhaltenssicherheit nimmt mit der Komplexität der Verhältnisse ab [...] [Die Wähler] reduzieren die Vielfalt und die Komplexität der Welt. Dazu gehört die Wahrnehmung von Politik über Personen, über eine allerdings nachlassende Parteiidentifikation, über Kompetenzzuschreibungen, über Vertrauens- und Sympathiezumessungen. Und im Wahlkampf spielt dann auch die politische Zuspitzung eine Rolle und nicht so sehr das politisch-programmatische Detail. Immer wichtiger werden kurzfristige Aspekte, zum Beispiel die aktuelle wirtschaftliche Lage. [...] Die Kommunikationsanforderungen an politische Akteure sind ungleich höher als früher. Nicht nur im Wahlkampf, sondern über die ganze Legislaturperiode. Parteien müssen die Bürger mitnehmen. Aber ich habe den Eindruck, dass die Wählerinnen und Wähler viel weiter sind als die Parteien mit ihren verfestigten Strukturen. [...] [Die veränderte Parteienlandschaft] signalisiert, dass das politische System auf komplexere gesellschaftliche Strukturen reagiert. Aber die Parteispitzen zementieren ihre Koalitionsoptionen und reduzieren so ihre Machtperspektiven. Das ist fast eine Art politischer Apartheid. Wenn der Wähler nun für ein anderes Resultat sorgt, als die Parteien sich das wünschen, produziert das automatisch Glaubwürdigkeitsverluste und Parteienverdruss.

Sarcinelli, Ulrich: Wähler sind nicht dümmer als früher. In: Die Rheinpfalz vom 26.09.2009, S. 17.

Lernaufgabe 2.6 Politische Meinungsbildung im Wandel 7
1. Diskutieren Sie die These in der Überschrift des Artikels.
2. Entwickeln Sie Thesen, warum die Parteienlandschaft immer mehr zersplittert.

2.7 Familie im Wandel

2.7.1 Funktionswandel der Familie

Der Begriff **„Familie"** taucht im deutschen Sprachraum erst um 1700 auf und löste die bis dahin üblichen Ausdrücke „Haus", „Sippe" oder „Geschlecht" ab. Unter ihm werden zunächst alle Personen verstanden, die in einem engen wirtschaftlichen und sozialen Zusammenhang leben, also auch solche, die nicht zur Verwandtschaft gehören wie das Gesinde, die Lehrlinge oder die Gesellen (Großfamilie). Als „Hausgenossenschaft" stellt sie alles her, was ihre Mitglieder zum Leben brauchen. Jedes Mitglied ist auf die Familie angewiesen und muss deshalb einen Beitrag leisten. Alle sind in den Arbeitsprozess fest eingebunden. Das gilt auch für Kinder und Alte.

Durch die industrielle Revolution wird der Einzelne von der Großfamilie unabhängig. Das Erwerbseinkommen erlaubt ihm, die lebensnotwendigen Güter als billige Massenware über den Markt zu besorgen: Die gesellschaftliche Arbeitsteilung tritt an die Stelle der familiären Eigenversorgung. Arbeiten und Wohnen werden zu getrennten Lebensbereichen. Die in der Regel enge Behausung in den Industriezentren führt zur Aufspaltung der Großfamilie in verschiedene Haushalte, deren wachsende Einkommensunterschiede sich in der Vielfalt der familiären Lebensstile spiegeln.

M 1 Die bürgerliche Familie im 19. Jahrhundert

Familie im 19. Jahrhundert

Der Mann übte in der Regel seinen Beruf außerhalb des Hauses aus und war alleine für das Familieneinkommen verantwortlich. Die Frau war [...] aus der Berufswelt ausgeschlossen. Ihre Funktion reduzierte sich auf die Pflichten der Hausfrau und Mutter. [...] Die Eltern sorgten sich mehr um ihre [der Kinder] Gesundheit und ihr Wohlergehen, wandten sich ihnen voller Liebe zu und freuten sich am Zusammensein mit ihnen. [...] Da die Bestimmung der Frau die Ehe war, besuchten Mädchen zunächst nur wenige Jahre lang die Schule; später gewannen Lyzeen, Pensionate und Schulen für „höhere Töchter" an Bedeutung. Generell war die Erziehung darauf ausgerichtet, dass das Mädchen einen Haushalt führen, schwierige Handarbeiten ausüben, dem Mann das Leben versüßen und in der Gesellschaft mit Bildung, französischer Konversation und Talenten wie Klavierspiel und Gesang glänzen konnte. Kam eine Tochter ins heiratsfähige Alter, unterhielten die Eltern einen ausgiebigen Gesellschaftsverkehr (Tanztees, Hausbälle), um sie mit passenden jungen Männern bekannt zu machen. [...] Oft wurden Ehen noch arrangiert, wobei – abgesehen von lieblosen Geldheiraten – aber großer Wert auf die Meinung der Tochter gelegt wurde. [...] Genauso wie eine verheiratete Frau vor Scheidung sicher war, konnte sich eine verlobte auf das Wort des Mannes verlassen, da die Auflösung einer Ehe oder einer Verlobung gesellschaftlich geächtet wurde.

Textor, Martin R.: Geschichte der Familie – Familienbilder. In: Institut für Pädagogik und Zukunftsforschung. www.ipzf.de/Familien.html [17.07.2019].

M 2 Die Arbeiterfamilie im 19. Jahrhundert

Im Streik, Gemälde von Hubert von Herkomer, 1889

Aufgrund des geringen Einkommens ihrer Männer, vereinzelt aber auch wegen deren Trunksucht mussten viele Frauen als Fabrikarbeiterinnen, Zugehfrauen, Wäscherinnen oder Heimarbeiterinnen berufstätig sein. [...] Der Arbeitslohn diente also nicht der Emanzipation oder Selbstverwirklichung der Frau, sondern war für das Überleben der Familie unverzichtbar. [...] Unverheiratete Frauen bekamen oft nicht eheliche Kinder – und mussten wie diese Diskriminierung und Stigmatisierung ertragen. [...] Säuglinge wurden schnell abgestillt und dann von größeren Geschwistern betreut, die vielfach auch den Haushalt führen mussten. [...] Ältere Kinder spielten stundenlang auf der Straße oder organisierten sich in Banden. [...] Der Lebensstandard von Arbeiterfamilien war von der Ausbildung und dem Beruf des Mannes, der Arbeitsmarktlage, der Zahl der Erwerbstätigen und der Familiengröße abhängig. Den einen Pol des Spektrums bildeten gut gestellte Familien, [...] in denen entsprechend dem bürgerlichen Familienideal (durch Schule, Zeitschriften und Anschauung auch in den unteren Schichten verbreitet) die Mütter daheim bleiben und die Kinder versorgen konnten. Den anderen Pol bildeten arme Familien, [...] die in Einzimmerwohnungen oder feuchten Kellern hausten. [...] Die übergroße Enge und das Fehlen einer Privatsphäre führten leicht zu Spannungen und Aggressivität, die unhygienischen Verhältnisse und die einseitige Ernährung zu Schwindsucht und Mangelkrankheiten. Aber auch unter diesen Bedingungen fanden sich Paare mit einem stabilen und gefestigten Familienleben, da die ständige Existenzbedrohung vielfach zu innerfamilialer Solidarität führte. Zudem handelte es sich bei Arbeiterehen in der Regel um Liebesheiraten, da die Eltern aufgrund der finanziellen Unabhängigkeit der jungen Leute und wegen der fehlenden Mittel für eine Mitgift kein Mitspracherecht bei der Partnerwahl besaßen. Vielfach nahm die Frau eine starke Stellung in der Familie ein, da sie zum Familieneinkommen beitrug und dieses auch verwaltete.

Textor, Martin R.: Geschichte der Familie – Familienbilder. In: Institut für Pädagogik und Zukunftsforschung. www.ipzf.de/Familien.html [17.07.2019].

Lernaufgabe 2.7.1   Funktionswandel der Familie 8
1. Vergleichen Sie die Familie im Bürgertum mit der in der Arbeiterschaft.
2. Diskutieren Sie die These, dass die Familie etwas erzeugt, das am Markt nicht gekauft werden kann.

2.7.2 Neue Formen der Familie

Mit der Modernisierung der Gesellschaft verliert die Familie als Versorgungsgemeinschaft an Bedeutung: Der aufkommende Sozialstaat unterstützt den Einzelnen in Krankheit und Alter sowie in den Notlagen des Lebens, und das moderne Familienrecht sichert den Unterhalt der Familie auch nach der Trennung der Familienmitglieder. Mit der Erwerbstätigkeit verfügen Frauen über ein eigenes Einkommen. Durch dies alles wird der Einzelne von der Familie wirtschaftlich unabhängiger. Folglich lässt auch der soziale Druck nach, in einer traditionellen **„Normfamilie"** als Ehepaar mit Kindern zu leben. Die anderen Familienformen wie die Einelternfamilie, die Stieffamilie oder das gleichgeschlechtliche Paar mit Kindern haben an gesellschaftlicher Akzeptanz gewonnen und sind rechtlich gleichgestellt.

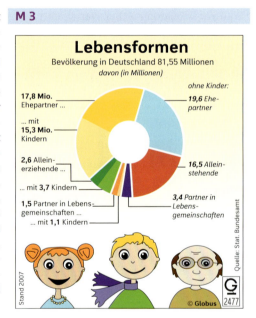

M 3

Lebensformen
Bevölkerung in Deutschland 81,55 Millionen
davon (in Millionen)

17,8 Mio. Ehepartner ...
... mit 15,3 Mio. Kindern
2,6 Alleinerziehende ...
... mit 3,7 Kindern
1,5 Partner in Lebensgemeinschaften ...
... mit 1,1 Kindern

ohne Kinder:
19,6 Ehepartner
16,5 Alleinstehende
3,4 Partner in Lebensgemeinschaften

Stand 2007
Quelle: Stat. Bundesamt
© Globus 2477

Familie und das eigene Leben

In der heutigen Moderne wird die Familie im Wesentlichen durch gegenseitige Zuneigung erhalten. Sie ist eine Gefühlsgemeinschaft. Durch ihre innere Bindungskraft hebt sie sich von der individualisierten Gesellschaft mit ihren vielfältigen Konfliktlinien ab. Sie erzeugt ein Gut, das man nicht kaufen kann: beispielsweise Liebe, Treue oder Geborgenheit. Sie ist mehr als Freundschaft, sie ist eine durch das Zusammenleben gewachsene und auf das ganze Leben ausgerichtete Bezogenheit. Dies macht das Familienleben jedoch nicht einfacher: Jeder Konflikt berührt die vorhandenen Gefühlslagen. Schmerzhafte Verletzungen sind nicht ausgeschlossen und können leicht zur Trennung führen (z. B. Ehescheidung). Das Auseinanderfallen der Familie kann nur verhindert werden, wenn alle Mitglieder bereit und fähig sind, sich auf den anderen einzulassen und einen Ausgleich von Spannungen anzustreben. Was sich aber in der modernen Welt nicht aufheben lässt, ist der wachsende Wunsch aller Familienmitglieder, ein eigenes Leben zu führen.

Lernaufgabe 2.7.2   Neue Formen der Familie 9
1. „Familie ist dort, wo Kinder sind!" Beziehen Sie zu dieser These kritisch Stellung.
2. Charakterisieren Sie die Erwartungen an die Mitglieder einer modernen Familie.

2.7.3 Ehe und Ehescheidung

Die **Ehe** ist durch Artikel 6 Grundgesetz (GG) besonders geschützt und wird durch das Familienrecht im Bürgerlichen Gesetzbuch (BGB) geregelt. Sie gilt als lebenslanges Rechtsinstitut und kann deshalb nur durch den Tod oder durch ein richterliches Urteil (Scheidung) beendet werden. Als Tatbestand der Scheidung kommt nur die Zerrüttung der Ehe zur Anwendung, ein Verschulden bleibt ohne Belang. Eine Zerrüttung liegt vor, wenn die eheliche Lebensgemeinschaft nicht mehr besteht und eine Wiederherstellung nicht mehr zu erwarten ist. Leben die Ehegatten bereits seit einem Jahr getrennt, so kann die Zerrüttung festgestellt werden, sofern diese als „nicht heilbar" angesehen wird. Zuständig ist das Amtsgericht (Familiengericht).

M 4 Ehestatistik

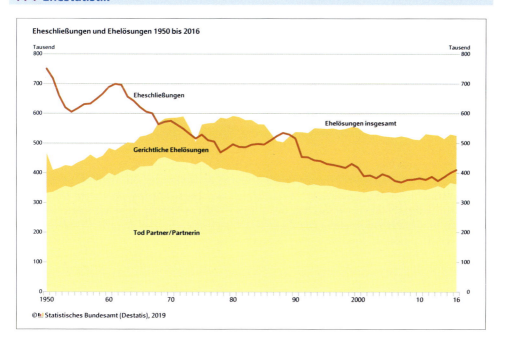

Mit dem Scheidungsverfahren erfolgt ein finanzieller Ausgleich zwischen den Ehepartnern. Der Gesetzgeber hat zwar Regelungen festgelegt, von diesen kann aber einzelvertraglich abgewichen werden. So steht das in der Ehe erworbene Vermögen beiden Ehepartnern als Zugewinngemeinschaft zur Hälfte zu (**Vermögensausgleich**). Ein Ehepartner hat dem anderen einen – in der Regel zeitlich begrenzten – angemessenen nachehelichen Unterhalt zu zahlen, wenn dieser durch die Scheidung unverschuldet, z. B. durch Krankheit oder Arbeitslosigkeit, bedürftig wird (**Unterhaltsausgleich**). Die in der Ehe erworbenen Rentenansprüche sind hälftig aufzuteilen (**Versorgungsausgleich**). Darüber hinaus sind die elterliche Sorge, der Unterhalt für die Kinder sowie der **Betreuungsunterhalt** für den erziehenden Ehepartner zu vereinbaren. Trotz dieser Regelungen führt die Scheidung oftmals zu finanziellen Notlagen, da bei gleichem Verdienst zwei Haushalte zu finanzieren sind. 15 % aller überschuldeten Haushalte geben als Grund ihrer Finanzsituation die Scheidung an.

Lernaufgabe 2.7.3   Ehe und Ehescheidung 10
1. **Analysieren Sie die Verlaufskurve der Eheschließungen und -scheidungen (M 4, S. 85).**
2. **Der nacheheliche Unterhalt zwischen den Ehepartnern wurde 2008 erheblich eingeschränkt (Höhe, Zeit, Rang etc.). Jeder soll nach Möglichkeit selbst für sich sorgen. Problematisieren Sie diese Regelung.**

Zusammenfassung

Der Wandel der Gesellschaft hat auch immer Auswirkungen auf das Menschenbild. Mit dem Beginn der Neuzeit (ab ca. 1500) wird die Gesellschaft tief greifenden Veränderungen unterworfen, was sich nicht zuletzt in einer bewussten Individualität widerspiegelt. Die Menschen streben nach einem selbstbestimmten Leben. Im Zuge dieser Entwicklung werden sie aus Verhältnissen „befreit", die ihnen durch gesellschaftliche Vorgaben die eigene Entscheidung abnehmen. Dieser Prozess der Individualisierung erzeugt eine Vielfalt von Lebensformen, Lebensstilen und Lebenslagen. So werden beispielsweise im Bereich von Ehe und Familie gegenseitige Abhängigkeiten verringert, die im Konfliktfall bisher als Klammer den Zusammenhalt gewährleistet haben. Neben die traditionelle „Normfamilie" treten neue Formen des Zusammenlebens. Die Gleichzeitigkeit von alten und neuen Lebensentwürfen mit ihren unterschiedlichen Lebenseinstellungen ist nicht konfliktfrei. Die Spannung zwischen beiden Strömungen entlädt sich aus traditioneller Sicht häufig in dem Vorwurf, die Gesellschaft leide unter dem Verfall jener Werte, die ihren Bestand sicherten. Durch die Werteforschung wird dies jedoch nicht bestätigt. Zwischen den auf Tradition ausgerichteten Akzeptanzwerten und den auf die Überwindung von Beschränkungen ausgerichteten Selbstverwirklichungswerten hat sich ein Wertetyp (aktiver Realist) als dominant erwiesen, der es versteht, beide Seiten in sich auszubalancieren. Diese Wertesynthese macht ihn für das Neue aufgeschlossen, ohne das Bisherige zu diskreditieren. Damit ist dem aktiven Realisten jenes Verhalten eigen, das eine auf die Gestaltung der Zukunft ausgerichtete Gesellschaft benötigt.

Zusammenfassende Lernaufgaben

Erkennen

1. Beschreiben Sie den Prozess der Individualisierung.
2. Erklären Sie den Begriff „Pluralisierung".
3. Erläutern Sie, wie es zum Entstehen einer „Gegenmoderne" kommen kann.
4. Charakterisieren Sie die fünf Wertetypen der Werteforschung.
5. Erläutern Sie die rechtlichen Folgen einer Scheidung.

Werten

1. Beurteilen Sie den Vorwurf, unter der Jugend von heute gebe es einen Werteverfall.
2. Beziehen Sie zu der These Stellung, der „Marktradikalismus" zerstöre den Zusammenhalt in der Gesellschaft.
3. Diskutieren Sie die Chancen und Gefahren der Familie als „Gefühlsgemeinschaft".
4. Setzen Sie sich mit der Forderung auseinander, auch gleichgeschlechtlichen Paaren die Adoption fremder Kinder zu ermöglichen.
5. Diskutieren Sie die Folgen einer Scheidung für die betroffenen Ehepartner und ihre Kinder.

Anwenden

1. Problematisieren Sie die Forderung, das Erwachsenenstrafrecht konsequent auf alle Straftäter ab dem 18. Lebensjahr anzuwenden.
2. Erörtern Sie die Gefahren, die mit dem wachsenden Anteil junger Menschen ohne Schulabschluss für die Gesellschaft verbunden sind.
3. Entwerfen Sie ein Programm, in dem die Schule einen Beitrag zum positiven Wertewandel (aktiver Realist) leistet.
4. Entwickeln Sie Erziehungsleitlinien, die junge Menschen befähigen, den Herausforderungen einer modernen Gesellschaft gerecht zu werden.
5. Untersuchen Sie die Wertehaltung der Schülerinnen und Schüler Ihrer Klasse zu ausgewählten Aspekten.
6. Beantworten Sie in der Rolle eines Bewerbers auf einen Arbeitsplatz die folgenden Fragen des Arbeitgebers. Vergleichen und diskutieren Sie die Antworten in Ihrer Klasse:
   - Stellen Sie drei Werte dar, die für das erfolgreiche Zusammenarbeiten in einem Unternehmen wichtig sind.
   - Geben Sie drei Charaktereigenschaften an, die Ihnen von Ihren Freunden zugeschrieben werden.
   - Beschreiben Sie die Art und Weise, über die ein bestimmter Mensch eine Veränderung in Ihrer Werthaltung bewirkt hat.
   - Erläutern Sie Charaktereigenschaften, die nach Ihrer Überzeugung einen guten Arbeitskollegen kennzeichnen.
   - Stellen Sie eine Situation dar, in der es Ihnen einmal schwergefallen ist, aus ethischen Gründen eine Entscheidung zu treffen. Erklären Sie die Konfliktlage.
   - Ihr Kollege bittet Sie, kurz vor Arbeitsende noch eine wichtige Arbeit zu erledigen. Erläutern und begründen Sie Ihre Reaktion.

3 Arbeit im Wandel

Transmissionsanlagen zum Betrieb der Drehbänke bei Borsig. Holzstich. Aus: Illustrierte Zeitung, Leipzig 1848

Fließfertigung von Scheinwerfern 1926

Automatische Fertigung in einer Automobilfabrik heute

Zum Einstieg:
1. Vergleichen Sie die Bilder im Hinblick auf die Veränderungen im Produktionsprozess.
2. Erläutern Sie Veränderungen der Arbeitswelt, die Sie selbst erlebt haben.

3.1 Erwerbsarbeit

3.1.1 Bedeutungswandel der Erwerbsarbeit

Die körperliche Arbeit gilt von der Antike bis ins Mittelalter als etwas Negatives, die vom niederen Volk überwiegend in der Landwirtschaft verrichtet wird. Die Bauern sind an die Scholle (Land, Boden) gebunden und der Herrschaft des Grundherrn unterworfen. Die Bauernbefreiung und die Industrialisierung im 19. Jahrhundert verändern dieses Sozialgefüge. Die Bauern ziehen in die Industrieregionen und werden freie Arbeiter, die den Fabrikherren ihre Arbeitskraft gegen Entgelt anbieten (**Arbeitsvertrag**). Die Arbeit wird zur Ware, deren Preis sich wie bei anderen Gütern nach Angebot und Nachfrage richtet (**Arbeitsmarkt**).

Die Fabrik als Arbeitsstätte ist klar vom Wohnbereich getrennt, sodass sich bald die Unterscheidung von Arbeit und Nichtarbeit verbreitet. Mit „Arbeit" ist die Erwerbsarbeit und mit „Nichtarbeit" die Freizeit zuzüglich der Hausarbeit gemeint. Die Erwerbsarbeit als Quelle des persönlichen Wohlstands wird zur Grundlage der individuellen und sozialen Identität. Dies gilt zunächst vor allem für Männer. Ihr Einkommen reicht jedoch in der Regel nicht aus, um als Alleinverdiener die Familie zu ernähren, sodass Frauen und Kinder mitverdienen müssen. Zur Abwehr damit verbundener sozialer Notlagen werden staatliche Versicherungssysteme geschaffen, deren Beiträge an die Erwerbseinkommen gekoppelt sind. Die Erwerbsarbeit ist fortan Grundlage der sozialen Absicherung.

Arbeit wird zur zentralen Kraft, die das Leben der Menschen bestimmt, und erfährt so eine hohe gesellschaftliche Wertschätzung. Diese Rolle hat die Erwerbsarbeit bis heute behalten. Noch immer gilt sie als Voraussetzung für soziale Anerkennung und damit für Selbstwert, persönliche Identität und gesellschaftliche Teilhabe. Zu Bewusstsein kommt diese hohe Bedeutung der Erwerbsarbeit besonders dann, wenn sie durch Arbeitslosigkeit verloren geht.

M 1 Wie reagieren Menschen, wenn längerfristige Arbeitslosigkeit eintritt?

Nach anfänglichem Schock und Aufbegehren gibt es eine Phase des Befreiungsgefühls, das bald von verstärkter Aktivität und Umtriebigkeit (Bewerbungen, Fortbildungen) abgelöst wird. Bleiben diese Bemühungen erfolglos, nimmt das Interesse ab, Mattigkeit und Hoffnungslosigkeit breiten sich aus. Die Probleme werden von typischen Stressreaktionen wie Schlaflosigkeit, Essstörungen und psychosomatischen Erkrankungen begleitet; Alkohol- und Medikamentenmissbrauch sowie wachsende Suizidalität sind messbare Folgen. Dem Leben Arbeitsloser fehlen vor allem Zeitstruktur und soziale Anerkennung als mentale Haltepunkte für eine sinnvolle persönliche Existenz. Arbeitslose antworten darauf mit Gefühlen von persönlichem Versagen. Diese individuelle Schuldzuweisung hat heftige Schamgefühle zur Folge; sie führen zum Rückzug aus sozialen Beziehungen, zum Abbruch der meisten sozialen Kontakte. Der gesamte Lebensrhythmus verlangsamt sich, die Welt der Arbeitslosen wird immer enger, bis depressive und selbstzerstörerische Auswirkungen in einen Zustand weit reichender Apathie (und chronischer körperlicher Erkrankung) einmünden können: Das Gefühl für den persönlichen Wert geht auf diesem Weg verloren.

Morgenroth, Christine: Arbeitsidentität und Arbeitslosigkeit – ein depressiver Zirkel. In: Aus Politik und Zeitgeschichte, B 06–07/2003, Bundeszentrale für politische Bildung. www1.bpb.de/publikationen/2OHJCA,3,0,Arbeitsidentit%E4t_und_ Arbeitslosigkeit_%96_ein_depressiver_Zirkel.html [17.07.2019].

Lernaufgabe 3.1.1 Bedeutungswandel der Erwerbsarbeit 1
1. Stellen Sie den Bedeutungswandel der Erwerbsarbeit dar.
2. Erläutern Sie den Teufelskreis der Arbeitslosigkeit.

3.1.2 Struktur der Erwerbsarbeit

Zur Gruppe der **Erwerbspersonen** zählen alle Personen (15 bis unter 65 Jahre) in einer Gesellschaft, die sich am Erwerbsleben beteiligen. Sie umfasst also den möglichen Teil der Bevölkerung, der dem Arbeitsmarkt auf der Angebotsseite zur Verfügung steht. Man spricht hier auch vom **Erwerbspersonenpotenzial** oder der **Erwerbstätigenquote**. Die **Beschäftigungsquote** drückt demgegenüber aus, wie viele Personen im arbeitsfähigen Alter in einem sozialversicherungspflichtigen Verhältnis stehen. Die Erwerbspersonen sind entweder erwerbstätig oder erwerbslos. Alle anderen sind **Nichterwerbspersonen** (z. B. Kinder, Studenten, Rentner).

Als **Erwerbstätige** werden alle Personen bezeichnet, die in einem Arbeitsverhältnis stehen, selbstständig ein Gewerbe oder eine Landwirtschaft betreiben, einen freien Beruf ausüben oder in einem Ausbildungsverhältnis stehen. Für die begriffliche Zuordnung ist es unerheblich, ob eine regelmäßige oder nur gelegentlich ausgeübte Erwerbstätigkeit vorliegt. Auch spielt keine Rolle, ob es sich um eine hauptberufliche Tätigkeit oder eine Nebentätigkeit (z. B. eines Rentners oder Studenten) handelt. Der zeitliche Umfang oder die Bedeutung der Tätigkeit als Quelle für den Lebensunterhalt bleibt ebenfalls ohne Berücksichtigung. Daher sind auch Personen erwerbstätig, die eine „geringfügige Beschäftigung" oder einen „Mini-Job" im Sinne der Sozialversicherungsregelungen ausüben. Hinzu kommen Soldaten und mithelfende Familienangehörige.

Personen, die kein Arbeitsverhältnis haben, sich aber um eine Arbeitsstelle bemühen, sind **Erwerbslose**. Zu ihnen gehören auch diejenigen, die nicht bei der Arbeitsagentur als Arbeitslose gemeldet sind oder sich in einer Maßnahme zur Förderung der Arbeitsfähigkeit befinden (**stille Reserve**). Ihnen stehen auf der Nachfrageseite die Zahl der **offenen Stellen** gegenüber, gleichgültig ob diese der Arbeitsagentur gemeldet werden oder nicht.

M 2 Arbeitsmarkt: Arbeitskräfteangebot und Arbeitskräftenachfrage

Arbeits(kräfte)angebot, Erwerbs(personen)potenzial									
realisiert Erwerbstätige, Beschäftigte							nicht realisiert Beschäftigungslose		
Erwerbspersonenangebot							Stille Reserve		
abhängig Beschäftigte					Selbstständige und Mithelfende	Arbeitslose	Stille Reserve i. e. S.	Stille Reserve in arbeitsmarktpolitischen Maßnahmen
sozialversicherungspflichtig Beschäftigte	geringfügig/sozialversicherungsfreie Beschäftigte	Beamte, Richter, Soldaten	Personen in Arbeitsgelegenheiten						
nicht realisiert unbesetzte Stellen			realisiert besetzte Stellen						
sonstige Stellen	weitere BA-bekannte Stellen	gemeldete Stellen							
Arbeits(kräfte)nachfrage									

Bundesagentur für Arbeit: Arbeitsmarkt 2011. In: Amtliche Nachrichten der Bundesagentur für Arbeit, 59. Jahrgang, Sondernummer 2, S. 30.

Arbeit im Wandel | 91

Lernaufgaben 3.1.2 Struktur der Erwerbsarbeit 2
1. Recherchieren Sie die aktuellen Eckdaten zum Arbeitsmarkt (kostenlose Monatsberichte der Bundesagentur für Arbeit im Internet).
2. Stellen Sie die Veränderungen gegenüber den Vorjahren fest und suchen Sie Gründe für diese Entwicklung.

3.1.3 Erwerbsbeteiligung im Wandel

M 3 Erwerbsstatistik

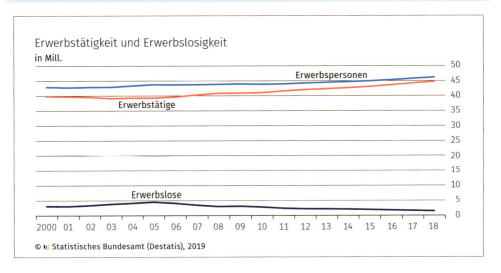

M 4 Zukunft des deutschen Arbeitsmarktes

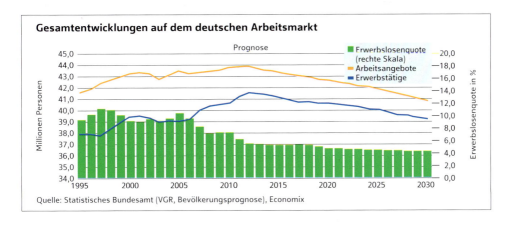

Lernaufgabe 3.1.3 Erwerbsbeteiligung im Wandel 3
1. Problematisieren Sie die weitere Entwicklung auf dem Arbeitsmarkt.
2. Diskutieren Sie im Hinblick auf die Prognose das Fachkräftezuwanderungsgesetz (vgl. S. 52).

3.2 Arbeitslosigkeit

3.2.1 Arbeitslosigkeit als Ausdruck wirtschaftlichen Wandels

Leider finden nicht alle Arbeitssuchenden einen Arbeitsplatz. Besonders viele blieben im Rekordjahr 2005 ohne Arbeit. Damals schnellte im Februar die Zahl der Arbeitslosen erstmals auf mehr als fünf Millionen und ließ die Arbeitslosenquote auf über 12 % steigen – im Osten sogar auf über 20 %. Rechnet man die nicht gemeldeten Arbeitssuchenden hinzu, ergibt dies nach Schätzungen von Wissenschaftlern fast neun Millionen Arbeitslose. Abgesehen von konjunkturellen Erholungsphasen ist die Arbeitslosigkeit seit den 70er-Jahren des vorigen Jahrhunderts stetig gewachsen. Dies war nicht immer so: In den 60er-Jahren des vorigen Jahrhunderts herrschte auf dem Arbeitsmarkt Vollbeschäftigung. Arbeitskräfte waren im Inland derart knapp, dass sie im Ausland angeworben werden mussten. Mit der Weltwirtschaftskrise 2008 hat die Arbeitslosigkeit in Deutschland zwar wieder zugenommen, sie konnte aber in den Folgejahren erheblich abgebaut werden. Heute sprechen viele eher von einem demografisch bedingten Mangel an Arbeitskräften (vgl. S. 52). Wie der Arbeitslosigkeit – die in vielen Staaten der Europäischen Union weiterhin besteht – begegnet werden kann, hängt von der jeweiligen Ursache ab.

M 1 Arbeitsmarktstatistik

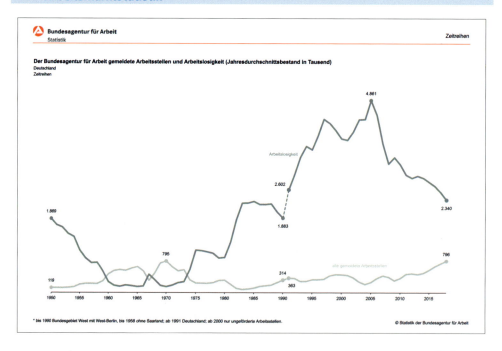

Lernaufgabe 3.2.1 Arbeitslosigkeit als Ausdruck wirtschaftlichen Wandels 4
1. Aktualisieren Sie die Arbeitsmarktzahlen (Internetrecherche anhand der Begriffe „Statistik" und „Bundesagentur").
2. Teilen Sie die Entwicklung der Arbeitslosigkeit in Phasen ein und recherchieren Sie ihren jeweiligen wirtschaftlichen Hintergrund.

3.2.2 Formen der Arbeitslosigkeit

Friktionelle Arbeitslosigkeit
Eine Seite kündigt den Arbeitsvertrag, ohne dass ein neuer abgeschlossen wird. In der Regel liegt der Zeitraum der Arbeitsplatzsuche weit unter einem Jahr und ist durch das Arbeitslosengeld I finanziell abgesichert (Berechnung unter www.nettolohn.de/rechner/arbeitslosengeld.html).

Saisonale Arbeitslosigkeit
Das Arbeitsverhältnis ist auf einen bestimmten Zeitraum im Jahr beschränkt (z. B. Tourismus, Erntesaison).

Konjunkturelle Arbeitslosigkeit
Wächst die Nachfrage nach Gütern, wird das Produktionsangebot ausgeweitet und neue Arbeitsplätze entstehen (Aufschwung oder Expansion). Übersteigt schließlich das Güterangebot die Nachfrage, wird umgekehrt die Produktion eingeschränkt und Arbeitsplätze gehen verloren (Abschwung oder Rezession). Dieser ständige Ausgleich von Angebot und Nachfrage führt nach der ökonomischen Theorie zu einem langfristigen Anstieg der Leistungskraft einer Wirtschaft, weil er stets unwirtschaftliche Betriebe vom Markt verdrängt.

M 2 Konjunkturstatistik

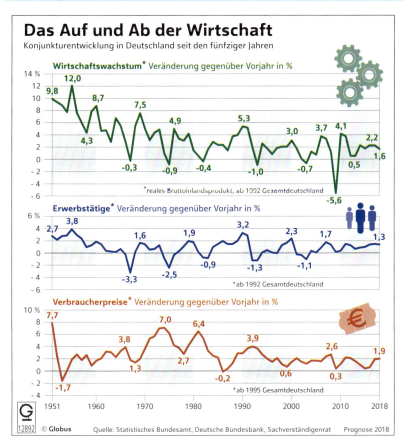

Gesellschaftliche Veränderungen analysieren

Lernaufgabe 3.2.2   Formen der Arbeitslosigkeit 5
1. Recherchieren Sie die aktuelle Situation auf Ihrem regionalen Arbeitsmarkt.
2. Vergleichen Sie die Entwicklung des Bruttoinlandsprodukts (M 2, S. 93) mit der der Arbeitslosigkeit (M 1, S. 92) und bestimmen Sie die konjunkturellen Phasen (Hoch, Abschwung, Tief, Aufschwung).

3.2.3 Sonderform strukturelle Arbeitslosigkeit

Die Schwankungen des Marktes bewirken einen ständigen Wandel der Wirtschaft: Produkte, Arbeitsprozesse oder Arbeitsorte verändern sich. Um diese Herausforderungen zu bewältigen, müssen die Arbeitnehmer ihre Flexibilität und Mobilität erhöhen und bereit sein, ein Leben lang zu lernen.

Eine wesentliche Ursache für diese Strukturbrüche ist der wissenschaftlich-technische Fortschritt. Durch ihn entstehen neue Technologien, die das bisherige Wirtschaften grundlegend verändern. Zunächst werden die neuen Ideen (**Basisinnovationen**) in marktgängige Produkte überführt. Deren Markteinführung stößt die wirtschaftliche Entwicklung an und deren Verbreitung beschleunigt das Wirtschaftswachstum. Sind die Bedürfnisse weitestgehend befriedigt (Sättigungsphase), verliert die Technologie an wirtschaftlicher Kraft und andere Technologien treten an ihre Stelle (Strukturwandel). Nach der „Theorie der langen Wellen" vollzieht sich dieser Vorgang in Schüben von 50 Jahren (**Kondratieff-Zyklen**). Nach der digitalen Revolution der Gegenwart wird als kommender Wachstumsschub die Technologie rund um das gesundheitliche Wohlbefinden des Menschen gesehen.

M 3 Arbeitsmarkt – Suchen und Finden

Sakurai, Heiko, 27.09.2004

M 4 Theorie der langen Wellen

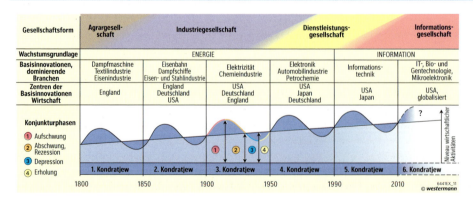

Arbeit im Wandel 95

Lernaufgabe 3.2.3 Sonderform strukturelle Arbeitslosigkeit 6
1. Stellen Sie die Karikatur in einen Zusammenhang mit der Theorie der langen Wellen.
2. Diskutieren Sie die These, dass die Umwelttechnologie bei entsprechender Förderung einen langfristigen Wirtschaftsaufschwung einleitet.

3.2.4 Arbeitslosigkeit – ein Zeichen des Fortschritts?

M 5 Gesuchte Arbeitskräfte

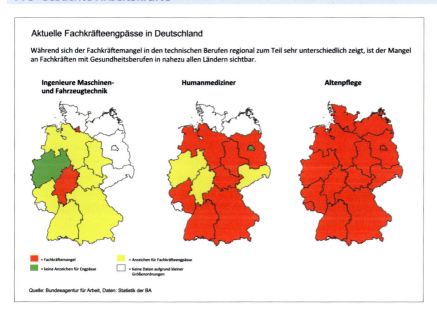

M 6 Warum sind Fachkräfte arbeitslos, während andere verzweifelt gesucht werden?

Der Arbeitsmarkt ist zwar nicht mit dem Aktienmarkt zu vergleichen, weil er rechtlich stark reguliert ist, aber auch auf ihm wirkt das Wechselspiel von Angebot und Nachfrage. So auch auf dessen Teilmarkt für Lehrkräfte: Durch die Schwankungen der Geburtenzahl ändert sich stets die Zahl der Schüler und damit auch die Zahl der nachgefragten Lehrkräfte. So leidet beispielsweise der geburtenstarke Jahrgang 1965 seine ganze Schulzeit hindurch an einem Mangel von Lehrkräften. Viele Schüler dieses Jahrgangs gelangten so zu der Überzeugung, dass ein Lehramtsstudium eine sehr gute Berufsperspektive bietet. Am Ende ihrer mehrjährigen Ausbildung wurden sie jedoch bitter enttäuscht: Die Marktverhältnisse hatten sich zwischenzeitlich durch den Geburtenrückgang gedreht. Nun traf das Angebot an Lehrkräften auf eine viel kleinere Nachfrage! Die „überschüssigen" Lehrkräfte am Arbeitsmarkt mussten deshalb notgedrungen beruflich umsatteln. Viele fanden in den sehr innovativen neuen Unternehmen der Informationstechnik eine Anstellung. Dort wurden gut ausgebildete Arbeitskräfte gesucht und dort verdienten sie bald mehr als die Lehrkräfte in den Schulen. In der Folge verlor das Lehramtsstudium erheblich an Attraktivität. Heute besteht in vielen Fächern wieder ein empfindlicher Mangel an Lehrkräften, weil die Nachfrage das Angebot übersteigt. Ähnliche Ungleichgewichte finden sich auch bei anderen Berufsgruppen, denn alle Arbeitsmärkte unterliegen dem steten

Gesellschaftliche Veränderungen analysieren

demografischen und technischen Wandel. Und dieser vollzieht sich immer rasanter wie die aktuelle Verdrängung des Verbrennungsmotors oder die fortschreitende globale Vernetzung der Arbeitsmärkte zeigt. Vorhersagen über die Zukunftsfähigkeit eines einzelnen Berufs sind folglich problematisch. Deshalb lässt sich auch die Ungleichentwicklung von Angebot und Nachfrage am Arbeitsmarkt nicht unterbinden. Diesen „Mismatch" bewertet die Arbeitsmarktforschung jedoch nicht negativ. Im Gegenteil: Sie sieht in ihm einen Ausdruck für die Dynamik einer Volkswirtschaft. Er verweist auf den Fortschritt, also darauf, dass Altes durch Neues ersetzt wird und sich der Arbeitsmarkt darauf einstellt.

Lernaufgabe 3.2.4   Arbeitslosigkeit – ein Zeichen des Fortschritts? 7
1. Begründen Sie die These „Arbeitslosigkeit ist Ausdruck für technologischen Fortschritt".
2. Diskutieren Sie die These „Studiere, was gerade nicht am Arbeitsmarkt gefragt ist".

3.2.5 Sonderform wachstumsdefizitäre Arbeitslosigkeit

Je mehr Güter und Dienstleistungen erzeugt werden (Wirtschaftswachstum), desto mehr Arbeitskräfte werden benötigt. Dies gilt aber nur dann, wenn der Zuwachs nicht durch eine höhere Arbeitsproduktivität (Güterausstoß pro Arbeitsstunde) erbracht wird: Werden durch den Einsatz von Maschinen in einer Stunde mehr Güter hergestellt, sinkt die Arbeitskräftenachfrage. Zusätzliche Arbeitsplätze entstehen also erst, wenn das Wachstum der Produktion über dem Produktivitätsanstieg liegt (**„Beschäftigungsschwelle"**). Bei einem Wachstum unterhalb dieser Größe muss mit einem Abbau von Arbeitsplätzen gerechnet werden. Wissenschaftler sehen diese Grenze bei ca. 5%.

M 7 Statistik der Arbeitswelt

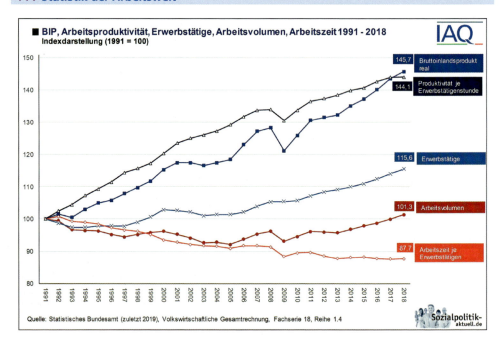

Ein Weg, der produktivitätsbedingten Arbeitslosigkeit zu begegnen, wird in der allgemeinen Verkürzung der Arbeitszeit gesehen: entweder durch eine Verringerung der Wochenarbeitszeit oder eine Verringerung der Lebensarbeitszeit (z. B. Frühverrentung).

M 8 Automatisierung der Arbeit

Schweißroboter in einem Autowerk

Lernaufgabe
3.2.5 Sonderform wachstumsdefizitäre Arbeitslosigkeit 8
1. Analysieren Sie die Statistik in M 7, S. 96.
2. Diskutieren Sie die Chancen und Gefahren der Frühverrentung als Instrument zur Bekämpfung der Arbeitslosigkeit.

3.3 Arbeitszeit

3.3.1 Historische Entwicklung der Arbeitszeit

Vor 120 Jahren arbeitete ein in Vollzeit beschäftigter Arbeitnehmer durchschnittlich 65 Stunden in der Woche. 2018 sind es nach Angaben des Statistischen Bundesamtes noch 34 (bei Selbstständigen etwas mehr). Zur betrieblichen Arbeitszeit muss jedoch diejenige hinzugerechnet werden, die der Arbeitnehmer nebenher zum Erhalt seiner Arbeitskraft aufwenden muss (z. B. Fortbildung). Bei neueren Organisationsformen werden zudem häufig Arbeitsziele vereinbart, die unabhängig von der Arbeitszeit zu erfüllen sind. Dies kann – wie auch bei der Verlagerung der Arbeitstätigkeit in den häuslichen Bereich („Homeoffice") – zu einer verdeckten Erhöhung der Arbeitszeit führen. Um die Arbeitnehmer zu schützen, sind die Arbeitgeber durch das Arbeitszeitgesetz verpflichtet, die Arbeitszeiten zu dokumentieren.

M 1 Zur Geschichte der Arbeitszeit

Die Industrialisierung – weltgeschichtlich einmalig!

1882 hat die erste aussagekräftige Berufszählung im Deutschen Reich stattgefunden, die auf gut 17 Millionen Erwerbstätige und knapp 1,2 Millionen „Dienende", also Haushaltspersonal, kam. Einer Erhebung von Gewerkvereinen im Jahr 1887 lassen sich Angaben über die damals typischen täglichen Arbeitszeiten entnehmen. Sie lagen zwischen neun Stunden für Bergarbeiter und zwölf Stunden für Schneider, Schuhmacher und Porzellanarbeiter; vor allem in den armen Handwerksberufen wurde am längsten geschuftet. Im Durchschnitt lag die Arbeitszeit bei 10,8 Stunden am Tag, Pausen nicht miteingerechnet, und bei etwa 65 Stunden in der Woche. Ähnlich lange arbeiteten, derselben Erfassung zufolge, die Kaufleute, die meisten davon auch am Sonntag. Im landwirtschaftlichen Sektor, der damals noch rund vierzig Prozent der gesamten Beschäftigten umfasste, sind die Schätzungen schwieriger, elf Stunden im Sommer und acht im Winter scheinen vernünftige Werte, die man dann je nach regionalen Gepflogenheiten hochrechnen muss: In Bayern gab es damals 16 offizielle katholische Feiertage und 35 inoffizielle. Da das Vieh auch am Sonntag versorgt werden musste, fiel aber selbst dann Arbeit an. Dasselbe galt für das Dienstpersonal, denn auch die Herrschaften wollten am Sonntag versorgt werden. [...] Bei 2,6 Prozent Arbeitslosigkeit um 1880, worin Krankheitsausfälle enthalten sind, [kommt man] auf ein Arbeitsjahr pro Kopf, das etwa 1470 Stunden hatte. Noch vor dem Ersten Weltkrieg sank diese Zahl, in den Tarifverträgen näherte man sich der 48-Stunden-Woche. Nach dem Ersten Weltkrieg wurde außerhalb der schrumpfenden Landwirtschaft der Achtstunden-Tag wirklich, bei steigender Arbeitslosigkeit, einem gesetzlichen Jahresurlaub von sechs Tagen und einem durchschnittlichen Krankenstand von 12,5 Tagen. [...] 1950, als die Bundesanstalt für Arbeit mit ihren Berechnungen begann, lag man dann bei etwa 1000 Arbeitsstunden im Jahr pro Einwohner, 1968 bei etwa 860 und 1990 noch bei 750. Gegenwärtig liegt der offiziell erhobene Wert bei ungefähr 670 Stunden.

Kaube, Jürgen: Ein historischer Trend. In: Frankfurter Allgemeine Sonntagszeitung vom 14.05.2006. © Alle Rechte vorbehalten. Frankfurter Allgemeine Zeitung GmbH, Frankfurt. Zur Verfügung gestellt vom Frankfurter Allgemeine Archiv.

M 2 Heimliche Arbeitszeitverlängerung

Das beginnt im Handel, in dem Bereich, den wir als Selbstbedienung kennen. Das verbreitert sich aber weit hinein in den Bereich von Politik, etwa als sogenanntes e-government, z. B. bei der elektronischen Steuererklärung, in den Bereich des e-commerce, also von internetbasierten Versuchen, Kunden Buchungen und Verkaufsprozesse selber organisieren zu lassen (z. B. Onlinebanking), und sogar in den Gesundheitsbereich, wenn Patienten Vorinformationen einholen müssen, bevor sie einen Arzt sehen. [...] [Das Internet] bietet in ganz neuer Weise kostengünstige Möglichkeiten, all diese Gruppen miteinzubeziehen und bisher von den Dienstleistern erbrachte Funktionen auf die Betroffenen „auszulagern" – weswegen gelegentlich auch von einem „Outsourcing auf den Kunden" gesprochen wird.

Mühlbauer, Peter; Voß, G. Günter: Ein Gespräch mit dem Industrie- und Techniksoziologen Prof. G. Günter Voß. In: heise.de 27.04.2009. www.heise.de/tp/r4/artikel/30/30193/1.html [17.07.2019].

Lernaufgabe 3.3.1 Historische Entwicklung der Arbeitszeit 9
1. Erläutern Sie, weshalb die Menschen heute weniger arbeiten müssen und dennoch über mehr Wohlstand verfügen.
2. Erörtern Sie die Chancen und Gefahren des „Outsourcing auf den Kunden".

3.3.2 Debatte über Arbeitszeit

M 3 Arbeitszeit – Wunsch und Wirklichkeit

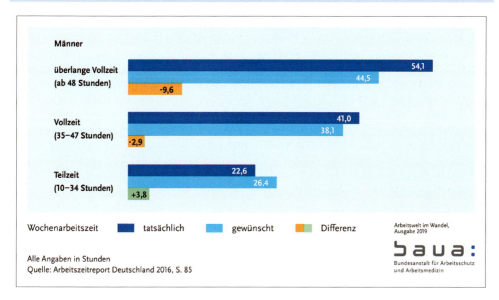

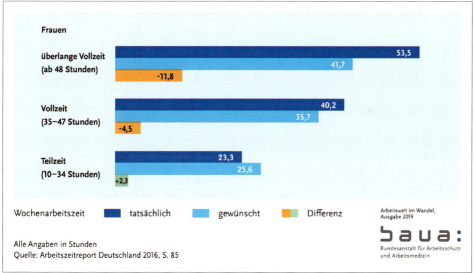

M 4 Pro Arbeitszeitverkürzung

Eine kürzere Vollzeit [...] nutzt nicht nur den Mitarbeitern, sondern auch den Unternehmen – und am Ende vor allem der Gesellschaft. [...] Mehr Arbeit macht krank, aber nicht produktiver. [...] Zu alldem kommt, dass sich auch die Arbeit selbst verändert hat. Tempo und Termindruck steigen, 80 Prozent aller Menschen, die Vollzeit arbeiten, klagen, sie seien ständig gestresst. [...]

Um bei 32 statt 40 Wochenstunden die gleiche Menge an Arbeit erledigen zu können, wurden [in einem Unternehmen in Neuseeland] die Betriebsabläufe optimiert, Konferenzen beispielsweise reduziert und „Nicht stören"-Signale eingeführt. Nach acht Wochen stellten neuseeländische Forscher, die das Experiment überwachten, fest, dass die Arbeit nicht nur genauso gut erledigt wurde, sondern sogar besser als zuvor. Aber klar: So einfach ist es natürlich nicht immer. Denn Arbeit kann oft nicht weiter komprimiert werden, gleichzeitig darf sie auch nicht zu einem täglichen Kurzstreckenlauf werden, bei dem man keine Zeit hat, nach links oder rechts zu schauen. Damit eine Verkürzung wirkt, muss Arbeitszeit auch neu verteilt werden, notfalls auch auf mehr Stellen. [...]

Tatsächlich muss eine Arbeitszeitverkürzung aber nicht unbedingt mehr kosten. Forscher glauben, dass sich am Ende die Mehrkosten mit Einsparungen gegenrechnen könnten: Denn es gäbe zwar mehr Angestellte, jeder von ihnen wäre im Schnitt aber produktiver als zuvor und dazu auch noch weniger krank. [...]

Doch selbst wenn sich die Kostenfrage lösen ließe, sagen Kritiker, gäbe es immer noch ein weiteres, schwerwiegenderes Hindernis: den Fachkräftemangel. [...]

Abseits von der Technik gäbe es auch noch eine weitere, menschliche Lösung: Man müsste die vorhandene Arbeitszeit anders und vor allem gerechter verteilen. Denn jenen 18 Millionen Menschen, die dem Deutschen Institut für Wirtschaftsforschung 2015 sagten, dass sie gerne Arbeitsstunden abgeben würden, standen schon damals fünf Millionen gegenüber, die gerne mehr gearbeitet hätten. Gehindert wurden sie daran beispielsweise von Steuern und Sozialabgaben, die jedes Plus an mehr Stunden und mehr Lohn aufgefressen hätten.

Oder aber sie scheiterten an verkrusteten Strukturen. Denn in vielen Unternehmen sind die Jobs immer noch auf Vollzeitstellen zugeschnitten, ganz besonders dann, wenn sie mehr Verantwortung beinhalten. [...]

Eine gerechtere Verteilung der Arbeitszeit würde gleichzeitig auch zu einer gerechteren Gesamtgesellschaft beitragen. Denn mehr zu arbeiten heißt immer auch mehr zu verdienen. Die Stundenlöhne in Teilzeitjobs sind im Schnitt um rund 18 Prozent niedriger als bei Vollzeitstellen. In den ärmsten Haushalten ist die Arbeitszeit seit den 1990ern um fast 31 Prozent gesunken, in der Oberschicht dagegen nur um 6,5 Prozent. Nähme man der breiten Masse einen Teil ihrer Arbeitszeit, so wie es sich ja ohnehin viele wünschen, und gäbe diese Stunden denjenigen, die zu wenig davon haben, würde sich die Schere zwischen Arm und Reich ein klein wenig schließen. Das ist machbar. Eine Verkürzung der Vollzeit ist der beste Weg. Einen Ingenieur kann man natürlich nicht einfach durch zwei ungeschulte Minijobber ersetzen, aber vielleicht durch zwei Teilzeitkräfte, die qualifiziert sind, aber wegen ihrer familiären Situation eben nicht bereit, 40 Stunden pro Woche zu arbeiten. [...]

Wie diese neue Arbeitswelt dann letztendlich aussieht, ob es die Vier- oder sogar Dreitagewoche ist und ob Menschen sechs Stunden arbeiten oder vielleicht nur fünf, wird sich zeigen. Wichtig ist allein, dass Arbeit nicht nur fair entlohnt, sondern auch gerechter verteilt wird. [...]

Gurk, Christoph: Vier Tage arbeiten statt fünf? Eine Idee mit Charme. In: Süddeutsche Zeitung. 22.09.2018. www.sueddeutsche.de/karriere/arbeitszeit-vier-tage-arbeiten-statt-fuenf-eine-idee-mit-charme-1.4139317 [22.07.2019].

Lernaufgabe 3.3.2   Debatte über Arbeitszeit 10

1. Beziehen Sie zu der Forderung Stellung, die Arbeitszeit bei vollem Lohnausgleich zu verkürzen.
2. „Wer die Arbeitszeit verkürzt, der fördert das ehrenamtliche Engagement der Bürger und damit den Zusammenhalt der Gesellschaft!" Diskutieren Sie die These.

3.4 Globalisierung des Arbeitsmarktes

Fast jeder vierte Arbeitnehmer in Deutschland produziert für den Weltmarkt. Unser Land gehört zu den exportstärksten Nationen der Welt. Über Jahre hinweg war es sogar „Exportweltmeister". Die Warenausfuhr ist so groß, dass sie die Wareneinfuhr immer mehr übersteigt (Handelsbilanzüberschuss). Diesen „Erfolg" verdanken die Deutschen wesentlich der Bereitschaft ihrer ausländischen Kunden, sich zu verschulden – auch durch Kredite, die von Geldgebern aus Deutschland gewährt werden: Der Verkäufer finanziert sozusagen dem Käufer den Warenkauf gleich mit. Im Jahr 2008 platzt die Kreditblase. Viele können ihre Zinslast nicht mehr tragen und beginnen zu sparen, insbesondere in den USA. Jetzt zeigt sich die Schattenseite der deutschen Exportlastigkeit: Der Absatz und damit die Beschäftigung brechen dramatisch ein – um fast ein Drittel. Und die Kreditgeber aus Deutschland müssen einen Teil ihrer Forderungen abschreiben. Viele Experten gehen davon aus, dass ein andauernder Handelsbilanzüberschuss zu ernsthaften Problemen führt (z. B. Eurokrise), und fordern deshalb ein neues „Geschäftsmodell" für den Standort Deutschland.

Nachdem sich die deutsche Exportindustrie von der Finanzkrise (2008) weitestgehend erholt hat, gerät sie verstärkt unter Druck von protektionistischen Maßnahmen der Importländer. So werfen die USA – die größte Handelsnation der Welt unter Präsident Donald Trump (2017) neben der VR China – Deutschland vor, sich durch „unfaire" Handelsbedingungen Vorteile zu verschaffen (z. B. Automobilindustrie) und so die Arbeitsplätze der US-Amerikaner zu gefährden. Durch Zölle und Gegenzölle ist der globale Warenhandel bedroht und läuft Gefahr in einen globalen „Wirtschaftskrieg" abzugleiten. So erheben 2018 die USA 25 % Abgaben auf Stahlimporte aus der EU, die ihrerseits unter anderem mit Abgaben auf Motorräder aus den USA reagiert.

M 1 Weltwirtschaft und Welthandel

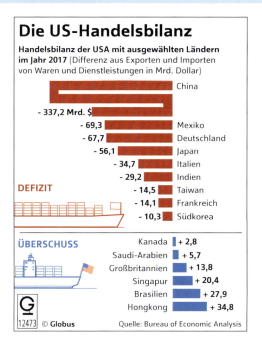

Gesellschaftliche Veränderungen analysieren

M 2 Das Nachdenken hat begonnen!

Wie lässt sich die deutsche Exportabhängigkeit verringern?

Einige Vorschläge liegen inzwischen auf dem Tisch. Sie kommen aber noch ziemlich unausgegoren daher. Die Löhne in Deutschland könnten kräftig angehoben werden, schlagen gewerkschaftsnahe Wissenschaftler wie der Wirtschaftsweise Peter Bofinger vor. Dann hätten die Deutschen mehr Einkommen zur Verfügung, um selbst mehr deutsche Autos zu kaufen. Oder um teurere Autos zu kaufen. Und die deutsche Autoindustrie würde unabhängiger vom Ausland. Doch die Sache hat einen Haken: Wenn die Löhne stark steigen, nehmen auch die Kosten für die Unternehmen zu. Die Folge: Deutsche Autos würden teurer. Dann ließen sie sich im Ausland noch schlechter verkaufen als jetzt.

Die umgekehrte Strategie empfiehlt Hans-Werner Sinn, der Präsident des Ifo-Instituts: Die Deutschen müssten niedrigere Löhne zulassen. Wenn deutsche Arbeiter für weniger Geld arbeiten, dann könnte manch eine Fabrik aus einem Billiglohnland nach Deutschland zurückgeholt werden. Autohersteller, die jetzt viele Teile in Osteuropa fertigen lassen, produzieren dann wieder mehr in Deutschland. Der Anteil „made in Germany" am Auto steigt. Und Geld, dass bislang ins Ausland fließt, bleibt im Land. Auch dieser Vorschlag hat freilich einen Haken: Dass die Gewerkschaften dabei mitmachen, ist mehr als zweifelhaft.

Ein dritter Vorschlag kommt von Adam Posen, dem Deutschlandexperten unter den amerikanischen Ökonomen. Er meint: Eine Rettung vor dem lang anhaltenden Elend sei nur möglich, wenn die Deutschen viel stärker auf Dienstleistungen setzen. „Ihr müsst mit diesem Exportwahnsinn aufhören." Mehr Dienstleistungen, das bedeutet: Der Staat muss noch mehr Kindergartenplätze schaffen, damit noch mehr Kindergärtnerinnen eingestellt werden. Er muss noch mehr Geld für Altenpflege ausgeben, damit noch mehr Altenpflegerinnen Arbeit finden.

Keine Frage: Je mehr von diesen Dienstleistungsjobs entstehen, desto unabhängiger wird Deutschland vom Ausland. Wenn aber der Staat das alles bezahlen soll, wird diese Unabhängigkeit am Ende ziemlich teuer. Ein paar weitere Ideen für die Zeit nach der Krise sind gefragt. Das Nachdenken hat gerade erst begonnen.

Siedenbiedel, Christian: Wie kommt die Welt ins Gleichgewicht? In: Frankfurter Allgemeine Zeitung vom 05.07.2009. © Alle Rechte vorbehalten. Frankfurter Allgemeine Zeitung GmbH, Frankfurt. Zur Verfügung gestellt vom Frankfurter Allgemeine Archiv.

Lernaufgabe 3.4   Globalisierung des Arbeitsmarktes 11
1. Erläutern Sie die Chancen und Gefahren der Exportstärke Deutschlands.
2. Diskutieren Sie, wie Deutschland seine Exportlastigkeit verringern kann.

3.5 Beschäftigungsverhältnisse

3.5.1 Von der typischen zur atypischen Beschäftigung

Seit den 1980er-Jahren fördert die Arbeitsmarktpolitik **atypische Beschäftigungsformen**. Unter diesem Begriff werden sämtliche Beschäftigungsformen zusammengefasst, die vom **Normalarbeitsverhältnis** abweichen. Als normal gilt eine abhängige, unbefristete Vollzeittätigkeit, die ein Einkommen verschafft, das die Existenz sichert und eine Sozialversicherungspflicht begründet. Zu den atypischen Beschäftigungen zählen beispielsweise die Teilzeitbeschäftigung, die geringfügige Beschäftigung, die befristete Beschäftigung oder die unbefristete Vollzeittätigkeit mit einem Einkommen unterhalb der Niedrigeinkommensschwelle („Working Poor"). Damit wird dem Wunsch der Betriebe nachgekommen, die Arbeitsbeziehungen zu flexibilisieren, damit sie sich schneller auf Marktschwankungen einstellen können. Den Arbeitslosen sollen diese flexiblen Arbeitsformen zugleich Brücken in ein Normalarbeitsverhältnis bauen. Inzwischen gilt ein Drittel der Arbeitsverhältnisse als atypisch, bei den Frauen sogar die Hälfte. Von der Europäischen Union wird dieser Prozess zusätzlich mit dem Programm **Flexicurity** (Flexibilität und Sicherheit) unterstützt. Dessen arbeitsmarktpolitische Leitidee besteht darin, nicht den Bestandsschutz des einzelnen Arbeitsplatzes, sondern die Förderung der Beschäftigungsfähigkeit in den Vordergrund zu stellen. Ziel ist, dass Menschen beim Verlust ihres Arbeitsplatzes schnell wieder in eine Beschäftigung mit Perspektiven kommen. Flexicurity will den traditionellen Gegensatz zwischen mehr Flexibilität einerseits und mehr Sicherheit andererseits aufbrechen, indem es mehr Sicherheit durch mehr Flexibilität anstrebt.

M 1 Entwicklung und Zusammensetzung atypischer Beschäftigung in Deutschland

	2008	2009	2010	2011	2012	2013	2014	2015	2016
in % an allen Beschäftigten	34,30	34,50	35,60	34,90	38,90	38,40	38,90	39,30	39,60
Teilzeit (ohne Leiharbeit) in %	16,00	16,60	17,30	16,70	21,30	20,80	21,40	22,40	23,00
Leiharbeit (ohne Mini-Jobs) in %	2,10	1,60	2,10	2,40	2,30	2,30	2,40	2,50	2,60
Mini-Jobs (ausschließlich) in %	16,10	16,30	16,20	15,80	15,40	15,30	15,10	14,40	14,10

Hans-Böckler-Stiftung (Hg.): Atypische Beschäftigung in Deutschland. 19.05.2017. In: www.boeckler.de/tools/atypischebeschaeftigung/index.php#result [18.07.2019].

Lernaufgabe 3.5.1 Von der typischen zur atypischen Beschäftigung 12
1. Erläutern Sie Beispiele atypischer Beschäftigung aus Ihrem Lebensalltag.
2. Beziehen Sie Stellung zu dem arbeitsmarktpolitischen Slogan: „Sicherheit durch mehr Flexibilität."

3.5.2 Atypische Beschäftigung – ein Weg zu mehr Arbeitsplätzen?

M 2 Arbeitsmarktpolitik und atypische Beschäftigung

Bemerkenswert ist der Befund, dass Deutschland im Ländervergleich den höchsten Zuwachs an Erwerbsarmut [Armut trotz Arbeit] aufweist. [...] Die schwache Einkommensentwicklung führt zu einer weiteren Polarisierung von reichen und armen Haushalten. [...] Die positive Arbeitsmarktentwicklung beruht zu einem großen Teil auf einer Zunahme von atypischer Beschäftigung, vor allem in Teilzeit, häufig im Dienstleistungsbereich und im Niedriglohnsektor. Die Ausweitung des Niedriglohnsektors wurde [...] durch [...] Kürzung von Transferleistungen und verschärfte Zumutbarkeitsregelungen, d. h. den erhöhten Druck auf Arbeitslose zur Aufnahme auch gering qualifizierter und entlohnter Erwerbstätigkeit, beschleunigt.

Quelle: WSI Report Nr. 36. Juli 2017, S. 9. In: Hans-Böckler-Stiftung. www.boeckler.de/wsi_5356.htm?produkt=HBS-006616&chunk=2&jahr=# [18.07.2019].

M 3 Steckbrief des idealen Arbeitnehmers

Er arbeitet ständig und lebenslang an der Perfektionierung oder zumindest Bewahrung seines „Humankapitals" [...], denkt und handelt im Rahmen von je befristeten und begrenzten Projekten statt in Dimensionen lebenslanger beruflicher Karrierevorstellungen, [baut auf die Hilfe] personengebundener sozialer Netzwerke statt auf institutionalisierte Netzwerke [z. B. Gewerkschaften]. [...] Der „employable man" orientiert sich an seinem eigenen, in Gestalt von konkreter Nachfrage messbaren Marktwert, statt nach einem dauerhaften Status zu streben und begnügt sich mit einer konjunktur- und situationsabhängigen Lebensführung, anstatt sich an einen langfristigen Lebensentwurf zu klammern. Er ist insofern in seiner Lebensorientierung stärker außengeleitet als das klassische bürgerliche Individuum mit starker Innenleitung. Der marktgängige Arbeitnehmer ist geographisch mobil und beruflich flexibel und weiß dies mit seinen privaten Lebensarrangements in Einklang zu bringen, welche dadurch tendenziell auch den Charakter von zeitlich begrenzten Projekten annehmen.

Schultheis, Franz: Die Metamorphosen der sozialen Frage in Zeiten des neuen Geistes des Kapitalismus. In: Soziale Milieus und Wandel der Sozialstruktur, Sozialstrukturanalyse. Herausgegeben von H. Bremer und A. Lange-Vester. Wiesbaden: Springer Fachmedien 2014, S. 137.

Lernaufgabe 3.5.2 Atypische Beschäftigung – ein Weg zu mehr Arbeitsplätzen?
1. Recherchieren Sie nach atypischen Beschäftigungsverhältnissen in Ihrem Lebensumfeld.
2. Setzen Sie sich mit der These auseinander, dass durch atypische Beschäftigung die Arbeitslosigkeit reduziert wird.

Arbeit im Wandel   105

3.6 Berufliche Anforderungen in der digitalen Arbeitswelt

3.6.1 Verschiebung der Beschäftigungssektoren

M 1 Höhere Produktivität, weniger Beschäftigte: Das Beispiel Landwirtschaft

M 2 Statistik der Beschäftigungssektoren

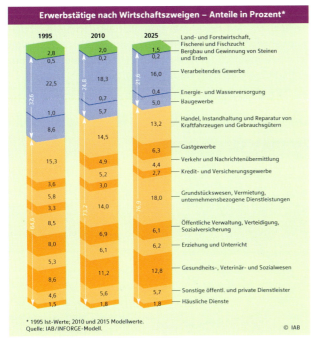

IAB-Kurzbericht 12/2010

Lernaufgabe 3.6.1   Verschiebung der Beschäftigungssektoren 14
1. Erläutern Sie die Ursachen für den Wandel in der Landwirtschaft.
2. Der demografische Wandel wird nach Expertenmeinung die Nachfrage nach Produkten und damit auch die Tätigkeitsstruktur grundlegend verändern. Diskutieren Sie, welche Beschäftigungsbereiche durch die Alterung der Gesellschaft zunehmen werden und welche Veränderung die Produkte erfahren.

3.6.2 Digitalisierung der Arbeit

M 3 Von der analogen zur digitalen Welt!

Viele haben als Kind zwischen zwei oben offenen Dosen einen Draht gespannt und dann miteinander gesprochen. Dies war möglich, weil die eine Dose die Schallwellen des Sprechers einfing und der Draht sie an die Dose des Hörers durch Schwingungen weiterleitete. So ähnlich funktionierte das analoge Telefon. Beim heutigen Telefonverkehr werden die Schallwellen des Senders berechnet und das Ergebnis in Ziffern abgespeichert. Verwendet wird ein Binärcode, der alle Informationen auf zwei Merkmale reduziert (1 = Strom fließt, 0 = Strom fließt nicht). Beim Empfänger wird die Nachricht wieder in Sprache umgerechnet und kann so ohne Übertragungseinbußen (z. B. Nebengeräusche) exakt angehört werden. Der heutige Telefonverkehr beruht damit auf einer Berechnung. Da früher mit den Fingern gerechnet wurde, wird er nach dem lateinischen Wort für Finger („digitus") als digital bezeichnet. Das revolutionäre der Digitalisierung besteht nicht nur in der Reinheit der Übertragung von Sprache, sondern in ihrer Ausweitung auf vielfältige Formen der Kommunikation, beispielsweise auf Bilder und Videos. Die vielfältigen Informationen lassen sich zudem durch die Möglichkeit ihrer Speicherung untereinander vernetzen. Auf diesem Weg werden die digitalen Daten einerseits zu einem Rohstoff der Erkenntnisgewinnung (z. B. Einkaufsverhalten) und andererseits zur Grundlage digitalisierter Algorithmen, um Handlungsabläufe über den Computer zu steuern (z. B. autonome Lagerwirtschaft). Mit der immer schneller werdenden digitalen Übertragungstechnik (z. B. Breitbandkabel oder 5G Mobilfunknetz) wird die Vernetzung von Daten und Handlungsabläufen weltweit immer enger – nicht nur in der digitalen, sondern auch in der realen Welt (vgl. soziales Überwachungssystem in China, S. 13).

M 4 Ein neuer Beschäftigungssektor

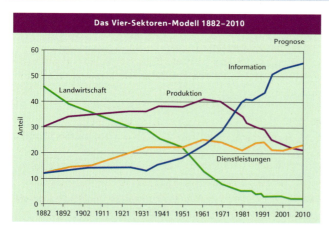

Drostal, Werner: Demografie und Arbeitsmarkt 2010 – Perspektiven einer dynamischen Erwerbsgesellschaft. In: Zukunft der Arbeit in einer alternden Gesellschaft. Herausgegeben von Hans-Jörg Bullinger. Stuttgart: Fraunhofer-/RB-Verlag 2001, S. 33.

Lernaufgabe 3.6.2   Digitalisierung der Arbeit 15
1. Zeigen Sie Beispiele aus Ihrer Lebenswelt auf, die den Aufschwung der Informationsdienstleistung belegen.
2. Diskutieren Sie die Risiken und Chancen der Digitalisierung der Arbeitswelt.

3.6.3 Qualifikationswandel in der Erwerbsarbeit

Die Zunahme der Informationsdienstleistungen verändert zugleich die Anforderungen, die an die Beschäftigten gestellt werden. Sie müssen sich neue Kompetenzen aneignen und bisherige vertiefen. Die Dynamik des ökonomisch-technischen Fortschritts macht dies zur dauerhaften Aufgabe und damit die Bereitschaft, ein Leben lang zu lernen, zur Grundlage der Beschäftigungsfähigkeit. Arbeitsmarktexperten prognostizieren deshalb einen Anstieg der höher qualifizierten Tätigkeiten und einen Rückgang derjenigen mit mittlerem oder gar einfachem Qualifikationsniveau.

M 5 Was wird verlangt?

Stellenangebot
Bürokauffrau/Bürokaufmann
Wir erwarten:
- eine kaufmännische Ausbildung/ technisches Verständnis
- sehr gute Englisch- und PC-Kenntnisse
- Kommunikations- und Organisationsstärke
- ein hohes Maß an Arbeitsbereitschaft
- vertriebsorientiertes Denken
- kommunikative Kompetenz
- ein sicheres und freundliches Auftreten
- verbindliches Auftreten, Zielorientiertheit und Überzeugungskraft

M 6 Zukünftige Qualifikationsanforderungen an Fachkräfte

Das „Internet der Dinge" in der industriellen Produktion – Studie zu künftigen Qualifikationserfordernissen auf Fachkräfteebene

Eine zunehmende Kommunikation zwischen den Maschinen (und ihren einzelnen Teilen) sowie zusätzlich zwischen Maschinen und Produkten und ihre Vernetzung miteinander wird grundsätzlich für alle Beschäftigten mit höheren Anforderungen in den Bereichen Verfahrenstechnik, Produktionsabläufe und Wertschöpfungsprozesse einhergehen: Da Störungen an einer Maschine oder innerhalb eines Prozesses nicht mchr nur Auswirkungen auf den jeweils vor- oder nachgelagerten Produktionsschritt haben, sondern aufgrund der Vernetzung bzw. Kommunikation zwischen verschiedenen Einheiten zukünftig weitaus mehr Prozesse – nicht nur vor Ort – von einer Störung betroffen sein können, wird es notwendig sein, dass auch Fachkräfte über umfassende Kenntnis des gesamten Wertschöpfungsprozesses verfügen, damit im Fall einer Störung nicht unerkannt große Systemketten zum Stillstand kommen. [...]
Da sowohl Wertschöpfungs- als auch Störungsbeseitigungsprozesse zunehmend standort- und häufig auch landesübergreifend erfolgen, gewinnen außerdem sprachliche Kompetenzen zunehmend an Bedeutung. Hinsichtlich einer verstärkten Fernwartung wird es beispielsweise erforderlich sein, relevante Sachverhalte verständlich zu kommunizieren und unter Einbezug neuer Kommunikationsmedien interaktiv Informationen zu verarbeiten. Dazu bedarf es zukünftig in allen Tätigkeitsbereichen der Fähigkeit, sich angemessen auf Englisch verständigen zu können.

Zeller, Beate; Achtenhagen, Claudia; Föst, Silke: Das „Internet der Dinge" in der industriellen Produktion – Studie zu künftigen Qualifikationserfordernissen auf Fachkräfteebene. Forschungsinstitut Betriebliche Bildung (f-bb). Abschlussbericht zum 14.05.2010 (überarbeitete Fassung vom 27.08.2010). In: frequenz.net. 27.08.2010. www.frequenz.net/uploads/tx_freqprojerg/ Abschlussbericht_IdD_in_der_industriellen_Produktion_final.pdf [18.07.2019], S. 81–83.

Gesellschaftliche Veränderungen analysieren

M 7 Mögliche Ersetzung von Arbeitskräften durch den Computer

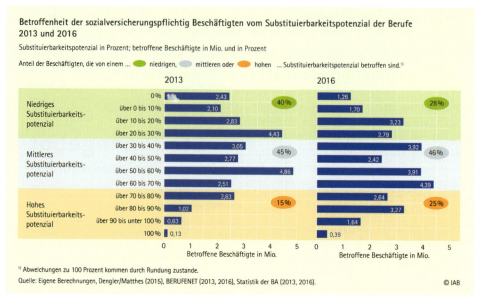

IAB-Kurzbericht 4/2018

Lernaufgabe 3.6.3   Qualifikationswandel in der Erwerbsarbeit 16
1. Diskutieren Sie aus eigener Praxis, ob die Veränderungen bei den Qualifikationsanforderungen zutreffen.
2. Neuere Studien besagen, dass die Zahl der Schüler zunimmt, die ohne Abschluss die Schule verlassen. Diskutieren Sie die Gefahren, die sich daraus ergeben.

3.6.4 Berufliche Handlungskompetenz

Von Stellenbewerbern erwarten die Betriebe ganz allgemein den Nachweis von **beruflicher Handlungskompetenz**. Darunter verstehen sie diejenigen Kenntnisse, Fähigkeiten und Fertigkeiten, die zur verantwortungsvollen Bewältigung tätigkeitsbezogener Probleme erforderlich sind. Da sich die betrieblichen Aufgaben und damit die zu ihrer Lösung notwendigen Anforderungen stets ändern, ist mit Handlungskompetenz auch gemeint, dass der Beschäftigte in der Lage ist, sich erforderliche Kenntnisse, Fähigkeiten und Fertigkeiten neu anzueignen. Dies setzt wiederum die innere Bereitschaft voraus, sich im Kollegenteam engagiert mit betrieblichen und allgemeinwirtschaftlichen Fragen auseinanderzusetzen.

M 8 Anforderungen im Bereich kaufmännischer Bürotätigkeiten

Derzeitige und künftig erwartete Anforderungen, die derzeit im Arbeitsalltag von Fachkräften im Bereich „kaufmännische Bürotätigkeiten" in sehr großem oder eher großem Umfang verlangt werden

Anforderung	Anforderungen derzeit[1] Ø	Zu-/Abnahme der Anforderungen[2] Ø
Orientierung an Interessen und Belangen der Kunden	3,43	5,19
Fähigkeit zur Kommunikation mit Kunden bzw. Auftraggebern	3,41	4,96
Fähigkeit, Prioritäten zu setzen und zu erkennen, was wichtig und was nicht wichtig ist	3,24	4,71
Fähigkeit, sich schnell in immer neue Aufgabenstellungen einzuarbeiten	3,08	4,76
Gesamtverständnis für Abläufe im Unternehmen und die Bedürfnisse anderer Abteilungen	3,06	4,85
Fähigkeit zur parallelen Bearbeitung mehrerer Aufgaben unter hohem Zeitdruck	3,04	4,76
Unternehmerisches Denken und Kosten-Nutzen-Überlegungen im Arbeitsalltag	3,00	4,94
Fähigkeit, gemeinsam mit Kunden verbesserte Lösungen zu finden	3,00	4,84
Die Fähigkeit zum Umgang mit ständig wechselnden Aufgabenstellungen	2,98	4,64
Befähigung zum kontinuierlichen und systematischen Erwerb neuen Wissens im Arbeitsalltag	2,98	4,76
Selbstständig zu entscheiden, wie die Arbeit gemacht wird	2,97	4,46
Persönliches, nicht dokumentiertes Erfahrungswissen	2,95	4,32

[1] 4 = sehr groß, 3 = eher groß, 2 = eher gering, 1 = sehr gering, 0 = überhaupt nicht gefordert
[2] 7 = nimmt sehr stark zu, 6 = nimmt stark zu, 5 = nimmt etwas zu, 4 = bleibt etwa gleich 3 = nimmt etwas ab, 2 = nimmt stark ab, 1 = nimmt sehr stark ab

Kuwan, Helmut; Gensike, Miriam: Qualifikationsentwicklung im Bereich „kaufmännische Bürotätigkeiten". Ergebnisse der Betriebsbefragung im Rahmen der ADeBar-Studie. Fraunhofer-Gesellschaft. In: www.frequenz.net/uploads/tx_freqprojerg/EB27227_kaufm_frequenz.pdf [18.07.2019].

Lernaufgabe 3.6.4   Berufliche Handlungskompetenz 17
1. Formulieren Sie Beispiele für die aufgeführten Anforderungen.
2. Schätzen Sie Ihre Fähigkeiten zur Bewältigung der neuen Anforderungen in einer Skala zwischen 1 (sehr gut) und 6 (ungenügend) ein.

3.6.5 Wissensgesellschaft

Die gesellschaftlichen Trends, denen die Arbeitswelt in ihrer Entwicklung folgt, werden zumeist mit Schlagworten belegt, die das Neue zum Ausdruck bringen sollen. Solche Umschreibungen sind beispielsweise die Begriffe postindustrielle, Erlebnis-, Dienstleistungs- oder Informationsgesellschaft. Zur Kennzeichnung der verstärkten Durchdringung beruflicher Tätigkeiten mit Wissen wird heute der Terminus „Wissensgesellschaft" gebraucht. Behauptet wird mit ihm jedoch nicht nur, dass Wissen zur beruflichen Tätigkeit gehört. Das war schon immer so. Mit dem Begriff „Wissensgesellschaft" ist vielmehr gemeint, dass heute der Umgang mit Wissen auf eine sehr systematische, technisch anspruchsvolle und kritisch reflektierte Art erfolgt. Es geht also nicht nur um die vermehrte Kenntnis von Fakten und Zusammenhängen, es geht vielmehr um die Fähigkeit, sich diese anzueignen und deren Aussagekraft kritisch zu hinterfragen. Vor diesem Hintergrund zielt der Begriff der Wissensgesellschaft auf eine Kultur der Mündigkeit als notwendige Voraussetzung des Fortschritts.

M 9 Die Bedeutung von Wissen

Eine Wissensgesellschaft zeichnet sich dadurch aus, dass möglichst viele Bürger über Voraussetzungen verfügen, die es ihnen erlauben, das Angebot an Informationen kritisch und uneingeschränkt zu nutzen, um sich ein eigenes Urteil im Sinne eines vernünftigen Arguments bilden zu können.

Wissen gehört in der Geschichte der Menschheit zwar zu jeder gesellschaftlichen Entwicklungsetappe. Im vergangenen Jahrhundert hat sich die Schaffung neuen Wissens jedoch exponentiell beschleunigt. Immer mehr Menschen können sich seither an der Wissensschöpfung und am Wissenskonsum beteiligen und so neues Wissen aufbauen. Der Terminus „Wissensgesellschaft" dient daher seit den neunziger Jahren [des letzten Jahrhunderts] dazu, moderne Gesellschaften zu charakterisieren und ergänzt damit andere Umschreibungen wie z. B. postmoderne, postindustrielle, Erlebnis-, Dienstleistungs- oder Informationsgesellschaft.

Wissen entsteht aus der Fähigkeit des Menschen, zu einer bestimmten Frage Informationen zu sammeln, zu bewerten und in sinnvolle Zusammenhänge zu stellen; anschließend hat der Mensch die Chance, über die Ergebnisse zu reflektieren und zu diskutieren.

Bei der Definition von Wissen lässt sich zwischen explizitem und implizitem Wissen unterscheiden. Voraussetzung des expliziten Wissens, das heißt ein Wissen um Sachverhalte, ist die Verfügbarkeit über ein Mindestmaß an Informationen über diese Sachverhalte; hierzu trägt die moderne IuK-Technik (neue Medien, Internet/Datenautobahn) entscheidend bei. Von implizitem Wissen wird gesprochen, wenn man Wissen nutzt, sich aber darüber nicht bewusst ist und es Dritten nicht erklären kann.

In einer Wissensgesellschaft hat Wissen enorme Bedeutung für Wirtschaftswachstum und Wohlstand. Produkte und Dienstleistungen werden mit hohem Einsatz von Wissen erstellt. Die betriebliche Wertschöpfung erfolgt vorrangig durch die Schaffung von Wissenskapital. Ein Indikator für die Wissensgesellschaft sind daher ihre Ausgaben für Wissen – beispielsweise Investitionen in Forschung, Entwicklung und Software sowie Ausgaben für höhere Bildung in Prozent des Bruttoinlandsproduktes.

Die zunehmende Bedeutung von Wissen stellt Gesellschaften vor vielfältige Herausforderungen. Es kommt beispielsweise darauf an, möglichst vielen Menschen Zugang zu Informationen und Wissen zu ermöglichen und beides zu demokratisieren. Auch rückt in der technisch basierten Wissensgesellschaft die Bedeutung von Medienkompetenz als Lernziel der Bildungsinstitutionen immer mehr in den Vordergrund. Zudem entscheidet die Geschwindigkeit der Wissensgenerierung und der Umsetzung in neue Produkte und Dienstleistungen zunehmend über die Wettbewerbsfähigkeit einer Volkswirtschaft.

Wirtschaftslexikon: Wissensgesellschaft. Herausgegeben von INSM-Initiative Neue Soziale Marktwirtschaft GmbH. Institut der deutschen Wirtschaft Köln Medien GmbH. In: www.wirtschaftundschule.de/lehrerservice/lexikon/w/wissensgesellschaft/ [18.07.2019].

Lernaufgabe 3.6.5 Wissensgesellschaft 18
1. Erläutern Sie, was mit dem Begriff „Wissensgesellschaft" gemeint ist.
2. Diskutieren Sie die Folgen der Wissensgesellschaft für den Einzelnen und die Gesellschaft.

Zusammenfassung

Mit der Industriegesellschaft wurde die Existenzsicherung des Menschen aus den Fesseln der mittelalterlichen Grundherrschaft gelöst und als Erwerbsarbeit dem freien Spiel von Angebot und Nachfrage unterworfen. Die Arbeit wurde zur Quelle von Wohlstand und sozialer Sicherheit. Mehr noch: Sie wurde zur Trägerin von Identität und sozialer Anerkennung. Die Schattenseite dieser Entwicklung spiegelt sich in der Arbeitslosigkeit wider. Sie untergräbt nicht nur die materielle Sicherheit der Arbeitnehmer, sondern auch ihre persönlichen und sozialen Bezüge. In der Bundesrepublik hat der Arbeitsmarkt stetig zwischen Phasen der Vollbeschäftigung zu solchen mit hoher Arbeitslosigkeit und umgekehrt gewechselt. Die Gründe dafür sind vielfältig, und die politischen Lösungsansätze werden je nach Interessenlage unterschiedlich bewertet. Tendenziell zeigt sich, dass die Politik auf die Arbeitslosigkeit mit einer Flexibilisierung des Arbeitsmarktes reagiert. So werden im Laufe der Zeit immer mehr Normalarbeitsverhältnisse durch atypische Beschäftigungsformen ersetzt. Langfristig wird durch den demografischen Wandel eine Knappheit an Arbeitskräften prognostiziert. Dies betrifft jedoch nicht alle Branchen und alle Qualifikationsniveaus. Für die Zukunft wird von einer durch die Digitalisierung vorangetriebenen Wissensgesellschaft ausgegangen, in der die Tätigkeiten vom Umgang mit Informationen durchdrungen sind. Gefordert wird Wissen im Sinne der eigenständigen Erzeugung und kritischen Reflexion von Kenntnissen, Fertigkeiten und Fähigkeiten. Eine Prognose, die nur als eine Herausforderung an die lebenslange Lernbereitschaft und -fähigkeit der Arbeitskräfte verstanden werden kann.

Zusammenfassende Lernaufgaben

Erkennen

1. Stellen Sie die Funktionsweise des Arbeitsmarktes dar.
2. Erläutern Sie die Bedeutung der Erwerbsarbeit in unserer Gesellschaft.
3. Strukturieren Sie die Angebots- und Nachfrageseite am Arbeitsmarkt.
4. Stellen Sie das Vier-Sektoren-Modell der Wirtschaft dar.

Werten

1. Um Arbeitslosengeld zu erhalten, müssen junge Arbeitslose in der Regel eine Maßnahme besuchen, die den Arbeitsrhythmus widerspiegelt. Beurteilen Sie diese Vorgabe.
2. Diskutieren Sie die Forderung, den Kündigungsschutz zu lockern, um die Arbeitslosigkeit zu bekämpfen.
3. Erörtern Sie die Forderung, die virtuelle Zusammenarbeit in den Betrieben zu stärken.
4. Problematisieren Sie die Wissensgesellschaft vor dem Hintergrund der Lesekultur in unserer Gesellschaft.

Anwenden

1. Entwickeln Sie ein Konzept, das junge Menschen vor den gefährlichen Nebenwirkungen der Arbeitslosigkeit schützt.
2. Formulieren Sie pädagogische Leitsätze, die junge Menschen in ihrer Ausbildung auf die Anforderungen der Wissensgesellschaft vorbereiten.
3. Entwerfen Sie einen Katalog von Fragen, die ein Arbeitgeber an einen Stellenbewerber richten könnte, und formulieren Sie Antworten, von denen Sie glauben, dass er sie erwartet.
4. Gestalten Sie ein Plakat zum Thema „Arbeit im Wandel".

4 Sozialstaat im Wandel

Elendsquartiere vor den Toren Berlins 1872

Slum in Indonesien

Das Grundgesetz verpflichtet die Bundesrepublik (Art. 20 Abs.1 GG) für soziale Sicherheit und einen Ausgleich der sozialen Interessen zu sorgen. Auf welchen Wegen dies geschehen soll, bleibt jedoch offen.

Zum Einstieg:
1. Vergleichen Sie die Bilder mit den sozialen Verhältnissen in Ihrer Lebenswelt.
2. Diskutieren Sie in Ihrer Klasse, was unter „sozialer Gerechtigkeit" verstanden wird.

4.1 Entwicklung des Sozialstaats

4.1.1 Industrialisierung und soziale Frage

Die Entwicklung des Sozialstaats hängt eng mit der Industrialisierung im 19. Jahrhundert zusammen. Ihr Motor ist die **freie Marktwirtschaft** („Kapitalismus"). In ihr können sich – auf der Grundlage von Privateigentum und Wettbewerb – die Marktkräfte (Preise, Angebot und Nachfrage) frei entfalten. Der Staat hält sich aus dem Marktgeschehen heraus und sorgt lediglich für die Einhaltung der rechtlichen Rahmenbedingungen (**„Nachtwächterstaat"**). Begründet wird dieses System mit der Theorie, dass sich der Wohlstand in einer Gesellschaft vermehrt, wenn alle ihre eigenen Interessen verfolgen: Der Wettbewerb zwingt jeden Unternehmer bei „Strafe des Untergangs", seine Produkte immer besser und günstiger zu machen. **Adam Smith**, einer der Vordenker der Marktwirtschaft, vergleicht den Markt deshalb mit einer „unsichtbaren Hand", die alle Einzelinteressen in Richtung Gesamtinteresse lenkt. Heute ist dieses Denken vor allem noch in den USA spürbar.

Im 19. Jahrhundert zeigt sich jedoch bald die Schattenseite des kapitalistischen Wirtschaftssystems. „Bevölkerungsexplosion" und Landflucht führen dazu, dass immer mehr Menschen Arbeit in den industriellen Zentren suchen. Das Überangebot an Arbeitskräften lässt die Arbeitslöhne sinken. Auch Frauen und Kinder müssen für niedrigste Löhne arbeiten, um das Existenzminimum der Familien zu sichern. Die Arbeitszeiten betragen 14 bis 16 Stunden am Tag. Schutz bei Krankheit, Arbeitsunfällen oder Gefahren am Arbeitsplatz gibt es kaum. Die Tatsache, dass trotz enormer Produktionsfortschritte immer größere Teile der Bevölkerung verelenden, wird in der Gesellschaft unter dem Begriff **„soziale Frage"** (Arbeiterfrage) heftig diskutiert. Gegen diese Zustände wehren sich die Arbeiter. Der Tradition „handwerklicher Gesellenvereine" folgend, schließen sie sich in Gewerkschaften und Arbeiterparteien zusammen, um gemeinsam für die Verbesserung ihrer Arbeitsbedingungen zu kämpfen (vgl. S. 191). Da soziale Fortschritte ausbleiben, radikalisieren sich große Teile der Arbeiterschaft. Gestützt auf die Theorien von **Karl Marx** sehen sie im Privateigentum an Produktionsmitteln (z. B. Fabriken) die eigentliche Ursache des Problems. Die Produktion soll nicht mehr der Willkür der Kapitalisten und der anonymen Marktkräfte unterliegen. Deshalb streben sie an, die Produktionsmittel in einer Revolution in gesellschaftliches Eigentum zu überführen, die Produktion gemeinschaftlich zu organisieren und die hergestellten Güter unter allen gerecht aufzuteilen (**„Sozialismus"**). Diese Idee versuchen später die ehemaligen sozialistischen Staaten (z. B. UdSSR oder DDR) durch eine **Zentralverwaltungswirtschaft** (staatliche Planwirtschaft) in die Praxis umzusetzen: Der Staat ist Eigentümer der Produktionsmittel und legt zentral fest (z. B. Fünfjahresplan),

- welcher Betrieb welche Produkte und in welcher Anzahl herzustellen hat,
- wer wie viel an Lohn erhält,
- wo und zu welchen Preisen die Güter verkauft werden.

Unter dem Druck der sozialen Frage erhält die Arbeiterbewegung starken Zulauf. Der bestehende **Obrigkeitsstaat** empfindet dies als Bedrohung. Unter Reichskanzler **Otto von Bismarck** werden daraufhin Ende des 19. Jahrhunderts die Arbeiterorganisationen verboten (**„Sozialistengesetze"**). Zur Beruhigung der Arbeiter wird zum Ausgleich die gesetzliche Sozialversicherung eingeführt. Mit dem Eingriff des Staates in die Arbeitswelt wird der Grundstein für den in Deutschland heute typischen Sozialstaat gelegt. Sein Merkmal ist das Bemühen, die negativen Auswüchse der Marktwirtschaft durch sozialpolitische Maßnahmen abzufedern (**soziale Marktwirtschaft**). Nach der Aufhebung der Sozialistengesetze 1890 verabschieden sich Teile der Arbeiterbewegung von ihren revolutionären Zielen und bauen zusammen mit den anderen demokratischen Parteien den Sozialstaat aus. Daneben wird zusätzlich die soziale Teilhabe der Beschäftigten durch Mitbestimmungsrechte im Betrieb gestärkt und die Gewerkschaft als streikberechtigte Interessenvertretung der Arbeiterschaft rechtlich abgesichert. Die negativen Erfahrungen mit den politischen Folgen von sozialer Not führen schließlich dazu, dass der Sozialstaat 1949 im Grundgesetz zum Verfassungsgebot erhoben wird.

Lernaufgabe 4.1.1   Industrialisierung und soziale Frage 1
1. Erläutern Sie die aufgeführten Wirtschaftssysteme.
2. Beziehen Sie zu der These von Adam Smith Stellung, der Markt sorge dafür, dass die Wohlfahrt in einer Gesellschaft steigt.

4.1.2 Leitbildwechsel in der Sozialpolitik

M 1 Prinzipien der Sozialpolitik

Individualprinzip	Sozialprinzip
Der Einzelne sichert sich selbst vor Lebensrisiken ab (z. B. private Lebensversicherung).	Die Gesellschaft sichert den Einzelnen vor Lebensrisiken ab (z. B. gesetzliche Rentenversicherung).
Subsidiaritätsprinzip	**Solidaritätsprinzip**
Die Gesellschaft hilft erst, wenn sich der Einzelne nicht mehr selbst helfen kann (z. B. einkommensabhängige Zuschüsse).	Die gegenseitige Hilfe ist verpflichtend, wodurch die Starken die Schwachen unterstützen (z. B. gesetzliche Krankenkasse).
Finalprinzip	**Kausalprinzip**
Die Leistungen werden im Ermessen des individuellen Bedarfs erbracht (z. B. Jugendschutz).	Die Leistungen werden für festgelegte Eintrittsfälle erbracht (z. B. Kindergeld).

Zu Beginn dieses Jahrtausends verbreitet sich über Parteigrenzen hinweg eine neue Vorstellung über die Art von Hilfe, die ein in Not geratener Bürger vom Staat erhalten soll. Bis dahin stand der rechtliche Anspruch auf Versorgung (**fürsorgender Sozialstaat**) im Vordergrund der Sozialpolitik. Als bloßem „Umverteilungsstaat" wird diesem System nunmehr unterstellt, es untergrabe die Bereitschaft zur Eigenvorsorge und mache die Betroffenen von staatlichen Leistungen langfristig abhängig. Unter dem Schlagwort **aktivierender Sozialstaat** wird deshalb ein stärkerer Ausgleich zwischen der Hilfe durch Transferleistungen (**Solidarität**) und der Förderung der Selbstverantwortung (**Subsidiarität**) angestrebt. Das diesbezügliche Reformprogramm (**„Agenda 2010"**) führt zu tief greifenden Änderungen und ist gesellschaftlich umstritten. Ein Beispiel ist die Neuregelung der Zumutbarkeit von Arbeit für die Empfänger des steuerfinanzierten Arbeitslosengeldes II.

M 2 Hilfebedürftigen ist jede Arbeit zumutbar!

M 3 Sozialgesetzbuch II (SGB II) § 10 Zumutbarkeit

(1) Dem erwerbsfähigen Hilfebedürftigen ist jede Arbeit zumutbar, es sei denn, dass
　1. er zu der bestimmten Arbeit körperlich, geistig oder seelisch nicht in der Lage ist,
　2. die Ausübung der Arbeit ihm die künftige Ausübung seiner bisherigen überwiegenden Arbeit wesentlich erschweren würde, weil die bisherige Tätigkeit besondere körperliche Anforderungen stellt,
　3. die Ausübung der Arbeit die Erziehung seines Kindes oder des Kindes seines Partners gefährden würde; die Erziehung eines Kindes, das das dritte Lebensjahr vollendet hat, ist in der Regel nicht gefährdet, soweit seine Betreuung in einer Tageseinrichtung oder in Tagespflege im Sinne der Vorschriften des Achten Buches oder auf sonstige Weise sichergestellt ist; die zuständigen kommunalen Träger sollen darauf hinwirken, dass erwerbsfähigen Erziehenden vorrangig ein Platz zur Tagesbetreuung des Kindes angeboten wird,
　4. die Ausübung der Arbeit mit der Pflege eines Angehörigen nicht vereinbar wäre und die Pflege nicht auf andere Weise sichergestellt werden kann,
　5. der Ausübung der Arbeit ein sonstiger wichtiger Grund entgegensteht.

(2) Eine Arbeit ist nicht allein deshalb unzumutbar, weil
　1. sie nicht einer früheren beruflichen Tätigkeit des erwerbsfähigen Hilfebedürftigen entspricht, für die er ausgebildet ist oder die er ausgeübt hat,
　2. sie im Hinblick auf die Ausbildung des erwerbsfähigen Hilfebedürftigen als geringerwertig anzusehen ist,
　3. der Beschäftigungsort vom Wohnort des erwerbsfähigen Hilfebedürftigen weiter entfernt ist als ein früherer Beschäftigungs- oder Ausbildungsort,
　4. die Arbeitsbedingungen ungünstiger sind als bei den bisherigen Beschäftigungen des erwerbsfähigen Hilfebedürftigen,

5. sie mit der Beendigung einer Erwerbstätigkeit verbunden ist, es sei denn, es liegen begründete Anhaltspunkte vor, dass durch die bisherige Tätigkeit künftig die Hilfebedürftigkeit beendet werden kann.

(3) Die Absätze 1 und 2 gelten für die Teilnahme an Maßnahmen zur Eingliederung in Arbeit entsprechend.

M 4 Weiterbildung statt „Ein-Euro-Job"

Der Beschäftigungserfolg der letzten Jahre ist ja nicht [auf Hartz IV] zurückzuführen, [...] sondern [...] vor allem auf die gute Qualität unserer Produkte, unserer Exportprodukte [...], also auf Innovation und Qualifikation, und genau das wurde durch Hartz IV nicht gefördert. [...] Das Problem bestand vielmehr darin, das wirtschaftliche Wachstum anzukurbeln, und das ist ja dann passiert aufgrund der Innovationen in den 90er-Jahren, und das hat man fälschlicherweise mit den Hartz-Gesetzen in Verbindung gebracht. [...] Ja, ich würde von einer stillen Revolution in Deutschland sprechen – im Vergleich zu dieser offenen Revolution der Hartz-Gesetze. Die stille Revolution hat in den 90er-Jahren stattgefunden. Die Unternehmen haben [...] sich neu erfunden, sie sind flexibler geworden. [...] inzwischen haben wir einen Arbeitskräftemangel in vielen Bereichen. Wir haben immer noch zu viel Hartz-IV-Empfänger, auch wenn die Zahl gesunken ist, und das ist ein Riesennachteil auch für den heutigen Arbeitsmarkt, dass in den vergangenen Jahren in diesem Bereich nicht ausreichend qualifiziert wurde, sondern man diese Gruppe auch vernachlässigt hat. [...] Wir müssen viel stärker fördern, also weggehen von dem Druck bei der Vermittlung auch auf die aktive Förderung, etwa von Weiterbildung, und das muss auch finanziell attraktiv gemacht werden. [...] Heute sind die Anreize im Hartz-IV-System völlig falsch. Sie bekommen mehr Geld, wenn Sie in einem 1-Euro-Job arbeiten, aber nicht, wenn Sie an einer anspruchsvollen Weiterbildung teilnehmen. [...] Es rechnet sich, auch wenn man eine teure Qualifizierungsmaßnahme von zwei, drei Jahren bezahlt, wenn die Betroffenen anschließend aus dem Leistungsbezug rauskommen. Wir haben ja über eine Million Langfristarbeitslose, die schon viele Jahre im Leistungsbezug sind, die in der Vergangenheit, als man noch die Chance hatte, nicht gefördert worden sind. Langzeitarbeitslosigkeit ist teuer, und Förderung ist teuer kurzfristig, aber langfristig zahlt sie sich aus.

Bosch, Gerhard; Fischer, Jochen: „Das Versprechen der Hartz-Gesetze hat man nicht gehalten". Deutschlandradio. 04.01.2019. In: www.deutschlandfunk.de/hartz-iv-debatte-das-versprechen-der-hartz-gesetze-hat-man.694.de.html?dram:article_id=437562 [07.07.2019].

M 5 Einnahmen senken die Hilfeleistung!

Lernaufgabe 4.1.2   Leitbildwechsel in der Sozialpolitik 2
1. Bewerten Sie die Sozialstaatsprinzipien aus Sicht des Grundgesetzes.
2. Diskutieren Sie die Chancen und Gefahren der neuen Zumutbarkeitsregelung.

4.2 Soziale Leistungen

M 1 Sozialstaat in Euro

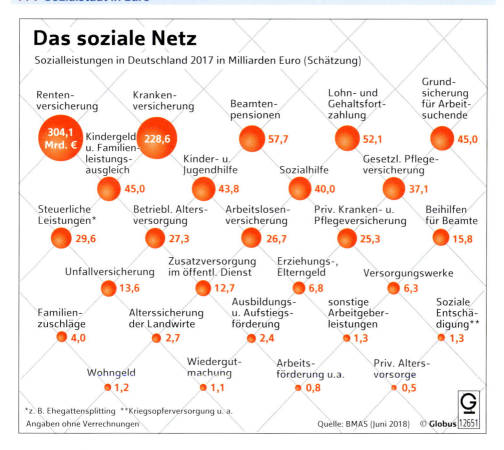

Nur wenige Länder geben für soziale Aufgaben mehr Geld aus als Deutschland. 2018 sind es fast eine Billion Euro. Das entspricht gut 30 % des Bruttoinlandsprodukts (**Sozialleistungsquote**). Zu den Sozialleistungen zählen alle Ausgaben öffentlicher und privater Stellen, die beim Eintreten bestimmter sozialer Tatbestände, Risiken oder Bedürftigkeiten für einen Einzelnen oder einen Haushalt erbracht werden. Sie werden entweder als Geld- oder als Sachleistung gewährt. Die Zuwendungen werden durch Gesetz, Satzung, Tarifvertrag oder Freiwilligkeit geregelt. Im **Sozialbericht** gibt die Bundesregierung regelmäßig Auskunft, welche Leistungen erbracht und wie diese finanziert werden (**Sozialbudget**). Zugleich stellt sie den bisherigen Verlauf mit Prognosen für die nähere Zukunft dar.

M 2 Entwicklung der Sozialleistungen

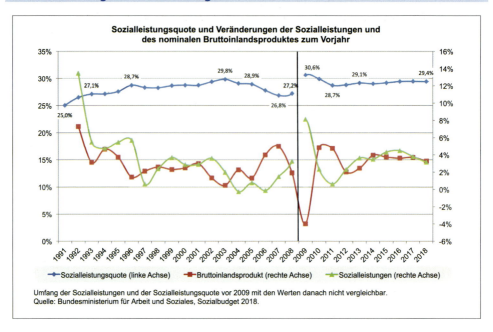

M 3 Geldgeber des Sozialstaats

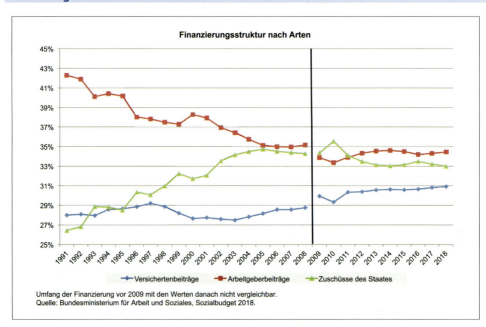

Lernaufgabe 4.2 Soziale Leistungen 3
1. Analysieren Sie die Entwicklung der sozialpolitischen Indikatoren (M 2).
2. Diskutieren Sie die Chancen und Gefahren, die sich aus den Tendenzen bei der Finanzierung der Sozialleistungen ergeben.

4.3 Einkommen und soziale Gerechtigkeit

4.3.1 Durchschnittseinkommen

M 1 Leitlinien des 4. Armuts- und Reichtumsberichts

In einer Gesellschaft wie der unsrigen, die stark vom Gedanken der Leistungsgerechtigkeit geprägt ist, sind persönliche Zufriedenheit und sozialer Zusammenhalt sehr eng damit verbunden, ob Leistung sich lohnt, die Verteilung der Einkommen, soziale Teilhabe- und Aufstiegschancen und die soziale Sicherung alles in allem als „gerecht" empfunden werden. Gerade weniger privilegierte Bürgerinnen und Bürger empfinden ihre Anstrengungen vielfach als nicht ausreichend respektiert. Für die Menschen ist es von großer Bedeutung, dass sie und ihre Kinder den erreichten sozialen Status verbessern oder wenigstens erhalten können. Wenn hier Zweifel bestehen, kann dies in allen Gesellschaftsschichten zu Verunsicherung führen. Zudem können die Sorgen über das „Mitkommen" in Modernisierungsprozessen wie der Globalisierung und der Digitalisierung sowie weitere Quellen der Verunsicherung – wie z. B. einer befürchteten Konkurrenz mit Geflüchteten um Arbeitsplätze, soziale Leistungen und Wohnraum – mit quantitativen Daten allein nicht adäquat erfasst werden.

Bundesministerium für Arbeit und Soziales (BMAS): Der Fünfte Armuts- und Reichtumsbericht der Bundesregierung. Kurzfassung. April 2017. In: www.bmas.de/SharedDocs/Downloads/DE/PDF-Pressemitteilungen/2017/5-arb-kurzfassung.pdf?__blob=publicationFile&v=2, Seite 6 [07.07.2019].

Die Zahlen über die Sozialleistungen des Staates sagen wenig aus über die Chancen zur Teilhabe am gesellschaftlichen Leben. Diese werden wesentlich durch das Einkommen bestimmt. So hängt die Chance eines Kindes auf einen höheren Bildungsabschluss stark vom Einkommen der Eltern ab. Deshalb gelten das jeweilige Verhältnis zum Durchschnittseinkommen und die Stellung in der Einkommensschichtung als wichtige Orientierungsgrößen bei der sozialpolitischen Beurteilung von Lebenslagen.

Grundlage für die Berechnung des **arithmetischen Durchschnittseinkommens** (Mittelwert) ist das verfügbare bedarfsgewichtete Pro-Kopf-Einkommen je Haushaltmitglied (**Nettoäquivalenzeinkommen**). Hierbei werden die Nettoeinkünfte eines Haushalts addiert und über einen Verteilungsschlüssel dessen Mitgliedern zugewiesen. Ein Haushalt, der aus einem Hauptverdiener (Gewichtungsfaktor 1), zwei Personen ab 15 Jahren (Gewichtungsfaktor 0,5) und einem Kind (Gewichtungsfaktor 0,3) besteht, hat einen Verteilungsschlüssel von 2,3 (1 + 0,5 + 0,5 + 0,3). Verfügt dieser Haushalt im Jahr über 42000,00 €, dann geht jedes Haushaltsmitglied mit einem Einkommen von 18261,00 € (42000,00 € : 2,3) in die Durchschnittsberechnung ein. Im Jahr 2017 betrug dieser Durchschnitt über alle deutschen Haushalte hinweg 24780,00 € (Statistisches Bundesamt).

Die Angaben der Statistikinstitute über diesen Mittelwert variieren jedoch wegen unterschiedlicher Erhebungsarten. So werden bei einigen Untersuchungen die Einkommensvorteile aus selbst genutztem Wohneigentum nicht einbezogen, wodurch ein Teil der Bevölkerung im mittleren Einkommensbereich weniger wohlhabend erscheint, als er tatsächlich ist. Oder aber die ausgewählten Haushalte werden nicht in persönlichen Interviews befragt, sondern über postalisch zugestellte Fragebögen. Hier besteht die Gefahr, dass die Fragebögen nicht verstanden und deshalb unrichtig ausgefüllt oder überhaupt nicht zurückgesandt werden. Die Ergebnisse können dadurch verzerrt werden, weil beispielsweise Personen aus bildungsfernen Schichten mit in der Regel niedrigem Einkommen in der Stichprobe unterrepräsentiert sind.

Ausgangspunkt für die Bestimmung der Einkommensverteilung ist das **Medianeinkommen**. Es gibt das Äquivalenzeinkommen desjenigen an, der genau in der Mitte der Einkommensverteilung steht (**Zentralwert**). Von ihm aus gesehen hat die eine Hälfte weniger, die andere mehr Einkommen. Der Betrag liegt nach Angaben des Statistischen Bundesamtes 2017 bei 21 920,00 € im Jahr. Im Gegensatz zum arithmetischen Mittel wird der Median nicht größer, wenn sich die Einkommen an den äußeren Rändern ändern. Damit schützt er vor statistischen Verzerrungen: Steigt beispielsweise das Einkommen der reichsten Bevölkerungsschicht sprunghaft an, so erhöht sich der arithmetische Durchschnitt, obwohl der Großteil der Bevölkerung nicht über mehr Geld verfügt.

Lernaufgabe 4.3.1 Durchschnittseinkommen 4
1. Ermitteln Sie durch anonyme Befragung den Mittelwert (Durchschnitt) und den Median des Einkommens bzw. Taschengeldes in Ihrer Klasse.
2. Recherchieren Sie statistische Aussagen zur Einkommensverteilung (z.B. unter „sozialpolitik-aktuell.de" oder „destatis").

4.3.2 Armut in der Gesellschaft

Armut und soziale Ausgrenzung bleiben vielfach im Dunkeln, weshalb sie die Bundesregierung in Zeitabständen genauer untersuchen lässt. Analysiert wird nicht nur die ungleiche Teilhabe, etwa auf dem Arbeitsmarkt oder bei der Verteilung von Einkommen und Vermögen, sondern auch die Ursachen, auf die sie zurückzuführen ist.

M 2 Wer ist arm?

Schwellen der Armut		
Relative Armut (Armutsgefährdungsschwelle)	**Bekämpfte Armut** (soziokulturelles Existenzminimum)	**Absolute Armut** (physisches Existenzminimum)
Einkommen, das weniger als 60 % des verfügbaren Äquivalenzeinkommens (Median) beträgt	Einkommen, das durch die Unterstützung des Systems der sozialen Sicherung erreicht wird	Einkommen, das nicht reicht, um das körperliche Überleben zu sichern (Mindeststandard)

Armutsgefährdungsquote = Anteil der Personen unterhalb der Armutsgefährdungsschwelle

M 3 Armut im Vergleich

Wie viele sind arm in Deutschland? (Armutsgefährdungsquote 2016)			
Insgesamt	16,5 %	25–54 Jahre	14,5 %
Frauen	17,8 %	Frauen	14,9 %
Männer	15,2 %	Männer	14,0 %
Unter 18 Jahre	15,4 %	55–64 Jahre	19,7 %
Frauen	17,2 %	Frauen	20,7 %
Männer	14,0 %	Männer	18,6 %
18–24 Jahre	21,0 %	65 Jahre oder älter	17,7 %
Frauen	23,7 %	Frauen	20,1 %
Männer	18,6 %	Männer	14,9 %

Bundeszentrale für politische Bildung/bpb, Datenreport 2018, Rub. 6.3, S. 234 (Auszug)

M 4 Was macht arm?

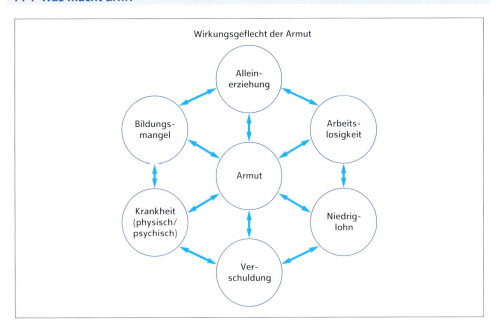

Lernaufgabe 4.3.2 Armut in der Gesellschaft 5
1. Berechnen Sie die Armutsschwelle in Euro für die unterschiedlichen Haushaltstypen.
2. Diskutieren Sie Ursachen und Folgen der Armut.

4.3.3 Einkommensverteilung

Die Sozialstruktur der Bundesrepublik Deutschland wurde in der Soziologie lange mit dem Schlagwort der **nivellierten Mittelschichtgesellschaft** (Helmut Schelsky) charakterisiert. Gemeint ist, dass sich die mit der Industrialisierung entstandenen Klassenunterschiede einebnen, weil immer größere Teile der Bevölkerung zur Mittelschicht auf- bzw. absteigen. Tatsächlich nimmt die „Mitte" in der Einkommensschichtung – trotz gleichzeitig wachsender Vermögensungleichheit – im Zuge der „Wirtschaftswunderjahre" von 1948 bis 1973 zu. Befördert wird dieser Prozess durch das wechselseitige Aufschaukeln der Qualifikation der Beschäftigten und der Arbeitsproduktivität. Heute werden rund 60 % der Deutschen dieser Bevölkerungsgruppe zugeordnet. Ihr Kennzeichen ist ein Einkommen, das mehr als 70, aber weniger als 150 % des Medianeinkommens beträgt. Wer sich mit diesem sozialen Status identifiziert, hat in der Regel ein positives Verhältnis zur Gesellschaft und sieht sich nicht selten als deren „tragende Säule". Seit der Jahrtausendwende, insbesondere seit der Wirtschaftskrise 2008, sehen Statistiker aber auch Anzeichen für eine Trendumkehr: Danach breitet sich die Armut und mit ihr die soziale Verunsicherung in unserer Gesellschaft wieder aus.

M 5 Armut und Reichtum

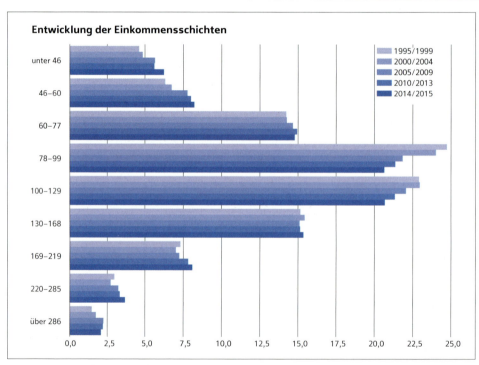

Krause, Peter; Franz, Christian; Fratzscher, Marcel: Einkommensschichten und Erwerbsformen seit 1995. In: DIW Wochenbericht Nr. 27/2017, 84. Jahrgang, S. 551–563.

Lernaufgabe 4.3.3 Einkommensverteilung 6
1. Berechnen Sie die Armutsgrenzen (Medianeinkommen, vgl. S. 120) und problematisieren Sie deren Aussagekraft.
2. Soziologen behaupten, die Mittelschicht werde im Gefolge der Globalisierung abschmelzen. Diskutieren Sie die gesellschaftlichen Folgen, die damit verbunden sind.

4.3.4 Debatte: Bedingungsloses Grundeinkommen?

Ein Ausweg aus Armut und sozialer Ausgrenzung wird im bedingungslosen Grundeinkommen gesehen. Befürworter und Gegner verteilen sich über Parteien und gesellschaftliche Gruppen hinweg. Der Kerngedanke ist einfach: Jeder Bürger erhält ohne Vorbedingung Geld in Höhe des soziokulturellen Existenzminimums. Reicht es ihm nicht aus, kann er durch Arbeit sein Einkommen erhöhen. Die Finanzierung soll über höhere Verbrauchssteuern erfolgen, um die Sozialkosten vom Arbeitseinkommen zu trennen (z. B. Mehrwertsteuer) und das Sozialsystem durch die Besteuerung der Importe vom Weltmarkt abzukoppeln.

M 6 Pro & Contra: Grundeinkommen

Pro:
Mit einem bedingungslosen Grundeinkommen haben die Menschen nicht mehr Geld, aber mehr Macht. [...] Das Grundeinkommen ist eine Ermächtigung zur Selbstermächtigung. Warum das wichtig ist? Weil, wer existenziell abgesichert ist, weniger manipulierbar ist.
Die Bedingungslosigkeit des eigenen Einkommens fördert Freiheit und Verantwortung. Wie soll ich etwas verantworten, das ich nur aus existenzsichernden Gründen mache? Ein bedingungsloses Grundeinkommen ermöglicht es, nein zu sagen. Man muss weniger, kann und will aber mehr – das bestätigt die Motivationsforschung.
Anscheinend aber macht die Vorstellung einer Gesellschaft ohne Existenzangst vielen Menschen Angst. Sie befürchten, dass viele nicht mehr ausreichend arbeiten würden, dass eine solche Gesellschaft eine Sogwirkung haben könnte auf Migranten.
Die meisten befürchten oder glauben zudem, dass sich das bedingungslose Grundeinkommen nicht finanzieren ließe. Die Frage ist daher: Wie können wir eine solche Machtumverteilung finanzieren?
Dazu drei Gedanken:
1. Wovon reden wir? Alle Menschen in Deutschland haben bereits ein Grundeinkommen. Das bedingungslose Grundeinkommen wäre kein zusätzliches Einkommen, sondern ein grundsätzliches. Es würde den Teil des bestehenden Einkommens in der Höhe des Grundeinkommens ohne Bedingungen garantieren. [...]
2. Wie soll es funktionieren? Das Geld würde mittels einer Grundeinkommensteuer finanziert. Zu welchen Modalitäten und wie diese Steuer realisiert wird, ist politisch zu entscheiden. Je nach Steuerart werden die einen etwas mehr ausbezahlt bekommen, als sie einzahlen. Andere mehr einzahlen, als sie mit dem Grundeinkommen ausbezahlt bekommen. [...]
3. Kann man das finanzieren? Volkswirtschaftlich würde etwa ein Drittel des Bruttoinlandsprodukts zu bedingungslosem Einkommen werden, in Deutschland rund eine Billion Euro im Jahr. Der größte Teil davon wären, wie angedeutet, die bestehenden Erwerbseinkommen im Umfang von rund 550 Milliarden Euro. Der zweitgrößte Teil wären die staatlichen Sozialleistungen, die in der Höhe des Grundeinkommens bedingungslos würden (etwa 300 Milliarden Euro). Genauso verhielte es sich bei den bestehenden privaten Transferzahlungen, zum Beispiel innerhalb der Familie (in der Summe sind das geschätzte 150 Milliarden Euro).
[...]

Contra:
Das bedingungslose Grundeinkommen ist eine wunderbare Utopie, denn es verspricht Freiheit und Selbstverwirklichung. Doch

gibt es einen Haken: Es lässt sich nicht finanzieren.

Die Befürworter warten mit Mogelrechnungen auf. Beliebt ist etwa diese Variante: Würde man jedem Bundesbürger jeden Monat 1000 Euro auszahlen, wären dies 984 Milliarden Euro im Jahr. Da trifft es sich doch gut, dass die Sozialausgaben des deutschen Staates fast genauso hoch liegen: Im Jahr 2015 waren es genau 923,4 Milliarden Euro. Die kleine Lücke von etwa 60 Milliarden müsste sich doch mühelos schließen lassen!

Das erste Problem: Längst nicht alle Sozialausgaben sind sogenannte Transferleistungen, die den Unterhalt von Menschen finanzieren. Stattdessen werden oft lebenswichtige Dienstleistungen bezahlt. Vor allem die Kranken- und Pflegekassen dienen dazu, die Arbeit von Ärzten, Krankenhäusern und Altersheimen abzugelten. [...]

Aber selbst diese kümmerliche Summe ist eine theoretische Luftbuchung, denn der größte Posten im deutschen Sozialhaushalt sind die Renten und Pensionen. Zusammen machen sie 336 Milliarden Euro aus.

Die Fans des Grundeinkommens sprechen es nie offen aus, aber sie müssten Millionen von Rentnern und alle Pensionäre enteignen. [...]

Sozialausgaben sind fest verplant. Auch die normalen Rentner würden verlieren, denn sie erhalten im Schnitt monatlich 801 Euro – bescheiden, aber mehr als 654 Euro. [...]

Man würde also nur mit den „echten" Sozialleistungen rechnen – Unfallversicherung, Arbeitslosenversicherung, Kindergeld, Erziehungsgeld, Hartz IV, Sozialhilfe und Wohngeld – und diese Summe auf alle Nichtrentner umlegen. Heraus kämen 264,29 Euro im Monat für jedes Kind und jeden Erwachsenen, der noch nicht Ruheständler ist. [...]

Fazit: Die Fans des Grundeinkommens tun so, als wären die Sozialausgaben des Staats frei verfügbar. Sie sind aber fest verplant. Für Pensionäre, Arbeitslose oder Krankenhäuser. [...]

Häni, Daniel; Herrmann, Ulrike: Es kostet nicht Geld, sondern Macht. In: taz.de. 24.11.2017. https://taz.de/Pro--Contra-zum-Grundeinkommen/!5462252/ [22.07.2019].

Lernaufgabe 4.3.4   Debatte: Bedingungsloses Grundeinkommen? 7
1. Vergleichen Sie die Argumente zur Grundsicherung und beziehen Sie selbst Stellung.
2. Formulieren Sie einen eigenen Vorschlag zur Problemlösung.

4.4 Sozialversicherung in der Krise

4.4.1 Strukturprobleme

Die **Träger** der Sozialversicherung (Kranken-, Unfall-, Renten-, Arbeitslosen- und Pflegeversicherung) erfüllen als öffentlich-rechtliche Körperschaft unter der Rechtsaufsicht des Staates alle Verwaltungsaufgaben in Eigenverantwortung (**Selbstverwaltung**). Die wichtigsten Beschlüsse trifft die Vertreterversammlung. Sie wird zu gleichen Teilen von Arbeitnehmern und Arbeitgebern durch Wahlen bestimmt (**Sozialwahl**). Die Mitgliedschaft in der Sozialversicherung ist für abhängig Beschäftigte unterhalb der **Versicherungspflichtgrenze** (2018 – 4425,00 €/mtl.) verbindlich. Betroffene können sich ihr nicht entziehen. Dadurch werden die finanziellen Lasten der Lebensrisiken auf viele Schultern verteilt. Die Leistungen werden über annähernd gleiche Beiträge der Arbeitnehmer und der Arbeitgeber finanziert (**Umlagefinanzierung**). Eine Ausnahme bildet die Unfallversicherung, die ausschließlich von den Arbeitgebern unterhalten wird. Die Beitragssätze beziehen sich auf die Bruttolöhne und werden wie die Leistungen durch den Gesetzgeber festgelegt. Rechtsgrundlage der Sozialversicherung ist das **Sozialgesetzbuch IV**.

Die Arbeitslosigkeit stellt die Sozialversicherung vor große finanzielle Schwierigkeiten, da durch sie den Leistungen ein geringeres Beitragsaufkommen gegenübersteht. Dieses Finanzproblem wird sich durch das wachsende Ungleichgewicht zwischen jungen Erwerbstätigen und Menschen im Ruhestand in Zukunft noch verschärfen (vgl. S. 30ff.). Als Lösung bietet sich zunächst an, die Leistungen zu kürzen. Dies ist jedoch nicht nur sozialpolitisch problematisch, sondern auch politisch schwer durchsetzbar: Die große Zahl der betroffenen Wähler kann einer solchen Politik leicht das Mandat entziehen. Als weiterer Ausweg kann der Beitragssatz erhöht werden. Hier wird jedoch beklagt, dass die zusätzlichen Kosten für die Arbeitgeber (**Lohnnebenkosten**) die internationale Wettbewerbsfähigkeit gefährden und den Anreiz zur illegalen Arbeit (**Schwarzarbeit**) erhöhen. Beides verstärkt die Arbeitslosigkeit und verschlimmert folglich nur das Defizit im Haushalt der Sozialversicherung.

Als Problemlösung wird von Seiten der Arbeitgeber eine Senkung der Beitragssätze gefordert. Das erhöht nach ihrer Ansicht die Absatzchancen deutscher Produkte, was wiederum die Zahl der Beschäftigten erhöht. Die Gewerkschaft sieht das anders. Wenn die Beiträge sinken, so ihre Auffassung, dann sinken die Sozialleistungen und mit ihnen die Nachfrage nach Produkten. Als Ergebnis wird die Arbeitslosigkeit nicht sinken, sondern steigen.

M 1 Kosten und Krankheit

Lernaufgabe 4.4.1   Strukturprobleme 8
1. Bewerten Sie die Forderung, den Beitragssatz bei einer gesunden Lebensführung (z. B. Nichtraucher) zu senken.
2. Erstellen Sie jeweils eine politische Rede, in der Sie sich für und gegen Leistungskürzungen aussprechen.

4.4.2 Debatte: Lohnnebenkosten senken?

M 2 Die Sicht der Arbeitgeber

Niedrigere Sozialbeiträge sind vor allem auch ein wirkungsvoller Beitrag zur Entlastung der Arbeitnehmer und damit für mehr Kaufkraft bzw. bessere Möglichkeiten zum Sparen und Vorsorgen. Bei den meisten Arbeitnehmern machen die Sozialversicherungsbeiträge den größten Teil ihrer Lohnabzüge aus. Dies gilt gerade für Geringverdiener und Familien, weil bei ihnen die Lohnsteuerbelastung vergleichsweise gering ist. Bis zu einem Jahresbruttolohn von rund 40 000 Euro sind bei Ledigen die Sozialabgaben höher als die Lohnsteuer. Bei Ehegatten liegt die Grenze bei über 60 000 Euro.

Jeder vierte Arbeitnehmer zahlt sogar überhaupt keine Lohnsteuer. Von einer Senkung der Sozialabgaben würden daher deutlich mehr Arbeitnehmer profitieren als von einer Senkung der Lohnsteuer [...]. Eine Senkung der Sozialbeiträge stärkt die Arbeitsanreize, weil dadurch der Abstand vom Arbeitseinkommen zum Vergleichseinkommen ohne Arbeit (z. B. zum Arbeitslosengeld II) steigt. Die hohe Belastung von Löhnen und Gehältern durch Sozialabgaben reduziert den Abstand zwischen Nettolöhnen und Transfereinkommen und wirkt damit als Einstiegsbarriere in den Arbeitsmarkt. Wie Untersuchungen zu den Lohnansprüchen von Empfängern von Arbeitslosengeld II zeigen, steigt bei höheren Nettolöhnen die Bereitschaft zur Arbeitsaufnahme.

BDA: Arbeit entlasten – Beschäftigung sichern. BDA-Positionspapier zur Senkung der lohnbezogenen Sozialbeiträge. In: arbeitgeber.de. www.arbeitgeber.de/www/arbeitgeber.nsf/files/8B6AEE5A08C238F7C125765100476EA0/$file/Arbeit_entlasten-Beschaeftigung_sichern.pdf [19.07.2019], S. 4.

M 3 Die Sicht der Gewerkschaft

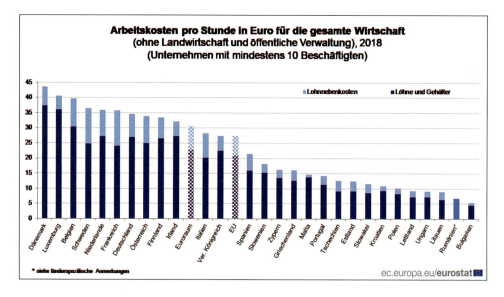

Deutschland hat kein Lohnkostenproblem. Seit über 20 Jahren hören wir dieselbe Panikmache: Die hohen Lohnnebenkosten gefährden angeblich die deutsche Wettbewerbsfähigkeit. Dahinter steht das Interesse der Unternehmen, ihre Kosten zu senken, um ihre Gewinne zu erhöhen.

Tatsächlich sind die sogenannten Lohnnebenkosten – gemeint sind hauptsächlich Sozialversicherungsbeiträge – im Vorfeld der Rentenreformen kaum gestiegen. Seit Mitte der 1990er Jahre blieben die heimischen Arbeitskosten – die Lohnnebenkosten sind Teil dieser Arbeitskosten – hinter den Produktivitätszuwächsen zurück. Die deutschen Unternehmen waren folglich immer wettbewerbsfähig. Das dokumentieren auch ihre hohen Exportüberschüsse. Mittlerweile sind diese Überschüsse noch weiter angestiegen. Sie haben sich zu einem großen wirtschaftspolitischen Problem entwickelt und sind ein wichtiger Grund für die Krise des Euroraums.

ver.di – Vereinte Dienstleistungsgewerkschaft (Hg.): Die Rente mit 70 ist ein Problem. In: www.verdi.de/themen/rente-soziales/rente-staerken/++co++5e8c38b8-bff7-11e8-9f75-525400940f89 [06.09.2019]

Lernaufgabe 4.4.2 Debatte: Lohnnebenkosten senken? 9
1. Vergleichen Sie die Argumente zur Forderung, die Lohnzusatzkosten zu senken.
2. Formulieren Sie einen eigenen Vorschlag zur Problemlösung.

4.5 Soziale Sicherheit im internationalen Vergleich

4.5.1 Viele Wege, viele Probleme

Die sozialen Sicherungssysteme befinden sich weltweit im Umbruch. Das planwirtschaftliche Modell der staatlichen Vollversorgung der Bürger – wie es in den ehemaligen sozialistischen Staaten Osteuropas praktiziert wurde – spielt heute international kaum mehr eine Rolle. Aber auch die USA mit ihrem betont marktwirtschaftlichen Weg sind in Bedrängnis geraten. Die wachsende Überschuldung nach dem Wirtschaftseinbruch 2008 macht es vielen ihrer Bürger bis heute schwer, sich privat vor den

M 1 Gürtel enger schnallen

Lebensrisiken abzusichern. Der Wohlfahrtsstaat kontinentaleuropäischer Prägung steht ebenfalls unter Druck. Die steuerfinanzierte Variante findet ihre Grenze an der Staatsverschuldung und die lohnbezogene Beitragsfinanzierung an der demografischen Entwicklung. In der internationalen Diskussion über Wege aus der Krise des Sozialstaats zeichnet sich eine Annäherung der Systeme ab. In den USA gibt es starke Kräfte für den Aufbau einer staatlichen Sozialversicherung und in Deutschland für eine Stärkung der privaten.

M 2 Private Altersvorsorge: Was am Ende übrig bleibt

Die gesetzliche Rente ist umlagefinanziert, das heißt, heutige Arbeitnehmer bezahlen mit ihren Beiträgen die Renten von heute. Im Jahr 2001 wurde die gesetzliche Rente gekürzt, um die Beiträge und damit auch die Lohnnebenkosten für die Unternehmen zu reduzieren. Stattdessen sollen Arbeitnehmer privat vorsorgen, mit der kapitalgedeckten Riester-Rente, die staatlich gefördert wird. Wer riestert, spart eigenes Kapital an, um es in der Rentenphase wieder aufzuzehren. [...]

Das aktuelle Problem ist aber: Ausgerechnet die kapitalgedeckte Säule schwächelt. Das musste etwa das Versorgungswerk der Architektenkammer Nordrhein-Westfalen gerade seinen Mitgliedern erklären. Die hatten gehört, die gesetzliche Rente werde im Westen Deutschlands um 4,35 Prozent steigen. Das Versorgungswerk hatte seinen Rentnern aber eine Nullrunde angekündigt. [...]

Denn die Versorgungswerke sind kapitalgedeckte Systeme. Und die spüren die niedrigen Zinsen. Das angesammelte Kapital wirft kaum noch Ertrag ab. Als die Riester-

Rente verabschiedet wurde, lagen die Leitzinsen in Euroland noch bei 4,5 Prozent. Doch während der Finanzkrise machten die Notenbanken das Geld billig, sehr billig. In der Eurozone liegt der Leitzins seit Mitte 2009 bei einem Prozent und seit Herbst 2014 bei nur noch 0,05 Prozent. Und EZB-Präsident Mario Draghi hat angekündigt, bei der nächsten Ratssitzung [...] noch eins draufzulegen: [...]

Kapitalanlagen bringen nur Rendite, wenn produktiv gewirtschaftet wird. Und umlagefinanzierte Systeme wie die staatliche Rente brauchen ebenfalls genügend gut bezahlte Arbeitskräfte. Sie sollen ja mit ihrem Lohn sich selbst, über die Steuern den Staat und über die Beiträge den Unterhalt der Rentner sichern. [...]

Braun, Michael: Was am Ende übrig bleibt. In: Deutschlandradio 25.02.2016. www.deutschlandfunk.de/private-altersvorsorge-was-am-ende-uebrig-bleibt.724.de.html?dram:article_id=346659 [22.07.2019].

Lernaufgabe 4.5.1   Viele Wege, viele Probleme 10
1. Erläutern Sie die internationalen Ansätze in der Sozialpolitik.
2. „Wirtschaftspolitik ist immer auch Sozialpolitik!". Beziehen Sie zu dieser These Stellung.

4.5.2 Private Ausrichtung – Das Beispiel USA

Die USA haben mit Abstand das teuerste Gesundheitswesen der Welt. Nach Angaben der OECD (Organisation für wirtschaftliche Zusammenarbeit und Entwicklung) betragen im Jahr 2017 die jährlichen Ausgaben für die Gesundheit pro Bürger rund 9 900,00 Dollar. In Deutschland sind es kaufkraftbereinigt rund 5 700,00 Dollar. Die USA sind somit der wichtigste Absatzmarkt für Gesundheitsprodukte. Viele Unternehmen investieren deshalb in Forschung und Entwicklung, um durch bedarfsorientierte Innovationen ihren Anteil am US-Gesundheitsmarkt zu sichern bzw. auszuweiten. Die USA gelten deshalb auf diesem Wissenschaftsgebiet als die global führende Nation. Beleg für die Exzellenz in diesem Bereich sind die vielen Nobelpreise in Medizin, die an Wissenschaftler vergeben werden, die in den USA forschen, aber auch die große Zahl von Ausländern, die in die USA reisen, um sich dort medizinisch behandeln zu lassen.

Die gewaltigen Gesundheitsleistungen werden zu über 50 % (Deutschland: 24 %) privat finanziert – zumeist durch eine private Krankenversicherung und dies überwiegend in der Form einer betriebsbezogenen Gruppenversicherung. Letztere verschafft durch Rabatt einen günstigeren Tarif, hat aber den Nachteil, dass mit dem Verlust des Arbeitsplatzes auch der Versicherungsschutz verloren geht. Zusätzliche Kostenvorteile bietet ferner die Mitgliedschaft in einer medizinischen Verbundorganisation, den sogenannten Health Maintenance Organisations (HMOs). Gegen Beitragszahlung können preisgünstige Behandlungen im jeweiligen System kooperierender Ärzte und Krankenhäuser in Anspruch genommen werden. Für einen begrenzten Kreis Hilfsbedürftiger (Ältere oder Personen mit besonderen Leiden) gibt es staatliche Krankenkassen (Medicare und Medicaid). Sie werden mit Steuergeldern finanziert und sind deshalb beitragsfrei oder mit einem sehr niedrigen Beitragssatz versehen.

Mit Ausbruch der Wirtschaftskrise 2008 wuchs der Prozentsatz der US-Bürger ohne Krankenversicherung auf 15 % (ca. 46 Millionen) an. Die Betroffenen konnten sich einerseits die hohen Beiträge einer individuellen Krankenversicherung nicht leisten oder wurden wegen Krankheitsrisiken nicht aufgenommen. Andererseits waren sie nicht hilfsbedürftig genug, um Mitglied einer staatlichen Krankenkasse zu werden. Mit einer – wenn auch heftig umstrittenen – Gesundheitsreform (Obamacare) wurde 2010 das Krankenversicherungswesen neu geregelt: Seit 2014 muss jeder US-Bürger zur Absicherung seiner medizinischen Grundversorgung Mitglied in einer privaten Krankenversicherung sein. Einkommensschwache erhalten staatliche Zuschüsse zum Versicherungsbeitrag. Bei Verstoß ist ein Bußgeld zu bezahlen – auch von Arbeitgebern, die Arbeitnehmer ohne Krankenversicherung beschäftigen. Die Kassen dürfen ihrerseits keinen Antragsteller wegen einer Vorerkrankung ablehnen oder den Versicherungsschutz wegen einer schweren Erkrankung beschneiden. Um die Versicherungsbeiträge durch Wettbewerb und Transparenz niedrig zu halten, gibt es staatlich kontrollierte Börsen, auf denen die Versicherungsträger ihre Angebote den Interessenten unterbreiten. Unter der Präsidentschaft von Donald Trump soll die Gesundheitsreform wieder zurückgenommen werden. Bisher scheiterte der Versuch jedoch an der dafür notwendigen parlamentarischen Unterstützung.

Lernaufgabe 4.5.2   Private Ausrichtung – Das Beispiel USA 11
1. Vergleichen Sie das Gesundheitssystem der USA mit dem deutschen.
2. Stellen Sie das Dilemma der Gesundheitspolitik in den USA dar.

4.5.3 Staatliche Ausrichtung – Das Beispiel Dänemark

In Dänemark gibt es nur eine staatliche Krankenversicherung. In ihr ist jeder versichert, der dort Steuern zahlt, auch Ausländer. Die Leistungen werden über den Gesetzgeber festgelegt und zu 80 Prozent aus öffentlichen Kassen finanziert. Hierbei können die Dänen zwischen zwei Varianten wählen. Das Hausarztmodell und das Modell mit freier Arztwahl. Beim ersten werden die Behandlungskosten völlig übernommen. Dafür ist ein Arztwechsel nur mit Zustimmung der Gemeindeverwaltung und der Einhaltung einer Sperrfrist von sechs Monaten möglich. Für Fachärzte ist eine Überweisung nötig. Fast alle Dänen sind so versichert. Das zweite Modell wird nur von ca. 2 % der Bevölkerung bevorzugt. Bei ihm besteht eine uneingeschränkte freie Arztwahl. Die Ärzte unterliegen dann nicht mehr dem vorgegebenen Tarifabkommen zwischen Staat und Ärzteschaft, sondern können die Gebühren frei festlegen. Der Patient muss dem Arzt die Behandlungskosten erstatten und erhält nur den Betrag vom Staat zurück, der nach dem Hausarztmodell fällig ist. Das Krankenhaus ist in beiden Modellen frei wählbar. Um die Patientenströme zu lenken, werden über das Internet die Wartezeiten für Operationen bekannt gegeben.

Lernaufgabe 4.5.3   Staatliche Ausrichtung – Das Beispiel Dänemark 12
1. Vergleichen Sie das dänische System mit dem deutschen und dem der USA.
2. Diskutieren Sie, welches System dem Gedanken der sozialen Gerechtigkeit am nächsten kommt.

4.5.4 Finanzierung der Sozialleistungen in der EU

M 3 Geldgeber im Vergleich

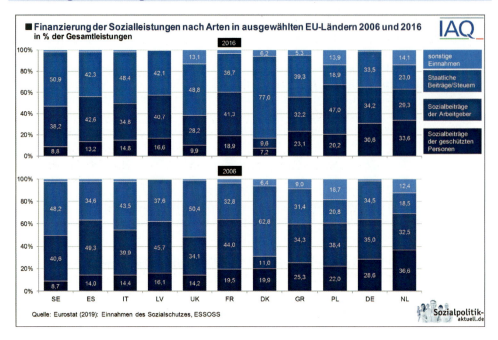

M 4 Der Bürger als Geldgeber des Staates!

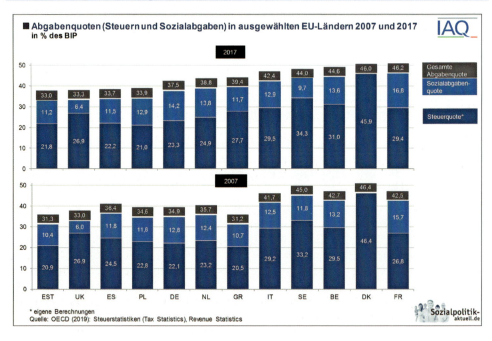

Lernaufgabe 4.5.4   Finanzierung der Sozialleistungen in der EU 13
1. Vergleichen Sie die Finanzierung des Sozialstaats in den jeweiligen EU-Ländern.
2. Recherchieren Sie sozialstaatliche Unterschiede innerhalb der EU (Suchbegriff im Internet: „MISSOC Vergleichende Tabellen").

4.6   Soziale Teilhabe

Neben der Hilfe in sozialen Notlagen zielt der Sozialstaat auch auf einen Machtausgleich zwischen Kapital und Arbeit. So wurde unter der Leitidee „Wirtschaftsdemokratie" ein System von Institutionen geschaffen, das es Arbeitnehmern und Arbeitgebern erlaubt, ihre Interessenkonflikte relativ gleichberechtigt untereinander auszuhandeln (**Sozialpartnerschaft**) – sei es auf der Ebene kollektiver Arbeitsverträge (**Tarifautonomie**) zwischen Gewerkschaft und Arbeitgeberverbänden, der Mitbestimmung zwischen den Betriebsparteien (**Betriebsrat und Geschäftsleitung**) oder des Zusammenspiels von Arbeit und Kapital im **Aufsichtsrat** von Kapitalgesellschaften.

4.6.1   Gewerkschaften als Interessenvertretung der Arbeitnehmer

Das System der sozialen Teilhabe stützt sich auf Gewerkschaften, in denen sich Arbeitnehmer freiwillig zusammenschließen, um ihre Interessen gegenüber den Arbeitgebern gemeinsam zu vertreten.

Durch die breite Verankerung in der Arbeitnehmerschaft sehen sich die Gewerkschaften zugleich als Anwalt aller abhängig Beschäftigten, Arbeitslosen und Rentner. In dieser Rolle beziehen sie in der öffentlichen Diskussion Stellung zu allgemein politischen, insbesondere die Arbeitswelt betreffenden Fragen (z. B. Mindestlohn).

M 1   Gewerkschaften in der Neubesinnung

Deutschlandfunk Kultur: Die Mitgliederzahlen [der Gewerkschaften] schrumpfen weiter[.] [...] – Woran liegt das? Was machen die DGB-Organisationen falsch, dass sie – obwohl das Potenzial an Mitgliedern so stark gestiegen ist, um über zwei Millionen – trotzdem keine zusätzlichen Mitglieder gewinnen? [...] Jetzt tauchen aber auch neue Unternehmen auf. Amazon ist ein Beispiel dafür, die sich schlicht weigern, mit Gewerkschaften überhaupt zu verhandeln, die die überhaupt nicht anerkennen. [...]

Klaus Dörre: [...] Das ist ein Unternehmen, das vom Führungsstil her richtig toll erscheint. Die Leads, also die Führungskräfte, duzen die Beschäftigten. Das ist alles sehr schön kameradschaftlich. Aber dann, wenn es hart auf hart geht und wenn es um Betriebsratsgründungen geht, wenn es um Tarife geht, dann ist dieses Unternehmen völlig stur. [...] Und was Sie dort sehen können exemplarisch, ist ein Funktionswandel des Arbeitskampfs. Also, es ist ganz schwer, dieses Unternehmen ökonomisch unter Druck zu setzen, weil die hoch flexibel reagieren können. Das heißt, wenn in Werk X, also Bad Hersfeld oder an einem anderen Standort, ein Streik angekündigt wird, verlagern die blitzschnell die Aufträge nach Polen, also in das polnische Werk.

Das heißt, Sie können ökonomischen Druck nur entfalten, wenn Sie transnational agieren. Und so weit sind die Gewerkschaften noch nicht. [...]

Deutschlandfunk Kultur: Herr Dörre, der frühere IG-Metall-Justiziar Michael Kittner [...] kommt zu einem relativ deprimierenden Ergebnis, nämlich dass diese Phase der Sozialpartnerschaft, die wir in der Bundesrepublik Deutschland seit 1945 erlebt haben, wo Gewerkschaften, Arbeitgeber sich in einem System bewegen, das auf Ausgleich ausgerichtet ist und wo beide Seiten einen Kompromiss erzielen wollen, dass das eine Sonderphase war, die vorbei ist und wir jetzt wieder zur Normalität zurückkehren. Und die heißt Klassenkampf. – Würden Sie zustimmen nach dem, was wir hier auch besprochen haben?

Klaus Dörre: Ja. Mit Klassenkampf darf man jetzt nicht verbinden, dass da jetzt alle mit roten Fahnen durch die Welt ziehen, sondern es ist eher ein Klassenkampf von oben. Das, was wir sehen, ist, dass tarifliche Regulation in zwei Welten stattfindet. Wir haben noch die größeren Unternehmen, wo es auch noch Ansätze von partnerschaftlicher Kooperation gibt, das darf man nicht übersehen, wo die Gewerkschaften noch stark sind. Aber die zweite Welt mit immer weiter zurückgehenden tariflichen Bindungen, häufig sogar ohne Mitbestimmung, mit schwachen gewerkschaftlichen Organisationsgraden, häufig mit prekären Arbeitsbedingungen, die ist viel größer. Und wir erleben, auch über die Internationalisierung der Unternehmen, der großen Unternehmen, dass sich die Führungsstile deutlich verändern. [...]

Dörre, Klaus; Schröder, Gerhard: Gefahr durch Rechtspopulisten in den eigenen Reihen. In: Deutschlandradio. 12.05.2018. www.deutschlandfunkkultur.de/soziologe-klaus-doerre-ueber-die-zukunft-der-gewerkschaften.990.de.html?dram:article_id=417757 [22.07.2019].

Lernaufgabe 4.6.1   Gewerkschaften als Interessenvertretung der Arbeitnehmer 🔲
1. Erläutern Sie das heutige Problem der Gewerkschaften.
2. Entwerfen Sie eine Rede, mit der Sie junge Menschen für die Gewerkschaft gewinnen wollen.

4.6.2 Teilhabe durch den Tarifvertrag

Das zentrale Ziel der Gewerkschaften ist die Verbesserung der Arbeitsbedingungen ihrer Mitglieder (Lohnhöhe, Arbeitszeit usw.). Ihr wichtigstes Druckmittel ist der Streik. Damit ist die Zahl der Mitglieder (**Organisationsgrad**) ein wesentlicher Faktor für die Kampfkraft einer Gewerkschaft. In der Regel einigt die Gewerkschaft sich jedoch mit den Arbeitgebern ohne einen längeren Arbeitskampf. In zähen Verhandlungen

M 2 Gewerkschaftsfrühling

schließen sie eine Vereinbarung (**Tarifvertrag**), die die Arbeitsbedingungen der Gewerkschaftsmitglieder einer bestimmten Branche in einem bestimmten Gebiet festlegt (Flächentarifvertrag). Als Gegenleistung erhalten die Arbeitgeber von der Gewerkschaft die Zusage, für einen bestimmten Zeitraum nicht zu streiken (**Friedenspflicht**). Die Tarifergebnisse werden zumeist auch auf die Beschäftigten übertragen, die nicht in der Gewerkschaft sind.

M 3 10 Gründe für einen Tarifvertrag

1. **Transparenz**
   Tarifverträge schaffen Transparenz. Ein Blick in den Tarifvertrag und Sie wissen, was Ihnen an Gehalt, Urlaub und anderen Leistungen zusteht – so wird der Bezahlung nach „Nase", Geschlecht und Sympathie vorgebeugt. Tarifliche Regelungen schützen Sie vor Benachteiligungen.

2. **Planbarkeit**
   Die Zukunft wird für Sie planbar. Denn Gehälter und Rahmenbedingungen, wie zum Beispiel Arbeitszeit, sind für die Tariflaufzeit festgeschrieben. Und darauf können Sie sich dann auch verlassen.

3. **Sicherheit**
   Ein Tarifvertrag schützt Sie vor willkürlichen Änderungen Ihres Arbeitsvertrags. Denn sind Arbeitszeit, Urlaub und Gehalt durch Tarifverträge geregelt, kann der Arbeitgeber Ihnen nicht einfach per Änderungskündigung neue Bedingungen aufzwingen.

4. **Verbindlichkeit**
   Tarifverträge sind rechtlich bindend. Verstößt der Arbeitgeber als Tarifvertragspartner gegen seine Verpflichtungen, können Sie diese vor Gericht einklagen – genauso wie bei Verletzung Ihres individuellen Arbeitsvertrages.

5. **Vertragsfreiheit**
   Besser geht immer! Natürlich können Sie jederzeit einen Arbeitsvertrag aushandeln, der Ihnen bessere Bedingungen als die tariflichen bietet. Mit dem Tarifvertrag haben Sie eine solide Ausgangsbasis, auf die Sie sich zum Beispiel im Einstellungsgespräch berufen können.

6. **Mehrwert**
   Gesetze garantieren Mindestregelungen – Tarifverträge bieten mehr: zum Beispiel Urlaubs- und Weihnachtsgeld, Wochenendzuschläge und Ausgleichsregelungen, mehr als die 24 Werktage gesetzlichen Mindesturlaubs.

7. **Nachwirkung**
   Ist ein Tarifvertrag gekündigt worden, gilt er solange weiter, bis ein neuer geschlossen wird. Ihr Schutz und Ihre Rechte bestehen also fort.

8. **Mitbestimmung**
   Als Arbeitnehmer können Sie persönlich am Tarifvertrag mitarbeiten, wenn Sie Mitglied einer Gewerkschaft sind – und damit aktiv die Lohn- und Gehaltsbedingungen mitgestalten. Denn wer wüsste besser als Sie und Ihre Kollegen, welche Bedingungen im Betrieb und in der Branche herrschen.

9. Solidarität
Gemeinsam mit den anderen Beschäftigten haben Sie eine bessere Verhandlungsbasis. Nicht alle haben die nötigen Nerven und die Position gegenüber dem Arbeitgeber, wenn der Poker um bessere Bedingungen oder die jährliche Gehaltserhöhung beginnt.

10. Arbeitgebervorteil
Ihr Arbeitgeber hat auch was davon. Nämlich eine verlässliche Kalkulationsgrundlage was die Gehälter angeht sowie klare und einheitliche Rahmenbedingungen bei Arbeits- und Urlaubszeiten – und darauf kann er sich verlassen.

ver.di – Vereinte Dienstleistungsgewerkschaft: 10 Gründe für einen Tarifvertrag. In: https://musik.verdi.de/ueber-uns/++co++2df2da2c-bbd9-11e2-a42d-52540059119e [22.07.2019].

M 4 Die Gewerkschaften, so wie wir sie kannten, sind verstorben

Die Gewerkschaften [...] verfügten jahrzehntelang über eine Kostbarkeit sondergleichen; der gut ausgebildete Industriearbeiter war durch nichts zu ersetzen. [...] Es war den Maklern der Gewerkschaft ein Leichtes, den Unternehmern immer neue Lohnprozente abzujagen. Die Fabrikbesitzer hatten keine andere Wahl, als bei den Gewerkschaften einzukaufen, denn es gab den nationalen und bestenfalls noch den westlichen Arbeitsmarkt, aber keinen Weltarbeitsmarkt mit dieser einzigartigen Angebotsfülle. Die Arbeit war nach den beiden Weltkriegen knapp und für dieses knappe Gut besaßen die Gewerkschaften praktisch ein Monopol. Sie nutzten es nach Kräften. [...] Die Arbeitszeit schmolz, die Löhne stiegen. [...] Dieses Spiel ist vorbei.

Steingart, Gabor: Tragödie der Gewerkschaften. Der Erfolgsfilm läuft rückwärts. In: Spiegel Online. 15.09.2006. www.spiegel.de/wirtschaft/0,1518,436480,00.html [19.07.2019].

Lernaufgabe 4.6.2 Teilhabe durch den Tarifvertrag 15
1. Diskutieren Sie die These, wonach die Zeit der Gewerkschaften vorbei sei.
2. Entwerfen Sie ein Szenario über die Zukunft des Arbeitsverhältnisses.

4.6.3 Teilhabe durch den Betriebsrat

Die Demokratie soll vor den Toren der Betriebe nicht enden. Deshalb besitzt die Belegschaft das Recht, in die betrieblichen Entscheidungen eingebunden zu werden (**Betriebsverfassungsgesetz**). Dazu wählt sie eine Interessenvertretung (**Betriebsrat**), die sie gegenüber der Geschäftsleitung vertritt. Der Einfluss reicht vom **Recht auf Unterrichtung** in wirtschaftlichen Angelegenheiten (z. B. Betriebsverlagerungen) über **Zustimmungsrechte** in personellen Angelegenheiten (z. B. Versetzung) bis zur **gleichberechtigten Mitbestimmung** in sozialen Angelegenheiten (z. B. Urlaubsplan). Die Absprachen werden in **Betriebsvereinbarungen** festgehalten und sind rechtsverbindlich. Die Krisenzeit der vergangenen Jahre hat die Rolle der Betriebsräte erheblich gestärkt: Die in Not geratenen Unternehmen sind auf Zugeständnisse und Ideen der Belegschaft angewiesen und suchen deshalb die Kooperation mit deren Interessenvertretung (vgl. S. 10).

M 5 Machtverhältnisse

Sakurai, Heiko, 20.01.2004

M 6 Neue Form der Zusammenarbeit

Der Betriebsrat als Co-Manager

[Die IG Metall] erhofft sich wieder mehr Ansehen – und Mitglieder – in den Betrieben, wenn die Betriebsräte und gewerkschaftlichen Vertrauensleuten dort mehr Macht haben. „Der Betriebsrat muss der Geschäftsführung nicht glauben, wenn die erklärt, dem Unternehmen gehe es schlecht", so [der Politikwissenschaftler] Esser. „Er hat Einsicht in die konkreten Zahlen und soll dann auch Sondervereinbarungen treffen können." Die Gewerkschaft halte sich im Hintergrund und sorge „nur dafür, dass alles im Rahmen bleibt". Dieser Strategiewechsel verändert auch die Rolle der Betriebsräte. [...] Bei dem Industriepumpenhersteller Sihi in Itzehoe haben Betriebsrat und Gewerkschaft dieses Ziel [...] erreicht. Mit der Drohung, die Arbeit niederzulegen, verhinderten sie eine Betriebsverlagerung nach China und überzeugten die Geschäftsführung von einem „Innovationsprogramm für Kosteneinsparungen und Prozessoptimierung". Abgesichert durch eine Standortgarantie – niemand musste befürchten, sich selbst wegzurationalisieren –, entwickelte die gesamte Belegschaft in Zusammenarbeit mit dem Management Vorschläge für Produkte, Arbeitsprozesse und sogar Unternehmenskultur. Entschieden wurde in der Geschäftsführung unter Beteiligung des Betriebsrats und der Gewerkschaft.

Willms, Beate: Arbeiter als Kapitalisten. In: taz.de. 25.08.2009. www.taz.de/!39538/ [19.07.2019].

Lernaufgaben 4.6.3 Teilhabe durch den Betriebsrat 16
1. Beurteilen Sie die Rechte des Betriebsrats vor dem Hintergrund des Demokratiegebots des Grundgesetzes.
2. Diskutieren Sie die Forderung, den unternehmensübergreifenden Flächentarifvertrag durch einen betriebsbezogenen zu ersetzen.

4.6.4 Teilhabe durch Mitbestimmung im Aufsichtsrat

Die Industrialisierung führt zu einem hohen Kapitalbedarf bei den Unternehmen. Über Kapitalgesellschaften wird deshalb das Eigenkapital in kleinere Anteilscheine zerlegt und zum Kauf angeboten. Die wichtigste Form ist die **Aktiengesellschaft** (AG), deren Anteilscheine (**Aktien**) an der Börse frei gehandelt werden. Die wesentlichen Entscheidungen des Unternehmens trifft der Vorstand. Er wird vom Aufsichtsrat gewählt und kontrolliert. Dessen Mitglieder werden wiederum von den Anteilseignern in der Hauptversammlung bestimmt. Da neben den Anteilseignern auch die Belegschaft von den Entscheidungen des Vorstands betroffen ist, stellt sie in großen Unternehmen (2000 Beschäftigte) die Hälfte der Mitglieder im Aufsichtsrat. Die Gleichberechtigung (**Parität**) ist jedoch nach Auffassung der Gewerkschaften nur formal, da die Kapitalvertreter bei Stimmengleichheit eine zusätzliche Stimme besitzen und die leitenden Angestellten der Arbeitnehmerseite zugeschlagen werden. Seit ihrer Einführung steht die Mitbestimmung in der Kritik. Vor allem von Unternehmerseite wird sie als Kostenfaktor und Hemmschuh bei der Entscheidungsfindung gesehen. Mit der Wirtschaftskrise 2008 hat sich das Bild etwas geändert.

M 7 Mitarbeiter und zugleich Eigentümer

„Arbeitnehmer sind die besseren Aktionäre"

Wir wollen die Möglichkeiten der Mitwirkung der Belegschaften erweitern, die sollen etwas zu sagen haben in den Unternehmen. [...] Beschäftigte sind gute Aktionäre, interessiert am langfristigen Erfolg der Unternehmen. Wenn es einen stabilen Anker gibt, dann sind es die Beschäftigten. In der Krise bringen die Arbeitnehmer Opfer, nehmen Lasten ab. Dafür verlangen sie nun eine Gegenleistung. [...] Wir haben das Unternehmen geschützt. Dafür hat die Belegschaft jetzt den Anspruch darauf, dass die Arbeitsplätze gesichert werden und sie am Unternehmen beteiligt wird. [...] Es geht nicht abstrakt um Macht. Unser Antrieb ist die Stabilisierung der Arbeitsplätze. [...] Die Anteile könnten in Stiftungen gebündelt werden oder in Beteiligungsgesellschaften, die dann Ansprüche formulieren, wie jeder andere Investor das auch tut. [...] Wir brauchen ein Gegengewicht gegen den Angriff der angelsächsischen Investoren auf deutsche Unternehmen. Wir haben oft genug erlebt, dass [sie] Unternehmen ausgenommen haben, große Opfer von der Belegschaft gefordert haben, ohne dafür eine Gegenleistung zu bieten. Da haben wir gesagt: So nicht. Wir müssen uns eine ganz neue Handhabe überlegen, wie wir mit dieser Situation umgehen. Eines der großen Probleme ist die dünne Eigenkapitaldecke, da können Arbeitnehmer helfen, wenn sie als Eigentümer beteiligt werden: Arbeitnehmer bieten geduldiges Kapital, verfolgen ein anderes Modell als der nackte Shareholder-Value-Kapitalismus. [...] Wir reden von einer Beteiligung der Mitarbeiter von vielleicht fünf Prozent! [...] Unser Ziel als Ankerinvestor ist ein Wechsel in ökologische Themen, die Verteidigung der technologischen Spitzenposition in Deutschland. Und wir wollen, dass die Leute fair beteiligt werden.

Hank, Rainer; Huber, Berthold; Meck, Georg: Interview von Rainer Hank und Georg Meck mit IG-Metall-Chef Berthold Huber. In: Frankfurter Allgemeine Zeitung. 23.08.2009. www.faz.net/aktuell/wirtschaft/unternehmen/im-gespraech-berthold-huber-arbeitnehmer-sind-die-besseren-aktionaere-1840720.html [19.07.2019].

Lernaufgabe 4.6.4   Teilhabe durch Mitbestimmung im Aufsichtsrat 17
1. Erläutern Sie die Vor- und Nachteile einer gleichberechtigten Mitbestimmung im Aufsichtsrat von Kapitalgesellschaften.
2. Diskutieren Sie den Vorschlag, auch Verbraucherschützer in den Aufsichtsrat von Unternehmen einzubinden.

Zusammenfassung

Die Idee des Sozialstaats, Menschen durch solidarische Hilfe vor sozialen Notlagen zu schützen und ihnen durch Schutz- und Mitbestimmungsrechte eine gleichberechtigte Teilhabe am gesellschaftlichen Leben zu ermöglichen, prägt Europa seit der Industrialisierung. Im Spannungsfeld zwischen der kommunistischen Rundumversorgung der Bürger durch den Staat und der Eigenverantwortung im marktradikalen Konzept hat sich ein Mittelweg herausgebildet, der die marktwirtschaftliche Eigenverantwortung mit dem Anspruch auf staatliche Hilfe (Subsidiarität) verbindet. Unter dem Druck der Globalisierung kommt jedoch dieses europäische Sozialstaatsmodell zur Jahrtausendwende in finanzielle Schwierigkeiten. Hierbei bilden sich zwei Denkrichtungen heraus, um die Probleme zu überwinden. Die eine geht von der Überzeugung aus, dass die Kosten des Sozialstaats reduziert werden müssen. Nur so bleibt der Standort Europa konkurrenzfähig und kann durch seine Wirtschaftskraft die notwendigen Sozialleistungen finanzieren. Ergänzt wird diese Strategie durch den Gedanken des „aktivierenden Sozialstaats". Er beruht auf der Vorstellung, dass ein Übermaß an kollektiven Leistungen den Menschen an der Entfaltung seiner eigenen Kräfte behindert und so seine Selbstentfaltung blockiert. Gegen dieses oft als „neoliberal" titulierte Konzept wird vorgebracht, dass gerade durch die Kürzung sozialer Leistungen die Arbeitslosigkeit erhöht wird, weil dies die Binnennachfrage und damit die Absatzchancen der Unternehmen schmälert. Zudem unterschätze diese Denkrichtung die produktivitätssteigernde Wirkung des sozialen Friedens und überschätze die Selbsthilfekraft der Betroffenen. Mit Beginn der Weltwirtschaftskrise ist das Thema soziale Sicherheit wieder stärker ins politische Blickfeld geraten. Es zeigt sich, dass die sozialen Schichten nicht mehr wie in der Nachkriegszeit verschmelzen, sondern eher auseinandertreiben: Wachsende Armut steht wachsendem Reichtum gegenüber – eine Herausforderung für die Gesellschaft.

Gesellschaftliche Veränderungen analysieren

Zusammenfassende Lernaufgaben

Erkennen

1. Grenzen Sie die einzelnen Wirtschaftssysteme voneinander ab.
2. Zählen Sie die wichtigsten Sozialleistungen in Deutschland auf.
3. Stellen Sie die Mitbestimmung in Deutschland dar.
4. Erläutern Sie das Gesundheitswesen in den USA.

Werten

1. Beurteilen Sie das Konzept „aktivierender Sozialstaat" vom Standpunkt des Grundgesetzes.
2. Erörtern Sie die Gefahren, die mit einer wachsenden Spaltung der Einkommen verbunden sein können.
3. Bewerten Sie die gesellschaftliche Rolle der Gewerkschaften.
4. Diskutieren Sie die Vor- und Nachteile steuerfinanzierter Krankenversicherungen.

Anwenden

1. Erstellen Sie eine Tabelle mit allen Gütern und Dienstleistungen, die Sie dem soziokulturellen Existenzminimum zuordnen.
2. Entwerfen Sie ein Programm zur Armutsbekämpfung.
3. Erstellen Sie ein Fähigkeitsprofil für Betriebsräte.
4. Entwerfen Sie eine Rede, mit der Sie ausländische Investoren von den Vorteilen der deutschen Mitbestimmung überzeugen wollen.
5. Debattieren Sie: Brauchen wir einen europäischen Sozialstaat?
   Die Geschichte des Sozialstaats ist eng mit der Geschichte des deutschen Nationalstaats verbunden. Die gesellschaftliche Einbindung der Arbeiterschaft im 19. Jahrhundert und der damit verbundene wirtschaftliche Fortschritt war nur möglich, weil das Deutsche Reich die gesetzliche Möglichkeit besaß, im nationalen Rahmen von Arbeitgebern und Arbeitnehmern Beiträge abzuverlangen, um im Krisenfall Arbeitslose finanziell zu unterstützen. Diesem Weg des innerstaatlichen sozialen Ausgleichs folgte auch die Weimarer Republik und später die Bundesrepublik. Beide bauten innerhalb ihrer Staatsgrenzen dieses Sozialsystem weiter aus. Mit der fortschreitenden Vertiefung der europäischen Integration – insbesondere durch die Freizügigkeit am europäischen Arbeitsmarkt – stellt sich die soziale Frage neu: Wie kann die europäische Arbeitnehmerschaft in die europäische Gesellschaft integriert werden? Die Antwort gibt die Geschichte: Nur durch eine europäische Solidargemeinschaft wie beispielsweise eine europäische Arbeitslosenversicherung.

Lernbaustein 5

Die Entwicklung des politischen Systems der Bundesrepublik Deutschland vor dem Hintergrund historischer Erfahrungen nachvollziehen und verstehen

1 Ideengeschichtliche Entwicklung des Staates

Grundgesetz Art. 20 Abs. 1
Die Bundesrepublik Deutschland ist ein demokratischer und sozialer Bundesstaat.

Alle Staaten der Welt haben Symbole, die für die Zusammengehörigkeit und die Werte ihrer Bürger stehen. Sie dienen der Selbstdarstellung des Staates. Die Symbole sind das Wappen, die Flagge und die Nationalhymne.

Einigkeit und Recht und Freiheit
Für das deutsche Vaterland!
Danach lasst uns alle streben
Brüderlich mit Herz und Hand!
Einigkeit und Recht und Freiheit
Sind des Glückes Unterpfand –
Blüh im Glanze dieses Glückes,
Blühe, deutsches Vaterland!

Hoffmann von Fallersleben

Die Fanfare der Globalisierung war „Markt statt Staat". [...] Entstaatlichung und Vermarktung waren die Instrumente, die dem wirtschaftlichen Erfolg dienen und dadurch Wohlstand und Frieden erzeugen sollten. Jetzt schlägt das Pendel zurück, und es geht eher um die Wiederherstellung staatlicher Handlungsfähigkeit. Eine heterogener werdende Gesellschaft braucht einen gemeinsamen Referenzpunkt [Bezugspunkt]. Und das kann nur der demokratische Staat sein. Je vielfältiger und freier unsere Gesellschaft wird, desto wichtiger wird der Staat. Nicht nur zur Durchsetzung der in einer demokratischen Verfassung vereinbarten Normen einer Gesellschaft, sondern auch zur Sicherung annähernd gleicher Lebensverhältnisse, in denen das Leben jedes einzelnen gelingen kann und es nicht abhängig ist von Herkunft, Einkommen der Eltern, Geschlecht, Religion, Nationalität oder Hautfarbe. Genau dazu aber war der Staat in den Augen vieler in den vergangenen Jahren nicht angemessen in der Lage.
Heruntergekommene Schulen und Universitäten, eine marode Infrastruktur, Wohnungsnot, ungezügelte Gier ganz oben in der Gesellschaft und mangelnde Aufstiegschancen ganz unten sind nur einige seit Jahrzehnten zu beobachtende Beispiele dafür. Wir haben den Staat in den letzten Jahrzehnten reduziert: Die politische Linke hat ihn kulturell marginalisiert [kleingeredet], weil sie in einem zu starken Staat immer eine Gefahr für die individuellen Bürgerrechte gesehen hat. [...] Das politische Spektrum links der Mitte fremdelt mit dem Staat. Konservative haben den Staat zwar nicht kulturell, dafür aber finanziell abgewertet, in dem sie die Sparschrauben immer fester angezogen haben.

Gabriel, Sigmar: Wir brauchen den starken Staat zurück. In: Der Tagesspiegel. 25.06.2019. www.tagesspiegel.de/politik/von-daenemark-lernen-wir-brauchen-den-starken-staat-zurueck/24488736.html [10.08.2019]

Zum Einstieg:
1. Beziehen Sie zu der Auffassung des Autors (ehemaliger SPD-Vorsitzender und Außenminister Sigmar Gabriel) Stellung.
2. Erfragen Sie die Erwartungen Ihrer Klasse an den Staat.

Ideengeschichtliche Entwicklung des Staates

1.1 Begriffsgeschichte des Staates

Der moderne Staat wird völkerrechtlich durch drei Elemente gekennzeichnet: Einem geografisch begrenzten Raum (**Staatsgebiet**), einer auf dem Staatsgebiet lebenden Bevölkerung, die sich überwiegend als soziale Einheit begreift (**Staatsvolk**) und einem Herrschaftssystem (**Staatsgewalt**), das Regeln für das Zusammenleben der Staatsbürger festlegt sowie für deren Einhaltung sorgt.

Entwickelt hat sich die Theorie des modernen Staates in einem historischen Prozess ab dem 15. Jahrhundert. Das Motiv ihrer Vordenker ist die Suche nach einem politischen Konzept, das ein friedliches Zusammenleben der Menschen in der Gesellschaft ermöglicht. Dabei greifen sie in ihren Überlegungen auch auf Vorstellungen zurück, die weit in die griechische und römische Antike zurückreichen. Bis heute ist diese Fragestellung aktuell, wie die hohe Zahl der sogenannten „gescheiterten Staaten" oder der zunehmende „Autoritarismus" belegt. Mit der fortschreitenden Verflechtung zwischenstaatlicher Interessen setzt sich dieser Vorgang auf einer höheren politischen Ebene fort (z. B. Europäische Union). Gesucht werden darüber hinaus auch globale Formen der **„Staatenverbindung"** (z. B. Vereinte Nationen), die erdumspannende Regelwerke erlauben, die die Lebensbedingungen der heutigen und zukünftigen Menschheit schützen.

M 1 Staatsbildung als aktuelle Herausforderung

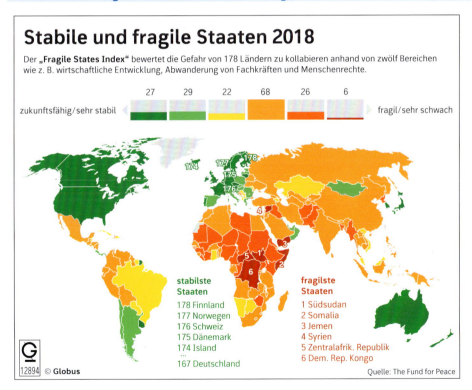

Lernaufgabe 1.1 Begriffsgeschichte des Staates 1
1. Erläutern Sie die Merkmale eines Staates.
2. Zeigen Sie aktuelle Beispiele zur Gefährdung staatlicher Ordnung auf.

1.2 Die Idee vom Staat als Ordnungsmacht

Niccolò Machiavelli (1469–1527)
Hauptwerk: Der Fürst (Ital.: Il Principe)

Die Machtkonflikte in der Zeit von Niccolò Machiavelli führen zu einem ständigen Wechsel der politischen Führung. Der Verlust an Stabilität belastet das friedliche Zusammenleben der Bürger. Machiavelli selbst verliert dadurch immer wieder seine Anstellung beim Staat und damit sein wirtschaftliches Auskommen. Deshalb sucht er einen Weg, die bestehenden Machtverhältnisse stabil zu halten und damit den Frieden in der Bürgerschaft zu sichern. Hierin sieht er den alleinigen Daseinszweck („raison d'être") des Staates. Durch den Vergleich der Herrschaftspraxis verschiedener Machthaber gelangt er zu der Einsicht, dass dieser Zustand nur erreicht werden kann, wenn die Politik sich dem Daseinszweck bedingungslos beugt: Der Erhalt des Staates ist für ihn der Maßstab der „Staatsvernunft" und dessen Interessen konsequent zu verfolgen die oberste Pflicht der Staatsvertreter (**„Staatsräson"**). Dies auch dann, wenn gegebene Zusagen gebrochen werden müssen oder Handlungsweisen erforderlich sind, die den bestehenden Regeln und Tugenden widersprechen („Der Zweck heiligt die Mittel"). Dieser politischen Maxime folgt beispielsweise 1635 das katholische Frankreich, indem es sich während der Religionskriege im Interesse des eigenen Staates mit dem protestantischen Schweden gegen den katholischen Kaiser verbündet.

M 1 Staat und Moral

Ein Fürst darf daher den Ruf der Grausamkeit nicht scheuen, um seine Untertanen in Gehorsam und Einigkeit zu erhalten. Es ist mehr Barmherzigkeit darin, wenige Strafen zu verfügen, als durch unzeitige Nachsicht Unordnungen zu veranlassen, welche Mord und Raub erzeugen, die ganze Gemeinwesen treffen, wohingegen die Strafbeschlüsse der Fürsten nur Einzelne treffen. [...] Hieraus entsteht eine Streitfrage, ob es besser sei, geliebt oder gefürchtet zu werden. Ich antworte, dass beides gut ist; da es aber schwer ist, beides miteinander zu verbinden, so ist es viel sicherer, gefürchtet zu werden als geliebt, wenn ja eines von beiden fehlen soll. Denn man kann im Allgemeinen von den Menschen sagen, dass sie undankbar, wankelmütig, verstellt, feige in der Gefahr und begierig auf Gewinn sind.

Machiavelli, Niccolò: Der Fürst. Herausgegeben und erläutert von Max Oberbreyer. Aus dem Italienischen von August Wilhelm Rehberg. Köln: Anaconda Verlag 2010, S. 67.

Lernaufgabe 1.2   Die Idee vom Staat als Ordnungsmacht 2
1. Erläutern Sie das Staatsverständnis von Niccolò Machiavelli.
2. Diskutieren Sie die Frage, ob sich die Qualität der Staatsführung an ihren Beliebtheitswerten misst.

1.3 Die Idee vom Gewaltmonopol des Staates

Jean Bodin (1530–1569)
Hauptwerk: Sechs Bücher über den Staat

Im Gefolge der Reformation nutzen in Frankreich die regionalen Fürsten die Glaubensspaltung als Vorwand (Kampf für den „rechten" Glauben), um ihre eigene Machtposition gegenüber anderen auszuweiten. Das Königtum verliert dadurch seine zentrale Ordnungskraft und Frankreich versinkt in einem jahrzehntelangen blutigen Bürgerkrieg („Hugenottenkriege"). Als Reaktion bildet sich zwischen den Religionsgruppierungen eine dritte Partei heraus, die sich für eine „ordnende Hand" im Staat einsetzt. Ihr Vordenker, Jean Bodin, schlägt vor, den Staat wie eine Familie zu betrachten, in der das Oberhaupt allein das Sagen hat und zugleich allen Familienmitgliedern gegenüber gerecht ist (Absolutismus). An der Spitze der Staatsfamilie sieht er den König, der deshalb auch das alleinige Recht zur Gewalt besitzt. Er ist der Souverän des Staates und besitzt deshalb das „Gewaltmonopol" im Staat.

M 1 Staat und Gewalt

Wer sich gegen den König wendet, versündigt sich an Gott, dessen Abbild auf Erden der Fürst ist. [...] Die wahren Attribute [= Wesensmerkmale] der Souveränität [= höchste Staatsgewalt] sind nur dem souveränen Fürsten eigen. Wenn sie auf Untertanen übertragbar sind, kann man nicht länger von Souveränität sprechen. Eine zerbrochene Krone kann nicht mehr als Krone bezeichnet werden. Ebenso verliert die souveräne Majestät ihre Größe, wenn man ihre Rechte irgendwie beschneidet. [...] Wenn ein Fürst Souveränitätsrechte auf einen Untertan überträgt, so verwandelt er den Diener in einen Partner. Dadurch aber hört er auf, souverän zu sein. [...] Wie der große souveräne Gott nicht einen zweiten ihm ähnlichen Gott schaffen kann, da er unendlich ist und erwiesenermaßen nicht zwei unendliche Dinge nebeneinander existieren können, so können wir sagen, daß der Fürst [...] niemals einen Untertanen für ebenbürtig erklären kann, ohne nicht gleichzeitig seine Macht zu zerstören.

Ludwig XIV. als „Aufgehende Sonne" 1653

Bodin, Jean: Über den Staat [Six livres de la République]. Nachdruck 1976, Buch I, 10. Kapitel 39 ff., Abs. 215. Übersetzt von Gottfried Niedhart. Stuttgart: Philipp Reclam jun. GmbH & Co. 1976, S. 41 f.

Lernaufgabe 1.3   Die Idee vom Gewaltmonopol des Staates 3
1. Geben Sie die Begründung wieder, mit der Jean Bodin dem König das alleinige Recht zubilligt, Gewalt auszuüben.
2. Diskutieren Sie die Ursachen für die aktuelle Ausbreitung despotischer Herrschaftsformen.

1.4 Die Idee von der Herrschaft durch Vernunft

Thomas Hobbes (1588–1679)
Hauptwerk: Leviathan

Thomas Hobbes sieht die Ursachen der vielfältigen Kriege seiner Zeit nicht in den unterschiedlichen religiösen Auffassungen, sondern im Wesen des Menschen verankert. So führt nach seinem Verständnis die Freiheit der Menschen zwangsläufig zu Konflikten, weil jeder egoistisch nach Macht und Besitz strebt. Damit diese Auseinandersetzungen nicht in einen Bürgerkrieg umschlagen, fordert er eine übergeordnete disziplinierende Kraft, der der Einzelne ausgeliefert ist („Leviathan"). Diese Macht sieht er im Staat als einem vertraglichen Zusammenschluss der Menschen. Durch diesen **„Gesellschaftsvertrag"** treten die Menschen aus Vernunftgründen einen Teil ihrer Freiheitsrechte an den Staat ab und erhalten von ihm als Gegenleistung Schutz und Sicherheit.

M 1 Vernunft und Gewalt

Thomas Hobbes: Leviathan. Titelblatt der Erstausgabe, London 1681

Der Wunsch nach Reichtum, Ehre, Herrschaft und jeder Art von Macht stimmt den Menschen zum Streit, zur Feindschaft und zum Kriege; denn dadurch daß man seinen Mitbewerber tötet, überwindet und auf jede mögliche Art schwächt, bahnt sich der andere Mitbewerber den Weg zur Erreichung seiner eigenen Wünsche. [...] Hieraus ergibt sich, daß ohne eine einschränkende Macht der Zustand der Menschen ein solcher sei, wie er zuvor beschrieben wurde, nämlich ein Krieg aller gegen alle. [...] Um aber eine allgemeine Macht zu gründen, unter deren Schutz gegen auswärtige und innere Feinde die Menschen bei dem ruhigen Genuß der Früchte ihres Fleißes und der Erde ihren Unterhalt finden können, ist der einzig mögliche Weg folgender: Jeder muß alle seine Macht oder Kraft einem oder mehreren Menschen übertragen, wodurch der Wille aller gleichsam in einen Punkt vereinigt wird.

Hobbes, Thomas: Leviathan. 1671. Übersetzt von Jacob Peter Mayer. Stuttgart: Philipp Reclam jun. GmbH & Co. 1970.

Lernaufgabe 1.4 Die Idee von der Herrschaft durch Vernunft **4**
1. Erläutern Sie die Begründung, mit der Thomas Hobbes ein angsterzeugendes Ungeheuer (Leviathan) als Ergänzung des Gesellschaftsvertrages fordert.
2. Diskutieren Sie die Forderung nach einem „starken" Staat, der die Bürger durch harte Strafen zwingt, sich an die gesetzlichen Regeln zu halten.

1.5 Die Idee von der Begrenzung und Kontrolle staatlicher Macht

John Locke (1632–1704)
Hauptwerk: Zwei Abhandlungen von der Regierung (1690)

In der Abtretung von Freiheitsrechten der Bürger auf den Staat (Gesellschaftsvertrag) sieht John Locke die Gefahr, dass dieser sie missbraucht und sich zum Tyrannen entwickelt. Um dies zu verhindern, verlangt er Regelungen im Gesellschaftsvertrag, die die Staatsmacht auf mehrere Organe aufteilt und der Kontrolle der Bürger unterwirft.

M 1 Der Verfassungsstaat nach John Locke

M 2 Mehrheitsentscheid und Gesellschaftsvertrag

II. Buch, § 97: Jeder Mensch also, der mit anderen übereinkommt, einen einzigen politischen Körper unter einer Regierung zu bilden, verpflichtet sich gegenüber jedem Einzelnen dieser Gesellschaft, sich dem Beschluss der Mehrheit zu unterwerfen und sich ihm zu fügen. Denn sonst würde dieser ursprüngliche Vertrag, durch den er sich mit anderen zu einer Gesellschaft vereinigt, keinerlei Bedeutung haben und kein Vertrag sein, wenn der Einzelne weiter frei bliebe und unter keiner anderen Verpflichtung stände als vorher im Naturzustand.

Locke, John: Zwei Abhandlungen über die Regierung. Politische Texte. Herausgegeben von Walter Euchner. Übersetzt von Hans Jörn Hoffmann. Frankfurt am Main: Europäische Verlagsanstalt 1967, S. 265.

M 3 Gesellschaftsvertrag und Verweigerungsrecht

§ 202. Überall, wo das Gesetz endet, beginnt Tyrannei, wenn das Gesetz zum Schaden eines anderen überschritten wird. Und jeder, der in seiner Autorität über die ihm gesetzlich eingeräumte Macht hinausgeht und von der Gewalt, über die er verfügt, Gebrauch macht, den Untertanen etwas aufzuzwingen, was das Gesetz nicht erlaubt, hört damit auf, Obrigkeit zu sein. Er handelt ohne Autorität, und man darf ihm Widerstand leisten wie jedem anderen Menschen, der gewaltsam in das Recht eines anderen eingreift. [...]

Locke, John: Zwei Abhandlungen von der Regierung (1690). In: Einführung in die Rechtsphilosophie. Herausgegeben von Prof. Dr. Johann Braun. Übersetzt von Hans Jörn Hoffmann. Tübingen: Mohr Siebeck 2011, S. 105. www.mohrsiebeck.com/uploads/tx_sgpublisher/produkte/zusatzmaterial/9783161510168.pdf [06.08.2019].

Lernaufgabe 1.5   Die Idee von der Begrenzung und Kontrolle staatlicher Macht 5
1. Stellen Sie das Institutionengefüge dar, durch das John Locke Freiheit und Eigentum im Rahmen des Gesellschaftsvertrages garantieren will.
2. Problematisieren Sie das Widerstandsrecht des Bürgers im Denken von John Locke aus heutiger Sicht.

1.6 Die Idee vom Staat als moralische Gesamtkörperschaft

Jean-Jacques Rousseau (1712–1778)
Hauptwerk: Der Gesellschaftsvertrag oder Prinzipien des Staatsrechts

Jean-Jacques Rousseau

Rousseau sieht das Wesen des Gesellschaftsvertrages in der Umwandlung der ungeordneten „natürlichen" Freiheit des Menschen in eine geordnete „bürgerliche" Freiheit: Die Gemeinschaft setzt sich Regeln, die die Freiheit und Gleichheit ihrer Mitglieder schützen. Dadurch soll die gesellschaftliche Spannung zwischen beiden Rechten aufgehoben werden und im Idealfall ein Gemeinwesen entstehen, das die Interessen aller Bürger in sich vereint: Der Staat ist Ausdruck des allgemeinen Willen des Volkes („Gemeinwille" oder frz. „volonté général"). Dies setzt voraus, dass jeder Bürger seine Sichtweise artikulieren und politisch geltend machen kann. Folglich hat jeder das Recht, an der Gesetzgebung und Regierungsbildung unmittelbar mitzuwirken. Nur so kann sich der Wille der Mehrheit („Gesamtwille" bzw. „volonté de tous"), der die jeweiligen Einzelinteressen der Stimmbürger ausdrückt, dem „Gemeinwillen" annähern, der das Gemeinwohl verkörpert. Die Möglichkeit, diese staatsbürgerlichen Rechte anderen zu übertragen (z. B. Parlament), schließt Rousseau deshalb aus: Jeder Bürger hat direkte Verantwortung für das Staatsganze und ist damit Teil der Staatssouveränität. Der Gesellschaftsvertrag wird zum Doppelvertrag: Der Bürger ist Herrscher und Untertan zugleich. Beide Rollen verschmelzen zu einer Einheit: Der Gehorsam gegenüber dem Gesetz liegt im eigenen Interesse. Dieses Konzept der direkten Demokratie stellt hohe Anforderungen an die

Bürgerschaft: Im Vorfeld der Abstimmung müssen die Einzelinteressen abgeklärt und in einem als gerecht empfundenen Kompromiss ausgeglichen werden. Dies gelingt nach Rousseau aber nur, wenn sich eine hohe Anzahl der Bürger, aufgeklärt, sachkundig und am Gemeinwohl orientiert an diesem Willensbildungsprozess beteiligt.

M 1 Der Staat nach Rousseau

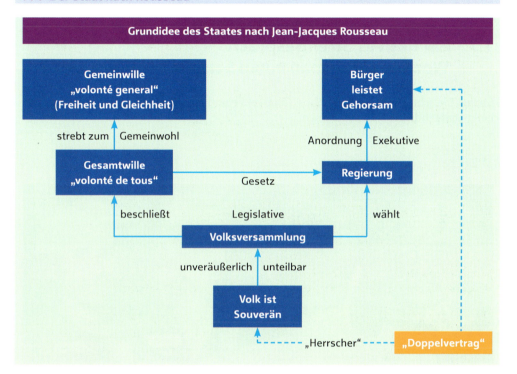

M 2 Staat und Sittlichkeit

I, 8: Der erwähnte Übergang vom Naturstand zum bürgerlichen Stand bewirkt im Menschen eine höchst bemerkenswerte Veränderung: In seinem Verhalten tritt die Gerechtigkeit an die Stelle des Instinkts, und die Sittlichkeit prägt seine Handlungen, die ihnen zuvor fehlte. Erst jetzt, da nicht mehr der physische Trieb, sondern die Stimme der Pflicht gebietet, nicht mehr das Begehren, sondern das Rechtsempfinden, sieht sich der Mensch, der bisher nur sich selbst im Auge hatte, gezwungen, nach anderen Grundsätzen zu agieren und seine Vernunft zu befragen, ehe er seinen Neigungen Gehör schenkt. [...]

Durch den Gesellschaftsvertrag verliert der Mensch seine natürliche Freiheit und das unbegrenzte Recht auf alles, wonach ihn gelüstet und was er zu erreichen vermag; er erhält die bürgerliche Freiheit und das Eigentum an allem, was er besitzt. [...] [H]ier die natürliche Freiheit, die keine anderen Grenzen kennt als die der Kräfte des Individuums, dort die bürgerliche Freiheit, die durch den Gemeinwillen ihre Beschränkung erfährt.

Rousseau, Jean-Jacques: Der Gesellschaftsvertrag oder Prinzipien des Staatsrechts. Herausgegeben von Peter Godman. Übersetzt von Ulrich Bossier. Wiesbaden: Marix Verlag 2006, S. 42 ff., S. 50 f.

Lernaufgabe 1.6 Die Idee vom Staat als moralische Gesamtkörperschaft 6
1. Erläutern Sie das Verfassungskonzept, über das Jean-Jacques Rousseau das Gemeinwohl im Staat anstrebt.
2. Erörtern Sie die Vorstellung, dass sich der Bürger durch eine direkte Beteiligung an der Gesetzgebung mit dem Staat identifiziert („bürgerliche Freiheit") und sich deshalb aus innerer Überzeugung seinem Regelwerk unterwirft.

1.7 Ein fiktives Streitgespräch: Wozu braucht man einen Staat?

Stellen Sie sich vor, Thomas Hobbes, John Locke und Jean-Jacques Rousseau kämen zu einer Fernsehdiskussion zusammen …

M 1

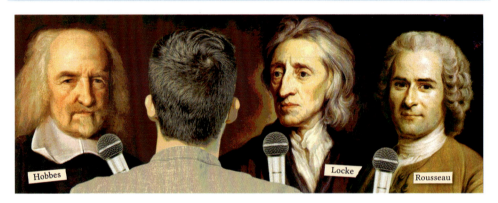

Moderator: Meine sehr verehrten Damen und Herren, willkommen zur heutigen Ausgabe unserer Sendereihe „Forum Philosophie". Diesmal geht es um die Frage: Wozu braucht man eigentlich einen Staat? Ich freue mich, dass es uns gelungen ist, drei der bedeutendsten Staatsphilosophen in unser Studio zu holen. Ich begrüße den Franzosen Jean-Jacques Rousseau, den Engländer John Locke und seinen Landsmann Thomas Hobbes. Herr Hobbes, zunächst zu Ihnen. Sie gelten als Begründer der modernen Staatsphilosophie. Ihr politisches Hauptwerk, das 1651 veröffentlicht wurde, haben Sie „Leviathan" genannt. Was soll dieser rätselhafte Titel eigentlich bedeuten?

Hobbes: Nun, zu meiner Zeit kannten sich die Menschen noch im Alten Testament aus. Dort wird in den Büchern Hiob und Jesaja, auch in den Psalmen, ein Meeresungeheuer namens Leviathan – eine Art Schlange oder Drache – erwähnt, das den Menschen Furcht und Schrecken einjagt. Ich habe dieses Ungeheuer als Sinnbild für die Staatsgewalt benutzt. Der Staat verbreitet als höchste irdische Macht Furcht und Schrecken und unterwirft sich dadurch alle anderen Mächte.

Moderator: Das ist ja eine ganz andere Auffassung vom Staat als die des antiken Philosophen Aristoteles, die bis ins Mittelalter hinein gültig war. Für Aristoteles, der den

Menschen als soziales Wesen ansieht, ist der Staat nichts Furchterregendes, sondern gewissermaßen die Erfüllung des Menschseins.

Hobbes: Ja, Sie haben vollkommen recht. Aber ich betrachte den Menschen nicht mehr als soziales Wesen, sondern gehe vom einzelnen Menschen und seiner individuellen Freiheit aus. Niemand ist von Natur aus einem anderen untertan, sodass jegliche Einschränkung dieser Freiheit, eben auch durch den Staat, nur gerechtfertigt ist, wenn ihr jeder einzelne Bürger zustimmen kann. Ich wollte im „Leviathan" zeigen, dass der Staat, der Furcht und Schrecken verbreitet, letztlich auf der Zustimmung aller Menschen beruht.

Moderator: Können Sie Ihre Argumente hier noch einmal wiederholen?

Hobbes: Sehen Sie: Um die Existenz des Staates zu rechtfertigen, gehe ich vom Naturzustand aus, also vom Gegenteil dessen, was ich beweisen will.

Moderator: Aber einen solchen Zustand gibt es doch nirgendwo mehr auf der Erde. Wo leben Menschen denn noch unter natürlichen Verhältnissen?

Hobbes: Sie haben mich nicht richtig verstanden. Mit Naturzustand meine ich nicht einen primitiven Entwicklungszustand, in dem die Menschen noch ohne technische Hilfsmittel auskommen müssen. Darunter verstehe ich vielmehr den Zustand, in dem die Menschheit sich befindet, wenn es keinen Staat gibt, also einen Zustand ohne Herrschaft, ohne Gesetze usw. Außerdem handelt es sich dabei ja um ein Gedankenexperiment. Ich nehme einen solchen Zustand ohne Staat an, um zu untersuchen, welche Mängel dann auftreten würden. Daraus ließe sich dann ableiten, wozu ein Staat notwendig ist. Ich gehe davon aus, dass alle Menschen einer staatlichen Autorität zustimmen würden, wenn sie diese Mängel abstellen könnte.

Moderator: Mmh, ich verstehe. Und um welche Mängel handelt es sich denn?

Hobbes: Der Naturzustand ist für mich gekennzeichnet durch einen „Krieg eines jeden gegen jeden". Damit will ich nicht sagen, dass Menschen ohne Staat immer in einem Kriegszustand leben würden, aber sie ständen sich misstrauisch und feindselig gegenüber und wären jederzeit bereit, mit Waffengewalt aufeinander loszugehen. Um es bildlich auszudrücken: Der Mensch ist dem Menschen ein Wolf ...

Rousseau: ... aber das ist doch Unsinn, der Mensch ist von Natur aus gar nicht egoistisch und bösartig, wie ich in meinem „Diskurs über den Ursprung und die Grundlagen der Ungleichheit der Menschen" gezeigt habe.

Moderator: Herr Rousseau, bitte lassen Sie Herrn Hobbes ausreden. Sie werden gleich Gelegenheit haben, Ihre Position darzulegen.

Hobbes: Doch, Herr Rousseau, wenn man es realistisch betrachtet, sind die Menschen vor allen Dingen an ihrem eigenen Wohlergehen interessiert, sie sind Egoisten. Dieses – wenn Sie so wollen, pessimistische – Menschenbild habe ich während der langen Zeit des Bürgerkrieges in meinem Land gewonnen, der meine Existenz bedrohte und mich 1640 dazu bewog, für zehn Jahre ins Exil nach Frankreich zu gehen. – Eine zweite Voraussetzung, die ich mache, besteht darin, dass die Natur die Menschen annähernd gleich geschaffen hat. Auch der Schwächste ist noch stark genug, den Stärksten zu töten, wenn er sich einer List bedient oder sich mit anderen verbündet. Daraus folgt, dass im Naturzustand niemand einen Vorteil für sich beanspruchen kann, den nicht ein anderer ebenso gut für sich verlangen könnte. Wenn es keinen Staat gibt, dann hat eben jeder ein Recht auf alles. Und so kommt es zu Konkurrenz und Streit, eben zu dem, was ich „Krieg eines jeden gegen jeden" genannt habe.

Moderator: Wie ließe sich ein solcher Krieg denn vermeiden?

Hobbes: Der alleinige Weg dazu besteht in der Errichtung einer allgemeinen Gewalt, d. h. in der Errichtung eines Staates. Ich habe diesen Geburtsakt des Staates als Gesellschaftsvertrag bezeichnet. Er darf nicht mit dem Herrschaftsvertrag verwechselt werden, der zwischen dem Fürsten und dem Volk abgeschlossen wird. Den Gesellschaftsvertrag gehen die Bürger untereinander, nicht mit dem Herrscher, ein. Wenn die Ursache des Krieges das Recht auf alles ist, dann müssen die Menschen, um Frieden zu halten, untereinander einen Vertrag schließen, in dem sie erklären, dass sie auf dieses Recht auf alles verzichten, und ihre Macht auf einen Menschen, den Souverän, übertragen. Der Souverän ist durch seine Macht in der Lage, sie vor gegenseitigen Übergriffen und auch vor den Angriffen Fremder zu schützen. Diese Aufgabe kann übrigens auch von einer Versammlung von Menschen übernommen werden.

Moderator: Gehen Sie wirklich davon aus, dass Menschen freiwillig auf ihre Rechte verzichten?

Hobbes: Ja, denn selbst ein Egoist sieht ein, dass es für ihn auf lange Sicht vorteilhafter ist, in Frieden und Sicherheit zu leben als in ständiger Todesfurcht, die er im Kriegszustand ja haben muss. Und ein Egoist möchte ja möglichst angenehm leben, wozu der Friede eine Voraussetzung ist.

Moderator: Aber was geschieht, wenn sich einige Menschen ausschließen und nun den Vertrag nicht unterzeichnen?

Hobbes: Das wäre in der Tat ein Problem. Ein Mensch wird ja nur dann bereit sein, auf etwas zu verzichten, wenn alle anderen dies auch tun und keinen Vorteil daraus ziehen, dass er sein Recht aufgibt. Aber eben deshalb kann sich auch jeder ausrechnen, dass der Vertrag erst gar nicht zustande käme, wenn nicht alle – mit Ausnahme des Souveräns – auf ihre Rechte verzichten würden. – Ich muss Sie jedoch noch einmal daran erinnern, dass wir uns hier in einem Gedankenexperiment befinden. Der Vertrag wird ja nicht wirklich abgeschlossen. Ich glaube aber nun gezeigt zu haben, dass alle Menschen, wenn sie darüber nachdenken würden, einem solchen Vertrag zustimmen würden. Und daraus leite ich ab, dass man unterstellen kann, dass ein Staat gerechtfertigt ist.

Moderator: Ich verstehe. Und wie groß ist Ihrer Ansicht nach die Macht des Staates?

Hobbes: Das ergibt sich aus dem, was bisher gesagt wurde. Solange der Staat den Bürgern Frieden und Sicherheit garantiert, schulden sie ihm totalen Gehorsam. Kein Mensch hat das Recht, dem Willen des Souveräns Widerstand zu leisten, auch dann nicht, wenn er sich ungerecht behandelt fühlt. Der Souverän kann nicht einmal zur

Rechenschaft gezogen werden, wenn er einen Menschen unschuldig hinrichten lässt, wenn er glaubt, dass dies im Interesse des Friedens nötig ist. Die Gehorsamspflicht der Untertanen endet erst dann, wenn der Staat seiner Aufgabe der Friedenssicherung nicht mehr nachkommen kann.

Rousseau: Skandalös! Damit könnte man ja sogar eine absolute Monarchie rechtfertigen. Das ist für mich als Demokrat überhaupt nicht akzeptabel. Und damit, dass die Bürger keine Freiheiten und Rechte haben, kann doch niemand einverstanden sein.

Hobbes: Aber bedenken Sie doch: Nur ein starker Staat kann wirklich Frieden stiften. Das ist jedenfalls mein Fazit aus den Wirren des Bürgerkrieges in meinem Land, der 1649 erst durch die Diktatur Cromwells beendet werden konnte. Gegenüber dem Terror der Anarchie erscheint mir die Gefahr der Despotie als das weitaus geringere Übel.

Moderator: Ich bin mir nicht sicher, ob diese Alternative richtig ist. – Aber nun zu Ihnen, Herr Locke. Sie gelten mit ihren „Zwei Abhandlungen über die Regierung" von 1689/90 als Begründer des Liberalismus und als einer der Wegbereiter der amerikanischen Verfassung. Was halten Sie von den staatsphilosophischen Überlegungen Ihres Kollegen Hobbes?

Locke: Ich beurteile sie sehr zwiespältig. Die Rechtfertigung des Staates durch den Gesellschaftsvertrag ist für mich eine der genialsten Ideen der politischen Philosophie, darin bin ich Hobbes gefolgt. Aber ich habe eine ganz andere Auffassung vom Naturzustand – und daraus ergibt sich für mich auch eine ganz andere Sicht des Staates. Selbst ein Zustand ohne staatliche Autorität ist für mich noch kein zügelloser Zustand, denn es gibt natürliche Rechte und Pflichten. Die Vernunft, wenn sie denn nur zu Rate gezogen wird, lehrt die Menschen, dass niemand den anderen töten, verletzen, bestehlen oder seiner Freiheit berauben darf. Denn wenn alle Menschen gleich sind, muss ich das, was ich für mich in Anspruch nehme, auch den anderen zubilligen: also das Recht auf Leben und körperliche Unversehrtheit, das Recht auf Freiheit und das Recht auf Eigentum.

Moderator: Die Menschenrechte?

Locke: Ja, ich habe sie „natürliche Rechte" genannt. Das sind unveräußerliche Rechte, die jedem Menschen als Menschen zukommen, also nicht erst durch den Staat verliehen werden, sondern schon im Naturzustand existieren.

Moderator: Aber wo gibt es dann noch Probleme im Zusammenleben der Menschen, wenn es schon im Naturzustand diese Rechte und ihnen entsprechende Pflichten gibt?

Locke: Sehen Sie: Die natürlichen Rechte, so wie die Vernunft sie uns eingibt, sind allgemein und abstrakt. Da die Rechte nicht eindeutig formuliert sind, kann es bei der Anwendung Probleme geben. Es kann Streit darüber entstehen, wie diese Rechte im konkreten Einzelfall zu interpretieren sind, besonders, wenn die Kontrahenten parteiisch sind. Ferner ist es möglich, dass es Probleme gibt, diese Rechte gegen Widerstände durchzusetzen, sodass jemand zwar im Recht ist, aber nicht Recht bekommt.

Moderator: Und welche Aufgaben des Staates ergeben sich daraus?

Locke: Das liegt doch nun auf der Hand: Der Staat hat die Aufgabe, die natürlichen Rechte durch eindeutig formulierte Gesetze zu konkretisieren. Er hat ferner darüber zu wachen, dass diese Gesetze auch eingehalten werden. Und im Streitfall braucht er Richter, die Gesetze unparteiisch auslegen. Wenn man dies zusammenfasst, könnte man sagen: Der Staat hat die Aufgabe der Sicherung der natürlichen Rechte.

Moderator: Darf der Staat eigentlich selber gegen diese Rechte verstoßen?

Locke: Nein, auf keinen Fall. Auch der Staat muss die natürlichen Rechte beachten, die dem Menschen ja schon im Naturzustand zukommen. Das Gewaltmonopol des Staates stellt aber aus meiner Sicht – darin unterscheide ich mich von Herrn Hobbes – eine große Gefahr für die Freiheit der Bürger dar. Deshalb muss man den Staat so einrichten, dass die Bürger vor Machtmissbrauch geschützt werden. Das ist eine der Grundforderungen des Liberalismus.

Moderator: Wie wollen Sie das erreichen?

Locke: Durch Gewaltenteilung. Die Legislative, d. h. die gesetzgebende Gewalt, und die Exekutive, das ist die Gewalt, die den Gesetzen Anerkennung verschafft, müssen getrennt sein, und die Legislative muss einer Kontrolle unterzogen werden können. Ich denke da an eine gesetzgebende Versammlung, die vom Volk abberufen oder geändert werden kann, wenn sie dem in sie gesetzten Vertrauen zuwiderhandelt. Mein französischer Kollege Montesquieu hat den Gedanken der Gewaltenteilung übrigens weiterentwickelt und auf die richterliche Gewalt, die Judikative, ausgedehnt. So kann die Freiheit der Bürger wirksam geschützt werden.

Rousseau: Unglaublich! Dieser sogenannte Liberalismus hat doch nicht wirklich etwas mit Freiheit zu tun, sondern ist nichts anderes als eine Rechtfertigung der bürgerlichen Klasse. Freiheit bedeutet für Sie, Herr Locke, doch nur die Freiheit der Reichen und Besitzenden. Ihr Staat ist nichts anderes als ein „Nachtwächterstaat", der darüber wacht, dass den wohlhabenden Bürgern nichts gestohlen wird. Für mich hat ein Mensch nicht nur das Recht, dass ihm nichts weggenommen wird, sondern einen positiven Anspruch auf Eigentum. Das bedeutet, dass die gesellschaftlichen Güter an alle Menschen gleich verteilt werden müssen, dass der Staat die Aufgabe hat, den Unterschied zwischen Arm und Reich aufzuheben.

Moderator: Nachdem Sie sich nun schon wieder einmal dazwischengedrängt haben, nun also zu Ihnen, Herr Rousseau. Wenn ich Sie auch kurz vorstellen darf: Sie gelten als einer der geistigen Väter der Französischen Revolution, jedenfalls haben die Revolutionäre sich auf Ihre Ideen berufen. Wie wir ja schon alle gehört haben, lehnen Sie die Gedanken von Hobbes und auch Locke radikal ab. Da verwundert es mich sehr, dass Ihr politisches Hauptwerk den Titel „Vom Gesellschaftsvertrag" trägt.

Rousseau: Das ist aber auch die einzige Gemeinsamkeit mit diesen beiden Herren, ansonsten möchte ich mit ihnen nichts zu tun haben. Und ich behaupte, dass ich der Einzige bin, der die Idee des Gesellschaftsvertrages richtig verstanden hat. Wie ich schon gesagt habe, geht es mir um die Freiheit des Menschen. Und da ist mir damals – im Jahr 1762 – Folgendes aufgegangen: Im Naturzustand ist der Mensch vollkommen frei. Wo ich aber auch hinsah: Überall war der Mensch in Ketten. Das Grundproblem der politischen Philosophie lautet daher: Wie kann man eine Staatsform finden, die den Einzelnen schützt, in der er aber seine Freiheit nicht aufgeben muss?

Hobbes: Das ist doch unmöglich!

Rousseau: Nein, es ist möglich, wenn mehrere Voraussetzungen erfüllt sind, von denen ich hier aus Zeitgründen nur zwei erläutern kann. Die erste Voraussetzung ist die, dass bei Vertragsschluss alle Menschen wirklich gleich behandelt werden, ohne eine einzige Ausnahme. Daher darf es nicht – wie bei Hobbes – einen Souverän geben, der außerhalb des Gesellschaftsvertrages steht, der nicht auf seine Rechte verzichtet, sondern auf den alle Rechte übertragen werden. Nicht die Willkür eines Souveräns soll das staatliche Handeln lenken, sondern der „allgemeine Wille". In politischen Fragen muss der Wille des Volkes maßgeblich sein; die Idee des Gesellschaftsvertrages führt also notwendig zur Demokratie. Darunter verstehe ich direkte Befragung aller Bürger bei allen politischen Beschlüssen. Nur so kann die natürliche Freiheit der Bürger im Staat erhalten bleiben: Wenn der staatliche Wille und der Wille des Einzelnen übereinstimmen, ist jeder frei, weil er, indem er dem Staat gehorsam ist, letztlich nur seinem eigenen Willen folgt.

Locke: Aber wenn man die Bürger in Abstimmungen befragt, dann ergeben sich doch sehr viele unterschiedliche Meinungen, dabei kommt doch kein einheitlicher Wille heraus. Und das ist ja auch ganz verständlich, weil die Interessen der Menschen ganz verschieden sind. Ein Fabrikant beispielsweise hat doch ganz andere Interessen als ein Arbeiter.

Rousseau: In diesem Punkt gebe ich Ihnen recht. Der allgemeine Wille ist nicht identisch mit der Summe der Einzelwillen. Und damit komme ich auch zu meiner zweiten Voraussetzung. Wenn die unterschiedlichen Willen wirklich auf unterschiedlichen Interessen beruhen, dann müssen wir eben dafür sorgen, dass Interessenunterschiede erst gar nicht entstehen. Und wenn diese Interessenunterschiede von unterschiedlichen Besitzverhältnissen herrühren, dann müssen wir dafür sorgen, dass alle das Gleiche besitzen. Deshalb ist es beim Gesellschaftsvertrag notwendig, dass die Menschen sich nicht nur ihrer Rechte entäußern, sondern auch ihres Besitzes. Für den Staat ergibt sich daraus die Aufgabe, die gesellschaftlichen Güter gleich zu verteilen. Unter dieser Voraussetzung, dass alle das Gleiche besitzen, gäbe es keine unterschiedlichen Interessen, sondern nur noch ein gemeinsames Interesse an der gemeinschaftlichen Sicherung des Lebens. Und so wären dann Herrschaft des allgemeinen Willens und damit Erhaltung der natürlichen Freiheit im Staat möglich.

Hobbes: Diese Ideen sind doch völlig unrealistisch! Der Verlauf der Geschichte hat ja auch gezeigt, dass sie sich nicht durchsetzen konnten. Direkte Demokratie – das geht vielleicht in einem kleinen Staat wie in Ihrem Geburtsort Genf. Aber in Flächenstaaten, die seit dem ausgehenden 18. Jahrhundert überall in der Welt entstanden sind, ist das ja wohl nicht durchführbar. Und Gleichverteilung von Gütern – das erinnert mich sehr an das Experiment des Kommunismus, das in den europäischen Ostblockstaaten kläglich gescheitert ist.

Rousseau: Vergessen Sie bitte nicht, dass in den Flächenstaaten die Demokratie immerhin in der Form der repräsentativen Demokratie eingeführt worden ist. Und ohne meine Forderung nach Gleichverteilung der Güter hätte es im 19. Jahrhundert wahrscheinlich nicht den Kampf um soziale Gerechtigkeit gegeben, der zur Einrichtung des Sozialstaates führte. Dem Staat darf das Wohlergehen seiner Bürger nicht völlig gleichgültig sein. Wenn er sich nicht um die sozial Schwachen, Kranken, Arbeitslosen oder sonst zu kurz Gekommenen kümmert, wer dann?

Locke: Aber der Staat geht bankrott, wenn er sich um alle Sozialfälle kümmern soll …

Moderator: Meine Herren, das können wir jetzt leider nicht mehr ausdiskutieren, denn unsere Sendezeit ist abgelaufen und wir müssen zum Schluss kommen. Sie sind sich im Hinblick auf die Frage, wozu wir den Staat eigentlich brauchen, zwar nicht einig geworden. Mir scheint allerdings, dass Ihre Staatsentwürfe sich nicht völlig ausschließen. Zweifellos ist der Staat notwendig, um durch sein Gewaltmonopol den inneren und äußeren Frieden zu sichern, wie Sie, Herr Hobbes, betont haben. Wenn wir auf den modernen … Staat sehen, erkennen wir, dass er als liberaler Verfassungsstaat auch die natürlichen Rechte der Menschen schützt, wie Sie, Herr Locke, gefordert haben. Und er versteht sich nicht zuletzt als demokratischer Wohlfahrtsstaat, der sich ganz in Ihrem Sinne, Herr Rousseau, auch um das Wohlergehen der Bürger kümmert und für sozialen Ausgleich sorgt. Meine Herren, vielen Dank für dieses Gespräch!

Rolf, Bernd: Wozu braucht man eigentlich einen Staat? In: Zeitschrift für Didaktik der Philosophie und Ethik, Heft 4/1998, S. 240–245.

Lernaufgabe 1.7   Ein fiktives Streitgespräch: Wozu braucht man einen Staat? 7
1. Recherchieren Sie den historisch-politischen Hintergrund der Diskussionsteilnehmer.
2. Formulieren Sie eigene Antworten auf die in der Diskussion gestellten Fragen.

Zusammenfassung

Mit Beginn der Neuzeit im 15. Jahrhundert ändert sich das Verständnis von politischer Herrschaft. Sie wird von ihren Zeitgenossen weniger als göttliche Vorsehung, sondern verstärkt als Ausdruck von weltlichen Interessen gesehen. Die damit verbundenen Konflikte schlagen in ganz Europa in gewalttätige Kriege um – innerhalb und zwischen den Staaten. Verstärkt werden diese Machtkonflikte durch die Glaubensspaltung (Reformation). Die Bevölkerung leidet unter diesen Verhältnissen, weshalb der Wunsch nach einer Ordnung wächst, die den gesellschaftlichen Frieden sichert. In einer historischen Abfolge wird der Staat als die Macht gesehen, die für den gesellschaftlichen Frieden zu sorgen hat, weshalb ihm ein Gewaltmonopol zugebilligt wird. Durch einen „Gesellschaftsvertrag" wird diese Gewalt von den Bürgern legitimiert und kontrolliert. Am weitesten geht Rousseau, der sie durch die Bürger unmittelbar ausüben lassen will.

Zusammenfassende Lernaufgaben

Erkennen

1. Erklären Sie die Aufgabe des Staates nach Machiavelli.
2. Stellen Sie Bodins Begründung für die absolute Herrschaft des Königs dar.
3. Erläutern Sie die Argumentation von Hobbes, weshalb ein Staat notwendig ist.
4. Stellen Sie das Konzept des Verfassungsstaats von John Locke dar.
5. Unterscheiden Sie zwischen der „natürlichen" und der „bürgerlichen" Freiheit bei Rousseau.

Werten

1. Diskutieren Sie die Auffassung von Machiavelli, dass ein Staatslenker im Interesse des Staates lügen darf.
2. Problematisieren Sie Rousseaus Staatskonzept als Grundlage der Willensbildung in der Bundesrepublik Deutschland.

Anwenden

1. Erstellen Sie in Ihrer Klasse ein Meinungsbild, ob der Staat z. B. das Recht haben soll, einen Terroristen zu foltern, damit er Auskunft gibt, in welchem Einkaufszentrum er eine Zeitbombe deponiert hat. Bilden Sie zwei Meinungsgruppen und tauschen Sie Ihre Argumente aus.
2. Erstellen Sie einen Katalog von Maßnahmen, wie die Staatsbürger in die Willensbildung des Staates stärker eingebunden werden können.
3. Debattieren Sie die Forderung nach einem globalen Staatsgebilde.
Das politische Handeln zur Abwendung der negativen Folgen des Klimawandels ist paradox: Die verheerenden Auswirkungen treffen alle Weltbürger und werden von Wissenschaftlern aller Weltregionen klar belegt. Gefragt ist folglich eine global abgestimmte Klimapolitik, die von allen Staaten der Welt getragen wird. Doch das Gegenteil ist der Fall. Je zwingender die Einsicht in das notwendige Handeln wird, desto stärker wird der Streit innerhalb der Staatengemeinschaft. Jedes Land kämpft darum, seinen eigenen Beitrag und die damit verbundenen wirtschaftlichen Einschränkungen klein zu halten. Mehr noch, quer durch die Welt gewinnen plötzlich Politiker Wahlen, die sich ausschließlich den vermeintlich nationalen Interessen verpflichtet sehen und populistisch sogar den Klimawandel infrage stellen. Sie torpedieren auf globaler Ebene notwendige Maßnahmen und stellen damit die Grundidee der Staatenbildung infrage. Diese zielt auf die Wahrung der Sicherheit der Bürger, und die ist im Hinblick auf den Klimawandel nur durch eine globale Politik möglich. Wenn diese Aufgabe an der mangelnden Kooperation zwischen den nationalen Staaten scheitert, dann brauchen wir einen globalen Staat. Oder wir brauchen zumindest eine Staatengemeinschaft, die verbindliche globale Regeln zum Schutz der Weltbürger treffen kann.

2 Demokratiegeschichtliche Entwicklung Deutschlands

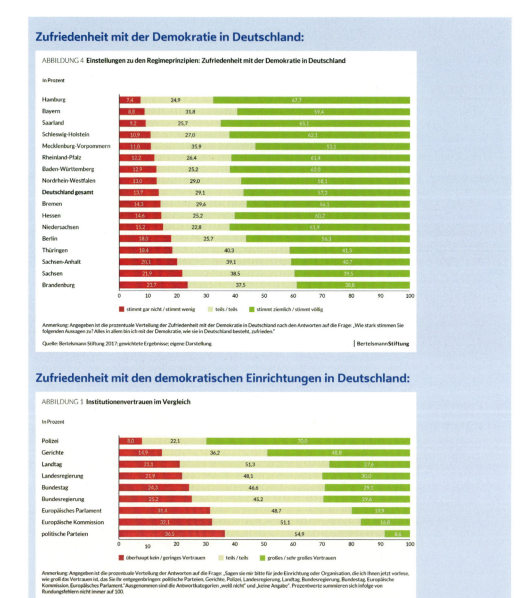

Zum Einstieg:
1. Erstellen Sie entsprechende Umfragen in Ihrer Klasse.
2. Vergleichen, analysieren und diskutieren Sie die Ergebnisse.

2.1 Die Verfassung als Grundlage des demokratischen Staates

Die **Staatstheorie** kann die Entwicklung der politischen Verhältnisse zwar kritisch reflektieren und Anstöße zur Weiterentwicklung geben, aber deren rechtliche Ausgestaltung liegt in den Händen des Souveräns, also desjenigen, von dem die politische Macht ausgeht. In der Demokratie ist dies das Volk. Festgelegt wird die staatliche Ordnung in der Verfassung: **Historisch-evolutionär** durch eine im Zeitablauf wachsende Ansammlung einzelner Vertragswerke wie in England oder **rational-voluntaristisch** durch einen bewussten Akt der Verfassungsgebung wie in den USA oder der Bundesrepublik Deutschland. Aus den historisch unterschiedlichen Bedingungen der Staaten sind verschiedene Staats- und Regierungsformen hervorgegangen. Durch den Wandel politischer Einstellungen stehen sie in steter Kritik und erfahren – sofern sie keine Ewigkeitsgarantie haben – Veränderung (z. B. Forderung nach mehr Bürgerbeteiligung). In revolutionären Zeiten sogar bis zur konstitutionellen Neubestimmung wie in Deutschland in der Weimarer Republik 1919 oder auf dem Gebiet der ehemaligen DDR im Zuge der Wiedervereinigung 1990.

M 1 Die Verfassung – Idee und Geschichte

Verfassungen geben dem Politischen eine institutionelle Ordnung. Sie bestimmen die Regeln politischer Entscheidungsfindung. Sie legen fest, wer wie welche Entscheidungen zu treffen befugt ist. [...] Die Verfassung beinhaltet also Regeln der Organisation und der Ausübung von Herrschaft. Es sind dies Regeln der Bestellung, der Zusammensetzung und der Kompetenzen der „höchsten" Staatsorgane.

Aber in dieser Funktion des Spielregelwerks des Politischen erschöpft sich die Verfassung nicht. Sie ist darüber hinaus auch ein gesellschaftlicher Ordnungsentwurf, der die Ziele, die Zwecke und die Prinzipien der gesellschaftlichen Verfasstheit festlegt. Für die moderne Verfassung sind diese Prinzipien direkt einsichtig. Es ist die Geltung der Menschenrechte, es ist der Grundsatz der Demokratie, der Rechtsstaatlichkeit und der Sozialstaatlichkeit. [...]

Die Verfassung modernen Typs entsteht in der zweiten Hälfte des 18. Jahrhunderts, zuerst in Nordamerika und dann in Frankreich. Es ist die typische Kombination eines Grundrechtskatalogs mit dem Entwurf einer gewaltenteiligen Staatsorganisation in der Form der geschriebenen Verfassungsurkunde, die Vorrang vor dem einfachen Gesetz hat und die durch die verfassungsgebende Gewalt des Volkes konstituiert worden ist. [...] Die Verfassung erhält zugleich Vorrang vor dem einfachen Gesetz, das sich, von den verfassten Gewalten (Parlament, Regierung, Gerichte) beschlossen und angewandt, an der Verfassung selbst messen lassen muss. [...] Die moderne Verfassung konstituiert ein politisches Gemeinwesen, und sie limitiert zugleich die politische Herrschaft [...] Die Regeln, nach denen Politik sich vollzieht, müssen nicht immer wieder neu verhandelt und festgelegt werden. [...]

Die moderne Verfassung trifft Vorentscheidungen über die institutionelle Struktur, über die Geltung von Menschenrechten und über Ziele des Gemeinwesens und legt damit vorab einen Minimalkonsens fest, der nicht immer wieder – und bisweilen auch leichtfertig – zur Disposition gestellt werden kann. Verfassungen treffen Vorentscheidungen, die [...] dem politischen Prozess vorausliegen und beschränkend wieder auf ihn zurückwirken.

Eine Verfassung formt Institutionen und verfasst die staatlichen Gewalten in den drei Bereichen von gesetzgebender Gewalt (Legislative), ausführender Gewalt (Exekutive) und rechtsprechender Gewalt (Judikative). Sie bestimmt die Zuordnung, die Trennung und die Verschränkung von Gewalten, indem sie die Kompetenzen und die Verfahren politischer Willens- und Entscheidungsbildung festlegt. [...]

Die Verfassung kann eine politische Ordnung dadurch legitimieren, dass sie auf den Ursprung und die besonderen Umstände ihrer Gründung zurückverweist. Im Akt der Verfassungsgebung haben „we the people", wie es in der amerikanischen Verfassung von 1787 heißt, beschlossen, sich eine Verfassung zu geben. 1949 gibt sich das „deutsche Volk" das Grundgesetz und damit eine neue Ordnung. Und auch im Grundgesetz des wiedervereinten Deutschland von 1990 heißt es, dass sich „das Deutsche Volk kraft seiner verfassunggebenden Gewalt dieses Grundgesetz gegeben" hat.

Es war das Anliegen der konstitutionellen [verfassunggebenden] Bewegung des 18. und 19. Jahrhunderts, die Willkürherrschaft absoluter Monarchen zu brechen und an deren Stelle die Herrschaft von Recht und Gesetz zu setzen. [...] Moderne Verfassungen konstituieren damit eine politische Ordnung in der Weise, dass sie Macht von vornherein streng limitieren. Vor allem kommt es darauf an, im Konfliktfall diese Regeln der Verfassung auch durchzusetzen. Die Gewalten können untereinander in Streit geraten und sie können in unzulässiger Weise in die grundrechtlich geschützten Freiheitsräume des Bürgers eingreifen. In beiden Fällen kommt es darauf an, dass die Verfassung Wege, Mittel und Institutionen bereitstellt, den Streit um Kompetenzen zwischen den Gewalten zu schlichten und den Eingriffen staatlicher Gewalt in die Freiheitsräume des Bürgers zu wehren.

Vorländer, Hans: Die Verfassung. Idee und Geschichte. 2. überarbeitete Auflage. München: Verlag C. H. Beck 2004, S. 9 ff., 17 ff.

- **evolutionär:** sich allmählich weiterentwickeln
- **rational:** vernünftig, zweckbewusst
- **voluntaristisch:** willentlich
- **konstituieren:** gründen, begründen
- **limitieren:** begrenzen
- **Minimalkonsens:** Mindestübereinstimmung
- **Paine, Thomas** (1727–1909), engl.-amerikanischer Schriftsteller, Mitinitiator der amerikanischen Unabhängigkeitsbewegung

M 2 Historisch-evolutionäre Verfassungsgebung – Das Beispiel England

Zur Durchführung eines Krieges will der englische König im 13. Jahrhundert den Adel finanziell belasten. Dieser protestiert dagegen und es kommt zum Machtkonflikt. Wegen einer politischen Schwächeperiode des Königs kann sich der Adel Freiheiten (Rechte) erkämpfen (z. B. keine willkürliche Verhaftung) und schriftlich garantieren lassen. Zusätzlich werden Vertreterversammlungen des Adels eingerichtet (Institutionen), die die Einhaltung der Rechte überwachen (Kontrolle). Im Zuge weiterer Konflikte (z. B. Rückgängigmachung der Rechte durch den vergeblichen Versuch, den Absolutismus einzuführen) werden neue Rechte erkämpft und verbrieft. Alle diese Verbriefungen bilden die englische „Verfassung".

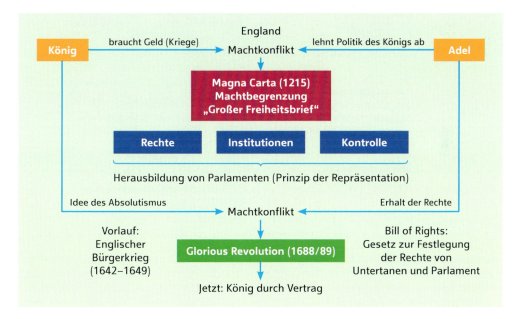

M 3 Rational-voluntaristische Verfassungsgebung – Das Beispiel Deutschland

Präambel des Grundgesetzes
Im Bewusstsein seiner Verantwortung vor Gott und den Menschen, von dem Willen beseelt, als gleichberechtigtes Glied in einem vereinten Europa dem Frieden der Welt zu dienen, hat sich das Deutsche Volk kraft seiner verfassungsgebenden Gewalt dieses Grundgesetz gegeben. Die Deutschen in den Ländern Baden-Württemberg, Bayern, Berlin, Brandenburg, Bremen, Hamburg, Hessen, Mecklenburg-Vorpommern, Niedersachsen, Nordrhein-Westfalen, Rheinland-Pfalz, Saarland, Sachsen, Sachsen-Anhalt, Schleswig-Holstein und Thüringen haben in freier Selbstbestimmung die Einheit und Freiheit Deutschlands vollendet. Damit gilt dieses Grundgesetz für das gesamte Deutsche Volk.

Lernaufgabe 2.1   Die Verfassung als Grundlage des demokratischen Staates   1
1. Stellen Sie wesentliche Merkmale der Verfassung eines Staates zusammen.
2. Diskutieren Sie die Vor- und Nachteile der historisch-evolutionären Verfassung.

2.2 Staats- und Regierungsformen

M 1 Typen der Staatsform

Anmerkung: Wird die Macht im Fall der Monarchie auf eine Gruppe übertragen, wird dies auch als Aristokratie bezeichnet. Auch die Diktatur kann kollektiv erfolgen, etwa durch das Militär oder einen Familienverband. Der Begriff Republik (lat. res publica = wörtlich: „öffentliche Sache") ist aus historischer Sicht stark mit der Demokratie verbunden und wird in der Regel nur aus systematischen Gründen auch im Falle von Diktaturen verwendet.

M 2 Demokratische Herrschaftsformen

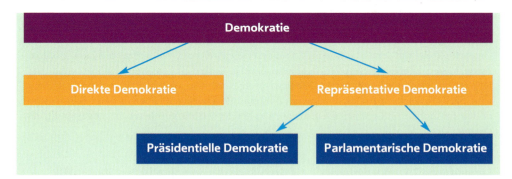

Direkte Demokratie

In der direkten Demokratie erfolgt die Willensbildung des Volkes – als dem Träger der Staatsgewalt – unmittelbar durch Mehrheitsentscheidungen. Alle stimmberechtigten Bürgerinnen und Bürger werden zur Beratung und Stimmabgabe über Gesetzesvorlagen aufgefordert. Die Form der direkten Demokratie eignet sich nur für kleine, überschaubare politische Systeme (z. B. Schweizer Kantone).

Indirekte Demokratie (Repräsentative Demokratie)

Das Prinzip der repräsentativen Demokratie fußt auf dem freien Mandat, d. h., dass der Gewählte nicht an einen speziellen Auftrag seiner Wähler gebunden werden darf, sondern als Mitglied des Parlaments dem ganzen Volk (Souverän) gegenüber verantwortlich ist. Wegweisend für dieses Verständnis sind die Schriften des französischen Priesters Abbé Emmanuel **Sieyès** (1748–1836) und des Schweizers Johann Caspar **Bluntschli** (1808–1881).

Präsidentielle Demokratie

M 3 Präsidentielle Demokratie als Regierungsform

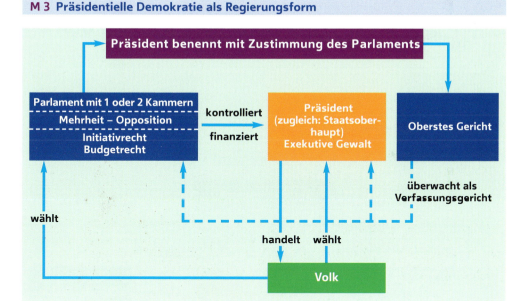

Schubert, KLaus/Klein, Martina: Das Politiklexikon. 7., vollständig überarbeitete und erweiterte Auflage. Bonn: Dietz 2018.

M 4 Präsidentielle Demokratie – Das Beispiel USA

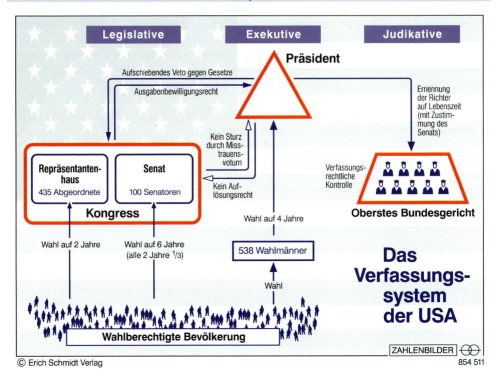

Parlamentarische Demokratie

M 5 Parlamentarische Demokratie als Regierungsform

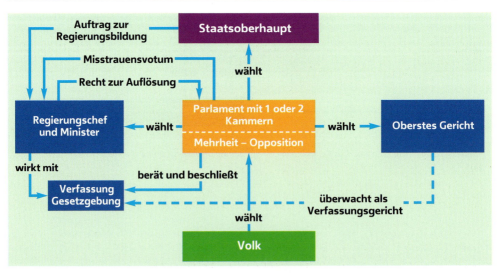

Schubert, KLaus/Klein, Martina: Das Politiklexikon. 7., vollständig überarbeitete und erweiterte Auflage. Bonn: Dietz 2018.

Demokratiegeschichtliche Entwicklung Deutschlands 163

M 6 Parlamentarische Regierungsform – Das Beispiel Deutschland

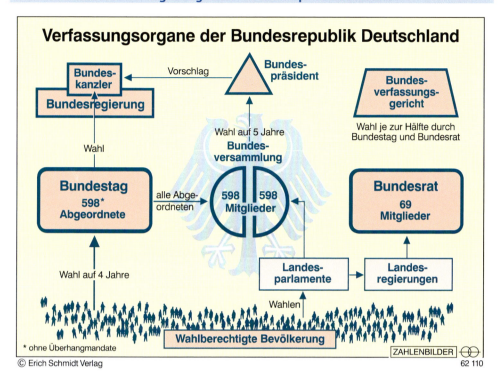

M 7 Verfassungswandel als historische Eigenschaft – Das Beispiel antikes Griechenland (7. bis 5. Jahrhundert v. Chr.)

Lernaufgabe 2.2   Staats- und Regierungsformen 2
1. Erläutern Sie den Unterschied zwischen den Staatsformen.
2. Diskutieren Ursachen, die zum Wandel der Verfassung führen können.

2.3 Verfassungen in Deutschland im Vorfeld der Demokratie

Die verfassungsgeschichtliche Entwicklung zur demokratischen Ordnung von heute ist ein Weg zwischen Zuversicht und Enttäuschung. Zwar springt der Funke der Französischen Revolution und ihrer Verfassungsentwicklung auch auf deutschen Boden über, aber die deutschen Staatsreformer sind zumeist davon überzeugt, dass das deutsche Volk die demokratische Reife noch nicht besitzt und deshalb ein behutsamer Weg der Reformen von oben einzuschlagen sei (z. B. **„Preußische Reformen"**). Zwar kommt es mit dem Verfassungsentwurf der Paulskirche 1849 zu einem großen Schritt in Richtung Demokratie, er tritt jedoch wegen der Machtverhältnisse nicht in Kraft. Die Deutschen müssen warten.

M 1 Paulskirchenverfassung als Fortschritt

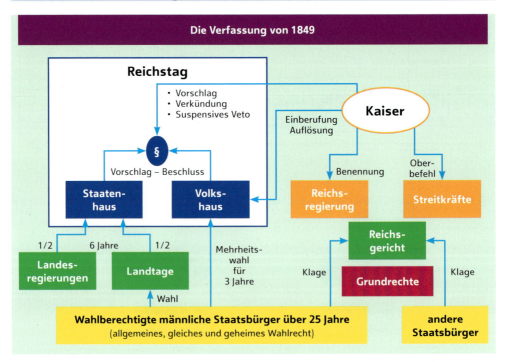

M 2 Vom König aufgesetzte (oktroyierte) Verfassung als Rückschritt

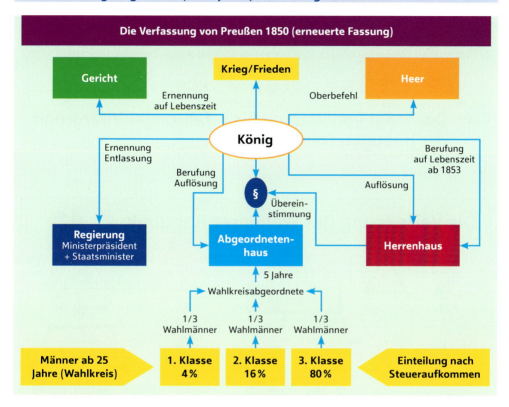

M 3 Verfassung des Deutschen Reichs 1871 als „Obrigkeitsstaat"

Lernaufgabe 2.3   Verfassungen in Deutschland im Vorfeld der Demokratie 3
1. Stellen Sie die Konstruktion der Verfassungen im Hinblick auf die Machtverteilung dar. Recherchieren Sie die jeweiligen Einzelregelungen. Suchhilfe: Verfassungen.de/Bezeichnung.
2. Diskutieren Sie die jeweiligen Verfassungen vom heutigen Grundgesetz aus.

2.4 Der Staat von Weimar als Erfahrungshintergrund der heutigen Demokratie

M 1 Die Weimarer Verfassung – Ein Kompromiss von Systemen

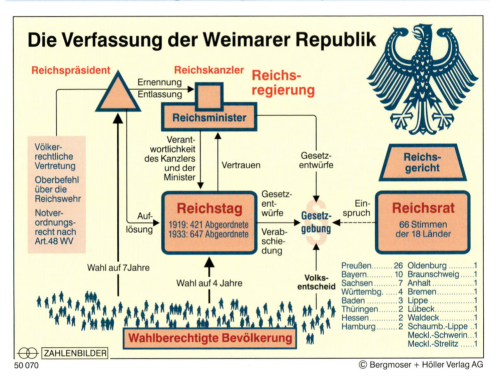

M 2 Weimarer Verfassung – Reichspräsident als „Notgesetzgeber"

Art. 48
Wenn ein Land die ihm nach der Reichsverfassung oder den Reichsgesetzen obliegenden Pflichten nicht erfüllt, kann der Reichspräsident es dazu mit Hilfe der bewaffneten Macht anhalten.

Der Reichspräsident kann, wenn im Deutschen Reiche die öffentliche Sicherheit und Ordnung erheblich gestört oder gefährdet wird, die zur Wiederherstellung der öffentlichen Sicherheit und Ordnung nötigen Maßnahmen treffen, erforderlichenfalls mit Hilfe der bewaffneten Macht einschreiten. Zu diesem Zwecke darf er vorübergehend die in den Artikeln 114, 115, 117, 118, 123, 124 und 153 festgesetzten Grundrechte ganz oder zum Teil außer Kraft setzen.

Von allen gemäß Abs. 1 oder Abs. 2 dieses Artikels getroffenen Maßnahmen hat der Reichspräsident unverzüglich dem Reichstag Kenntnis zu geben. Die Maßnahmen sind auf Verlangen des Reichstags außer Kraft zu setzen.

Bei Gefahr im Verzuge kann die Landesregierung für ihr Gebiet einstweilige Maßnahmen der in Abs. 2 bezeichneten Art treffen. Die Maßnahmen sind auf Verlangen des Reichspräsidenten oder des Reichstags außer Kraft zu setzen.

Das Nähere bestimmt ein Reichsgesetz.

[Ein solches Reichsgesetz ist nicht ergangen.]

Art. 25
Der Reichspräsident kann den Reichstag auflösen, jedoch nur einmal aus dem gleichen Anlaß.

Die Neuwahl findet spätestens am sechzigsten Tage nach der Auflösung statt.

Der Reichstag wurde aufgelöst durch Verordnung des Reichspräsidenten vom 13. März 1924, vom 20. Oktober 1924, vom 31. März 1928, vom 18. Juli 1930, vom 4. Juni 1932, vom 12. September 1932 und vom 1. Februar 1933.

M 3 Weimarer Verfassung – Das Volk als „Notgesetzgeber"

Art. 73
Ein vom Reichstag beschlossenes Gesetz ist vor seiner Verkündung zum Volksentscheid zu bringen, wenn der Reichspräsident binnen eines Monats es bestimmt.

M 4 Präsidialregierung durch Wechselspiel von Reichspräsident und Reichskanzler

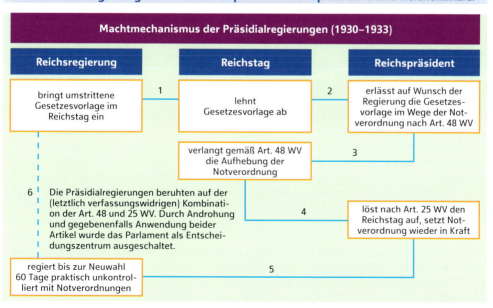

Grafik nach Reinhard Sturm

Lernaufgabe 2.4 Der Staat von Weimar als Erfahrungshintergrund der heutigen Demokratie 4
1. Belegen Sie die These, die Weimarer Verfassung sei ein Kompromiss zwischen den Anhängern unterschiedlicher Staatsformen.
2. Diskutieren Sie die These, dass die Bildung von „Präsidialregierungen" die Demokratie aushebelt.

2.5 Der nationalsozialistische Staat als Erfahrungshintergrund der Demokratie von heute

M 1 Die Demokratie von Weimar unter Druck

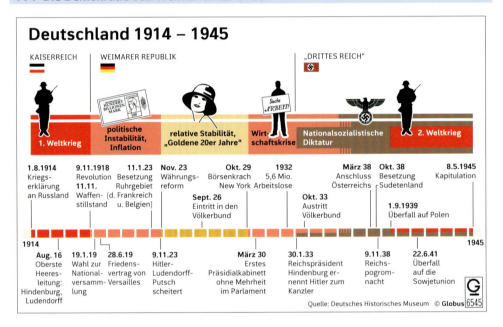

Quelle: Deutsches Historisches Museum © Globus 6545

Die erste Demokratie in Deutschland ist einem vielfältigen politischen und wirtschaftlichen Druck ausgesetzt. Es beginnt mit den Richtungskämpfen im linken politischen Spektrum, die zwischen einer Räterepublik nach russischem Vorbild und einer Demokratie nach westlichem Muster streiten. Gleichzeitig wird die neue demokratische Ordnung von der politischen Rechten abgelehnt, die sich am Obrigkeitsstaat der untergegangenen Monarchie orientieren. Diese Konflikte werden zum Teil mit extremer Gewalt ausgetragen. Die harten Auflagen des „Versailler Friedenvertrages" führen zu schweren wirtschaftlichen Belastungen, die zur Konfrontation mit den Siegermächten (Ruhrkrise) und schließlich zu einer Währungsreform führen, die zum erheblichen Verlust des Geldvermögens in der Bürgerschaft führt. Schließlich wird die junge Republik auch von der Weltwirtschaft hart getroffen. Mit der **Weltwirtschaftskrise** verlieren Millionen ihre Arbeit und fallen ins Elend. Dem demokratischen Staat gelingt es nicht, auf diese Problemlagen eine überzeugende Antwort zu finden. Dies schlägt sich schließlich in der verstärkten Wahl von Parteien nieder, die die Problemlage der demokratischen Verfassung ankreiden und eine politische

Neugestaltung einfordern. Die **Nationalsozialisten** unter Adolf Hitler erreichen 1932 mehr als ein Drittel der Wähler und werden zur stärksten Fraktion im Reichstag. Der Glaube des Reichspräsidenten, Hitler durch Einbindung in die Regierung politisch im Auge behalten zu können, führt schließlich zu dessen Ernennung zum Reichskanzler am 30.01.1933.

M 2 Weimarer Republik – Wahlergebnisse zum Reichstag

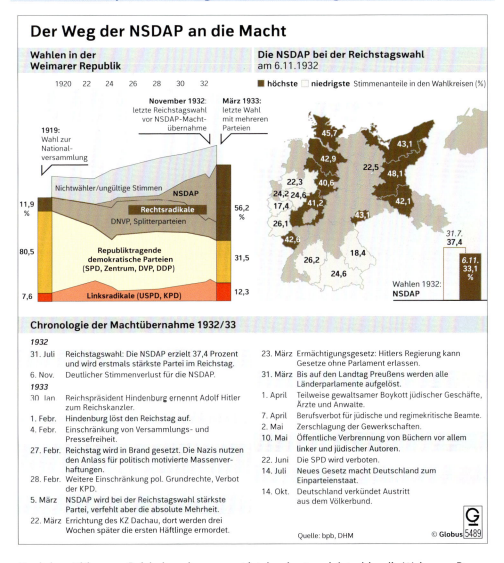

Quelle: bpb, DHM © Globus 5489

Nachdem Hitler zum Reichskanzler ernannt ist, beginnt er zielstrebig, die Weimarer Republik in eine Diktatur umzuwandeln. In seinen Reden verbreitet er sein nationalsozialistisches Weltbild, Deutschland stehe am Rande des Abgrunds und könne nur durch hartes Durchgreifen der Regierung gerettet werden.

1. Februar 1933

Auf Wunsch Hitlers löst Hindenburg den Reichstag auf. Neuwahlen werden auf den 5. März festgelegt. Der Wahlkampf steht ganz im Zeichen des Terrors. Die Mitglieder der SA werden zu Hilfspolizisten ernannt, die rücksichtslos gegen Andersdenkende vorgehen. In Kellern kommt es zu grausamen Folterungen und Morden, deren erste Opfer vor allem Angehörige der KPD sind.

27. Februar 1933

In Berlin brennt der Reichstag. Die Hintergründe der Brandstiftung sind nie ganz geklärt worden. Der Regierung dient der Brand als Anlass für eine groß angelegte Verhaftungswelle von Kommunisten und Sozialdemokraten.

28. Februar 1933

Auf Betreiben Hitlers erlässt Hindenburg die „Notverordnung zum Schutz von Volk und Staat", die die wichtigsten demokratischen Grundrechte außer Kraft setzt und Hitler die Möglichkeit gibt, willkürlich gegen seine innenpolitischen Gegner vorzugehen.

5. März 1933

Die NSDAP verfehlt bei der Reichstagswahl die absolute Mehrheit und erhält nur 43,9 % der Stimmen. Die Vollmachten der „Brandverordnung" reichen Hitler nun nicht mehr aus, um sein System zu festigen.

24. März 1933

Hitler fordert vom Reichstag – angeblich um die allgemeine Notlage der Bevölkerung beheben zu können – das Recht, allein Gesetze erlassen zu dürfen. Zur Billigung dieses sogenannten Ermächtigungsgesetzes muss der Reichstag mit Zweidrittelmehrheit zustimmen. Deshalb lässt Hitler die 81 Mandate der KPD kurzerhand für nichtig erklären. Die meisten KPD-Abgeordneten befinden sich bereits in Gefängnissen. Nur die 94 anwesenden Abgeordneten der SPD – die übrigen 26 sind in „Schutzhaft" oder untergetaucht – stimmen gegen das Gesetz. Mit dem Ermächtigungsgesetz hat Hitler freie Hand, um seine unmenschliche Politik ungezügelt zu verwirklichen. Von diesem Zeitpunkt an hat der Reichstag nur noch die Aufgabe, als Propagandainstrument der NSDAP die Beschlüsse der Regierung zu bestätigen.

Jeder, der sich kritisch gegenüber dem neuen System äußert, wird entweder ins Gefängnis oder in eines der ab 1933 überall in Deutschland entstehenden **Konzentrationslager** gebracht. Dort werden die Häftlinge brutal misshandelt und müssen hart arbeiten, sodass viele an Überanstrengung, Unterernährung oder den Folgen der Folterung sterben.

Auch vor den eigenen Reihen macht Hitlers **Terror** nicht halt. Ernst Röhm, Stabschef der SA, möchte die SA zum Kern einer neuen deutschen Wehrmacht formen. Hitler dagegen fürchtet den Konflikt mit der Reichswehr und löst das

Der Terror des nationalsozialistischen Regimes findet auch Ausdruck in der Errichtung von Konzentrationslagern.

Problem auf seine Weise. Am 30. Juni 1934 werden Röhm und andere missliebige Personen unter dem Vorwand, einen Putsch geplant zu haben, verhaftet und zum größten Teil ohne Gerichtsverfahren erschossen.

Am 3. Juli beschließt die Reichsregierung ein Gesetz, in dem die Verhaftungen und Morde nachträglich als „rechtmäßige Maßnahmen der Staatsnotwehr" legalisiert werden. Hitler selbst bezeichnet sich vor dem zum Zustimmungsorgan abgestuften Reichstag als „des deutschen Volkes oberster Gerichtsherr". Hauptstützen des nationalsozialistischen Terrorsystems sind von nun an SS (Schutzstaffel), Gestapo (Geheime Staatspolizei) und SD (Sicherheitsdienst). Die Angst vor Verhaftung und Terror macht die Menschen stumm. Keiner weiß, ob er seinem Nachbarn, seinem Freund, seinem Kollegen im Betrieb noch trauen kann. Denunziationen (Meldungen bei Polizei oder Partei) sind an der Tagesordnung und helfen mit, das Regime zu festigen.

Lernaufgabe 2.5 Der nationalsozialistische Staat als Erfahrungshintergrund der Demokratie von heute **5**
1. Diskutieren Sie die These, Adolf Hitler habe legal eine Diktatur errichtet.
2. Recherchieren Sie nach aktuellen Entwicklungen (z. B. Türkei, Ungarn oder Polen), in denen durch die Regierung die Demokratie begrenzt wird.

2.6 Der Blick zurück – „Lehren aus der Geschichte"

Die demokratische Staatsordnung der Weimarer Republik (1919) ist geprägt von der Angst, dass die in den Reichstag (Parlament) gewählten Parteien auch nach dem Wahlkampf zerstritten bleiben und sich zur Gesetzgebung auf keine Mehrheit einigen können. Zumal das eingeführte **reine Verhältniswahlsystem** einer Vielzahl von kleinen Parteien zum Einzug in die Volksvertretung verhilft.

Deshalb macht die Verfassung den **Reichspräsidenten** (Staatsoberhaupt) zum Gegengewicht des Reichstages: Vom Volk durch direkte Wahl getragen, soll er eingreifen, wenn diese Staatsgewalt ihrer Aufgabe nicht nachkommt. Hierfür werden ihm umfangreiche Vollmachten erteilt: Das Recht, den Reichskanzler (Regierungschef) zu bestimmen, den Reichstag aufzulösen, Notverordnungen an Stelle von Gesetzen zu erlassen, die Grundrechte außer Kraft zu setzen und das Volk über Gesetze beschließen zu lassen (Volksabstimmung). Das Staatsoberhaupt ähnelt damit der „neutralen" Rolle des Kaisers im untergegangenen „Obrigkeitsstaat".

In der Demokratie ist der politische Streit jedoch kein „Ausnahmezustand", der im Interesse des Staates durch einen „Ersatzkaiser" und seine engsten Berater im geschlossenen Kreis beigelegt werden muss. Er ist Folge der Freiheit der Bürger und damit „Dauerzustand". Die vielfältigen Meinungen und Interessen lassen sich nicht von oben „neutralisieren". Die Gegensätze müssen – notfalls in hitzigen und zähen Debatten – im Parlament zwischen den Parteien, genauer ihren vom Volk gewählten Abgeordneten, offen ausgetragen und durch einen Kompromiss gelöst werden.

Deshalb braucht die Demokratie **Parteien**, die in der Lage sind, eigene Vorstellungen selbstkritisch zu überdenken, eigene Interessen mit anderen abzuwägen und vor allem, die die Autorität besitzen, ihre Wähler von den eingegangenen Kompromissen zu überzeugen. Erfüllen sie diese Aufgabe nicht, wird der Streit auf die Straße getragen, wo er Gefahr läuft, durch das starre Festhalten an der persönlichen Sichtweise in Gewalt gegen Andersdenkende umzuschlagen. Hier haben die Parteien der Weimarer Republik vielfach versagt, wie sich an den „Straßenschlachten" zeigt.

Die Mütter und Väter des Grundgesetzes haben daraus gelernt: Sie nehmen die Parteien in die Pflicht (GG Art. 21): als **Träger der demokratischen Willensbildung** und in ihrer parlamentarischen Verantwortung. Durch Wahlergebnisse müssen sie zeigen, dass sie eine Mindestzahl von Wählern („Fünf-Prozent-Hürde") überzeugen und die Gesetzgebung nicht auf andere abschieben. Vor allem darf von ihnen – bei Strafe des Verbots – keine Gefahr für die freiheitlich-demokratische Grundordnung ausgehen.

Von der Weimarer Verfassung wurde weiter gelernt: Wer einem Staatsamt wie dem Reichspräsidenten zu viel Macht verleiht, muss damit rechnen, dass der Inhaber diese Rechte missbraucht. So kann der Reichspräsident – wenn auch verfassungswidrig – im Zusammenspiel mit dem Reichskanzler den Reichstag und damit den Volkswillen umgehen („Präsidialregierung"). Von dieser Möglichkeit macht auch Hitler nach seiner Ernennung zum Regierungschef Gebrauch. Er erweitert – auf „legalem" Weg – schrittweise seine Macht bis zur Alleinherrschaft. Der Form nach besteht die Weimarer Reichsverfassung bis zum Ende der nationalsozialistischen Diktatur. Das Grundgesetz zieht daraus Konsequenzen: Das Amt des **Bundespräsidenten** (Art. 54 ff.) ist mehr mit repräsentativen Aufgaben ausgestattet und zielt auf eine – im demokratischen Sinn – „geistig-moralische Wirkung" wie das Bundesverfassungsgericht 2014 feststellt (2 BvE 2/09).

Es ist jedoch zu kurz gegriffen, das Scheitern der ersten Demokratie in Deutschland nur auf „Konstruktionsmängel" der Verfassung zurückzuführen. Der Niedergang der Demokratie ist damals ein europaweiter Prozess (z. B. Italien oder Spanien). „Die Staatsgewalt geht vom Volke aus" heißt es im Art. 1 der Weimarer Reichsverfassung. Und das Volk hat an vielen Stellen die Möglichkeit, Demokratiefeinde abzuwehren: Als demokratietreue Wähler und vor allem durch eigenes demokratisches Engagement. Der beste Schutz vor Willkürherrschaft ist eine lebendige, im Volk fest verankerte Demokratie. Auch heute gibt es Demagogen, die die Macht durch Wahlen anstreben, um anschließend die Demokratie auf legalem Weg in eine autoritäre oder gar diktatorische Autokratie zu verwandeln. Sie sind eine Mahnung an alle Demokraten, dass Wachsamkeit das Fundament einer „wehrhaften Demokratie" ist.

Lernaufgabe 2.6   Der Blick zurück – „Lehren aus der Geschichte" 6
1. Erläutern Sie Ursachen für das Scheitern der Weimarer Republik und zeigen Sie Konsequenzen auf, die im Grundgesetz daraus gezogen wurden.
2. Nach einer Studie der Bertelsmann Stiftung (Transformationsindex) wächst die Zahl von Staaten, in denen die Gewaltenteilung zu Gunsten des Staatoberhauptes abnimmt (z. B. Russland, Türkei, Ungarn). Diskutieren Sie Ursachen dieser Entwicklung und zeigen Sie Wege auf, wie die Aushöhlung der Demokratie durch Autokraten (Alleinherrscher) bzw. Populisten verhindert werden kann.

2.7 Der Staat der DDR als Erfahrungshintergrund der Demokratie von heute

In ihrer Besatzungszone setzt die Sowjetunion von Beginn an ihre Vorstellung von Staat (**Einparteienherrschaft**) und Wirtschaft (**Zentralverwaltungswirtschaft**) durch: Großgrundbesitzer und Industriebetriebe werden enteignet und staatlicher Lenkung unterworfen. Der Staat wird der Führung einer einzelnen (kommunistischen) Partei unterstellt. Dazu wird trickreich die wähler- und mitgliederstarke SPD gezwungen, sich mit der Kommunistischen Partei (KPD) zur **Sozialistischen Einheitspartei Deutschlands (SED)** zu vereinen (1946). In ihr besitzen die ehemaligen KPD-Funktionäre auf Druck der Besatzungsmacht den bestimmenden Einfluss. Bei Landtagswahlen wird die neue Partei zwar stärkste Kraft, erhält aber keine absolute Mehrheit.

Als Reaktion auf die Absicht der Westmächte, einen deutschen Teilstaat in ihren Zonen ins Leben zu rufen, initiiert die SED eine parteiübergreifende „Volkskongressbewegung" zur Gründung eines deutschen Gesamtstaates (1947). Ihre Vorherrschaft unter den stimmberechtigten Mitgliedern des Volkskongresses sichert sie sich durch dessen Zusammensetzung (z. B. Stimmrechte für SED-treue Massenorganisationen) und eine von ihr dominierte Einheitsliste bei der Wahl. Der **Volkskongress** hat die Aufgabe, einen **Volksrat** zu wählen, dessen vordringliche Arbeit darin besteht, eine Verfassung zu entwerfen und dem Volkskongress zur Abstimmung vorzulegen.

Am 30. Mai 1949 nimmt der Dritte Volkskongress einen Verfassungsvorschlag an. Zugleich wählt er einen neuen (zweiten) Volksrat, der sich am 7. Oktober 1949 zur provisorischen Volkskammer (Parlament) erklärt und die Verfassung in Kraft setzt. Damit ist die **Staatsgründung der DDR** vollzogen. Am 15. Oktober 1950 wird die Volkskammer erstmals vom Volk gewählt.

M 1 Verfassung der DDR – Eine „Demokratie" ohne Legitimation

Die aus dem „Deutschen Volksrat" hervorgegangene, nicht gewählte Provisorische Volkskammer verlieh am 7. Oktober 1949 der „Verfassung der Deutschen Demokratischen Republik" Rechtskraft. Mit dem Aussetzen von „allgemeinen, gleichen, unmittelbaren und geheimen Wahlen" zur Volkskammer, die die Verfassung in Kraft setzen musste, sicherte sich die SED ihre Herrschaft. Dabei missachtete sie die Verfassungsartikel 51 bis 53, was einen eindeutigen Verfassungsbruch darstellte und ein Staatsstreich gegen die DDR-Verfassung war. Der DDR-Staat basierte von seiner Gründung an auf der prinzipiellen Missachtung des Volkswillens und breiter Teile seiner Verfassung.

Amos, Heike: Verfassung der Deutschen Demokratischen Republik, 7. Oktober 1949. In: 1000dokumente.de. www.1000dokumente.de/index.html?c=dokument_de&dokument=0232_ddr&object=context&l=de [10.08.2019].

M 2 Die Verfassung der DDR vom 7. Oktober 1949

Art. 51
Die Volkskammer besteht aus den Abgeordneten des deutschen Volkes. Die Abgeordneten werden in allgemeiner, gleicher, unmittelbarer und geheimer Wahl nach den Grundsätzen des Verhältniswahlrechtes auf die Dauer von vier Jahren gewählt.

Die Abgeordneten sind Vertreter des ganzen Volkes. Sie sind nur ihrem Gewissen unterworfen und an Aufträge nicht gebunden.

M 3 Staatsaufbau der DDR – Demokratie zum Schein

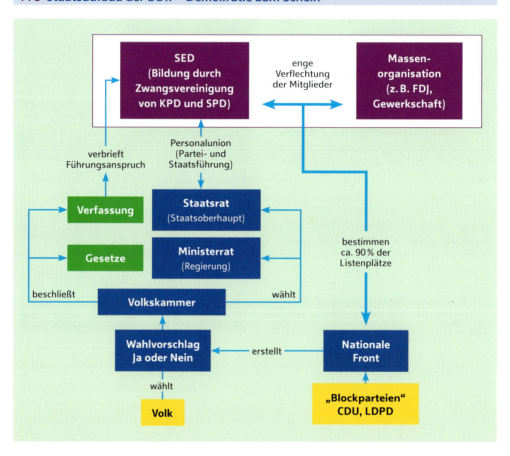

M 4 DDR – Die Festschreibung der Herrschaft einer Partei

Art. 1
Die Deutsche Demokratische Republik ist ein sozialistischer Staat der Arbeiter und Bauern. Sie ist die politische Organisation der Werktätigen in Stadt und Land unter Führung der Arbeiterklasse und ihrer marxistisch-leninistischen Partei [SED].

Lernaufgabe 2.7 Der Staat der DDR als Erfahrungshintergrund der Demokratie von heute 7
1. Belegen Sie die These, die DDR sei eine „Scheindemokratie".
2. Diskutieren Sie die These, dass mit der Wiedervereinigung Deutschlands 1990 eine neue Verfassung für Deutschland notwendig gewesen wäre.

Zusammenfassung

Die Ordnung eines Staates (z. B. Gesetzgebung) ist in der Verfassung niedergelegt. Sie kann schrittweise durch einzelne Übereinkommen oder durch einen einmaligen Akt entstehen. Die Staatsform und das Regierungssystem variieren zwischen den Staaten, können sich aber auch im historischen Prozess innerhalb eines Staates ändern. Die Verfassungen auf deutschem Boden spiegeln den historischen Kampf um Demokratie wider und zeigen Fort- und Rückschritte. Zur ersten demokratischen Verfassung kommt es 1919, die jedoch 1933 von den Nationalsozialisten dazu benutzt wird, Deutschland in eine Diktatur zu verwandeln. Erst nach deren Zusammenbruch 1945 kann in den westlichen Bundesländern 1949 wieder eine Demokratie errichtet werden. Im Osten wird demgegenüber ein Staat errichtet, der vorgibt demokratisch zu sein, aber diktatorisch die Herrschaft einer Partei (SED) sichert. Erst 1990 werden die östlichen Bundesländer durch eine friedliche Revolution (1989) Teil der Bundesrepublik Deutschland und damit ein Geltungsbereich des Grundgesetzes.

Zusammenfassende Lernaufgaben

Erkennen
1. Erläutern Sie an Beispielen die unterschiedlichen Wege zu einer Verfassung.
2. Stellen Sie die Unterschiede der Staatsformen und Regierungssysteme dar.
3. Vergleichen Sie die Verfassung von 1849 (Paulskirche) mit der preußischen Verfassung von 1850 und benennen Sie die Unterschiede.
4. Geben Sie an, auf welchen Wegen durch die Weimarer Reichsverfassung Gesetze erlassen werden können.
5. Listen Sie Ursachen auf, die die politische Stabilität der Weimarer Republik erschüttert haben.

Werten
1. Problematisieren Sie aus demokratietheoretischer Sicht die Rolle des Reichspräsidenten in der Weimarer Reichsverfassung.
2. Bewerten Sie aus demokratietheoretischer Sicht die Verfassung der DDR.

Anwenden
1. Entwerfen Sie ein Plakat, das Ihren Mitschülern die verfassungsrechtlichen „Erfahrungen" von 1919 bis 1945 veranschaulicht.
2. Vergleichen Sie das Grundgesetz mit den Verfassungen von Staaten, die derzeit als „fragile" Staaten eingestuft werden. Recherchehilfe: www.verfassungen.de und https://fragilestatesindex.org.

3 Der Rechtsstaat als Schutz der Grund- und Menschenrechte

Der Politikwissenschaftler Yascha Mounk: […] Wir sehen, welchen Effekt es hat, wenn Populisten an die Macht kommen. […] Wenn sie sagen: „Ich alleine vertrete das Volk und jeder, der mir nicht zustimmt, der ist illegitim." – das sieht man zum Beispiel an [US-Präsident] Donald Trump, der, sobald er an der Macht ist, sagt: „Richter, die versuchen meine Macht einzuschränken, weil ich gegen die Verfassung verstoße, das sind Feinde des Volkes. Die Demokraten, die nicht aufstehen, um mir eine Standing Ovation zu geben, das sind Volksverräter. Die Medien, das sind sowieso alles Lügner, die jetzt gegängelt werden müssen." Und wir sehen zum Beispiel in unseren Nachbarländern auf tragische Weise, in Polen und in Ungarn, wie schnell das dazu führen kann, den Rechtsstaat zu untergraben und keine freien und fairen Wahlen mehr zu ermöglichen. Das bedeutet, um unser politisches System zu verstehen, müssen wir verstehen, dass es zwei Grundelemente hat. […] Wir leben in einer […] freiheitlich-demokratischen Grundordnung. Das bedeutet, […] dass es den Rechtsstaat gibt, dass es eine Gewaltenteilung gibt, dass Menschen Rechte gegenüber dem Staat haben, und das zweite Element, das demokratische, dass die Ansichten der Menschen auch wirklich in Politik umgesetzt werden. Diese beiden Sachen kann man nur gleichzeitig haben.

Mounk, Yascha: Demokratie in Gefahr? In: Deutschlandfunk. 25.03.2018. www.deutschlandfunk.de/aussergewoehnliche-zeiten-demokratie-in-gefahr.1184.de.html?dram:article_id=410025 [10.08.2019].

Zum Einstieg:
1. „Auch ein Mörder besitzt die Menschenwürde!". Erstellen Sie zu dieser Aussage eine Umfrage in Ihrer Klasse.
2. „Weder Rache noch Ansehen der Person darf Grundlage der Rechtsprechung sein!" Diskutieren Sie die Aussage in Ihrer Klasse.

3.1 Der Weg zur Menschenrechtserklärung der Vereinten Nationen (UN)

Geschichtlich sind drei Ereignisse hervorzuheben, die die **Vorstellung von Menschenrechten in der demokratischen Welt** geprägt haben:

Der Rechtsstaat als Schutz der Grund- und Menschenrechte

- Erstens die erzwungene Zusage des englischen Königs im 13. Jahrhundert, seinen Untertanen Rechte zuzugestehen und für deren Einhaltung zu sorgen. Folge: Der Schutz der Rechtsordnung wird zur Begründung von staatlicher Herrschaft.
- Zweitens die Übertragung des alleinigen Rechts der Ausübung von Gewalt auf den Staat (Gewaltmonopol) im 17. Jahrhundert. Folge: Die Bürger werden sich ihrem Bedürfnis bewusst, sich gegen mögliche staatliche Willkür (z. B. durch die Polizei) zu schützen.
- Drittens die amerikanische und französische Revolution im 18. Jahrhundert. Folge: Die Missachtung der Schutzbedürfnisse der Bürger durch den Staat führt zur verfassungsrechtlichen Verankerung von überstaatlichen, unumstößlichen Menschen- und Bürgerrechten (z. B. Grundrechte im Grundgesetz).

M 1 Der Weg zur Menschenrechtserklärung der Vereinten Nationen

Quelle: Bundeszentrale für politische Bildung, United for Human Rights © Globus 12703

Am 10. Dezember 1948 beschließt die Generalversammlung der Vereinten Nationen die **Allgemeine Erklärung der Menschenrechte**. Damit wird erstmals von einer Versammlung, der fast alle Staaten der Welt angehören, ein umfassender Katalog von Individualrechten (persönliche Rechte) verkündet. Das ist ein wichtiger Schritt auf dem mühsamen Weg zur Durchsetzung der Menschenrechte.

M 2 Menschenrechte der Vereinten Nationen (Überblick)

M 3 2018: Die Vereinten Nationen erklären Migration zum Menschenrecht

Flüchtlinge und Migranten haben Anspruch auf dieselben allgemeinen Menschenrechte und Grundfreiheiten, die stets geachtet, geschützt und gewährleistet werden müssen.

Vereinte Nationen: Generalversammlung. Präambel 4. In: www.un.org/depts/german/migration/A.CONF.231.3.pdf, Seite 2 [11.08.2019].

Mit großer Mehrheit beschließen die UN-Mitgliedsstaaten den **Globalen Pakt für eine sichere, geordnete und reguläre Migration**. Er ist zwar völkerrechtlich nicht bindend, untermauert aber die Selbstverpflichtung der Staaten, Menschen, die ihren Wohnort – aus welchem Grund auch immer – verlassen, im Hinblick auf 23 Vorgaben („Ziele") würdevoll zu behandeln.

Lernaufgabe 3.1   Der Weg zur Menschenrechtserklärung der Vereinten Nationen (UN)

1
1. Erläutern Sie wichtige Schritte auf dem Weg zur Verabschiedung der „UN-Menschenrechtserklärung".
2. Erläutern Sie Menschenrechtsverletzungen an konkreten Beispielen.

3.2 Der Weg zu den Menschenrechten in der Verfassung von Weimar

Einen ersten Anstoß geben die französischen **Revolutionsarmeen**, die 1792 die deutschen Fürstentümer besiegen. Sie tragen die Idee der Menschenrechte, wie sie in ihrer Verfassung von 1789 niedergelegt ist, auch auf deutschen Boden. Besonders wirksam werden sie auf dem linksrheinischen Gebiet (z. B. heutiges Rheinland-Pfalz), das dem französischen Staat eingegliedert und seinem auf Gleichheit ausgerichteten Recht (z. B. code civil) unterworfen wird. Auch in den besetzten Staaten östlich des Rheins (z. B. Preußen) werden **Reformen** angestoßen, die den Bürgern nach französischem Vorbild mehr Freiheiten bringen. So werden beispielsweise Studienplätze nicht mehr nach Herkunft, sondern nach Leistung vergeben (Einführung des „Abiturs"), wodurch die Zahl der bürgerlichen Studenten aus dem Volk und dadurch das politische Bewusstsein im Volk wachsen.

1813 spricht der preußische König die Vaterlandsliebe seines Volkes an und ruft zum **Befreiungskrieg** gegen Frankreich auf. Dem folgen viele, vor allem bürgerliche Studenten, die sich in freien Kampfverbänden organisieren. Sie versprechen sich von ihrem Einsatz ein vereintes Deutschland mit freiheitlicher Verfassung. Als 1815 Frankreich besiegt ist, wird diese Hoffnung der Freiheitskämpfer enttäuscht. Auf dem **Wiener Kongress** (1814/1815) drehen die Fürsten das Rad der Geschichte wieder zurück: Die alte Ordnung wird wiederhergestellt (**Restauration**). Dagegen protestiert vor allem die studentische Jugend (**Burschenschaften**). So 1817 auf der Wartburg bei Eisenach (**Wartburgfest**). Die Obrigkeit reagiert mit Härte und schränkt die Freiheitsrechte (Pressezensur) ein. Dies stößt deutschlandweit auf Empörung im aufgeklärten Bürgertum. Als sich in Frankreich 1830 die Bürger gegen ähnliche Bestrebungen erheben, springt der revolutionäre Funke auf Deutschland über. Beispielsweise 1832 im pfälzischen Hambach, wo tausende Bürger (**Hambacher Fest**) für die Einheit und Freiheit Deutschlands demonstrieren. Erstmals werden dort die Farben Schwarz-Rot-Gold mit dem nationalen Freiheitsstreben verbunden. Es sind die Farben der Uniform eines studentischen Kampfverbandes im Befreiungskrieg. Wieder folgen harte Strafen (z. B. Kerkerhaft) durch die Obrigkeit.

Angestachelt durch Freiheitskämpfe in Frankreich gehen 1848 auch in Deutschland wieder Bürger auf die Barrikaden und fordern wie so oft Einheit und Freiheit. Die Herrschenden geraten durch das starke Aufbegehren unter Druck und machen Zugeständnisse: Erstmals wird ein gesamtdeutsches Parlament frei gewählt (**Nationalversammlung**). Es tagt in der **Paulskirche** in Frankfurt/Main und verabschiedet 1849 eine demokratische Verfassung mit einem Katalog von Grundrechten. Die neue Staatsordnung scheitert jedoch am Widerstand der Landesfürsten. So lehnt der preußische König die für ihn vorgesehene Krone eines deutschen Kaisers ab. Die Volksvertreter sind enttäuscht und lösen die Nationalversammlung auf. Eine Gruppe revolutionär gesinnter Demokraten versucht demgegenüber mit Gewalt die Beschlüsse durchzusetzen, sie unterliegt jedoch der militärischen Übermacht der Fürsten. Viele Revolutionäre fliehen nach der Niederlage ins Ausland oder ziehen sich ins Privatleben zurück.

1871 wird nach drei „Einigungskriegen" – zuletzt siegreich gegen Frankreich – Deutschland unter preußischer Führung politisch geeint. Nicht von unten durch das Volk, sondern von oben durch Waffen, durch „Blut und Eisen", wie es der neue Reichskanzler Otto von Bismarck formuliert. Die Verfassung des neuen deutschen Nationalstaats bleibt dementsprechend aus demokratischer Sicht weit hinter der von 1849 zurück: Es werden keine Grundrechte aufgeführt und die Macht der Volksvertretung ist sehr begrenzt.

Eine Anknüpfung gelingt erst mit der Revolution 1918 und der **1919** in **Weimar** verkündeten Reichsverfassung. Sie greift den Grundrechtekatalog der „Paulskirchenverfassung" auf und ergänzt ihn. So beispielsweise um die Gleichstellung von Frauen und Männern. (Das Wahlrecht erhalten Frauen schon zur Zusammensetzung der verfassungsgebenden Versammlung.) Die Grundrechte sind jedoch nicht einklagbar und können durch Notverordnungen außer Kraft gesetzt werden. Dies schwächt die junge Demokratie erheblich. Zumal die für sie notwendige Kultur des Kompromisses und des Dialogs unter den demokratischen Parteien wenig ausgeprägt ist. Am Ende scheitert die Verfassung durch die **Machtergreifung** der Nationalsozialisten 1933: Die Weimarer Republik besitzt nicht die Kraft, ihre antidemokratischen Feinde von der politischen Macht fernzuhalten.

Lernaufgabe 3.2 Der Weg zu den Menschenrechten in der Verfassung von Weimar 2
1. Zeichnen Sie die wichtigsten historischen Ereignisse bis zur Aufnahme der Menschenrechte in die Weimarer Verfassung 1919 auf.
2. Recherchieren Sie die Ursachen, den Verlauf und die Folgen des Hambacher Festes. Recherchehinweis: https://artsandculture.google.com/project/hambacher-schloss.

3.3 Die Missachtung der Menschenrechte in der nationalsozialistischen Diktatur

M 1 Antisemitismus und Rassenwahn

Würde man die Menschheit in drei Arten einteilen: in Kulturbegründer, Kulturträger und Kulturzerstörer, dann käme als Vertreter der ersten wohl nur der Arier infrage […]
Den gewaltigsten Gegensatz zum Arier bildet der Jude […]
Der Jude ist und bleibt der typische Parasit, ein Schmarotzer, der wie ein schädlicher Bazillus sich immer mehr ausbreitet, sowie nur ein günstiger Nährboden dazu einlädt. Die Wirkung seines Daseins aber gleicht ebenfalls der von Schmarotzern, wo er auftritt, stirbt das Wirtsvolk nach kürzerer oder längerer Zeit ab.
[…]
So ist der Jude heute der große Hetzer zur restlosen Zerstörung Deutschlands. Wo immer wir in der Welt Angriffe gegen Deutschland lesen, sind Juden ihre Fabrikanten

Hitler, Adolf: Mein Kampf. 2. Auflage. München: 1930, S. 318, 329, 334, 702.

Reisepass eines deutschen Juden 1939

Die **nationalsozialistische Rassenlehre** benutzt und verändert die Evolutionstheorie des englischen Biologen Charles Darwin (1809–1882). Der Forscher geht davon aus, dass die verschiedenen Tierarten durch natürliche Auslese entstanden seien, wobei sich diejenigen durchsetzen, die

Der Rechtsstaat als Schutz der Grund- und Menschenrechte

am besten in der Lage sind, sich an die Gegebenheiten anzupassen. Wird dieser Prozess auf den Menschen als denkendes Wesen übertragen, lässt sich die falsche Behauptung (Ideologie) ableiten, dass die Unterdrückung „schwacher" oder „benachteiligter" Völker oder sozialer Schichten eine Art „Naturgesetz" sei (Sozialdarwinismus).

Die Rassenlehre der Nationalsozialisten dient in den Jahren 1933 bis 1945 als Rechtfertigung für die Verfolgung aller sogenannten „minderwertigen" Menschen, insbesondere der Juden. Im Dritten Reich wird für dieses Vorgehen der Begriff „Arisierung" eingeführt.

Sie dient außerdem dazu, den Deutschen das Gefühl zu geben, besser zu sein als die Angehörigen anderer Völker, und damit die Überlegenheit und Herrschaft über andere Nationen zu begründen. Auch in schlechten Zeiten soll jeder Deutsche sich als Teil der großen Volksgemeinschaft empfinden. Die Juden dagegen werden als „Sündenböcke" abgestempelt und für alles Unheil und Unrecht verantwortlich gemacht.

Der Rassenwahn der Nationalsozialisten richtet sich auch gegen körperlich und geistig Behinderte und Menschen mit Erbkrankheiten. Sie werden aus „rassehygienischen" Gründen in Anstalten eingeliefert und umgebracht. Das Programm zur „Vernichtung unwerten Lebens" zeigt, wie wenig Achtung Hitler und seine Anhänger vor dem Leben und der Würde des Menschen gehabt haben.

M 2 Umsetzung der Rassenlehre im Dritten Reich

SA-Leute 1933 als Boykottposten vor einem jüdischen Kaufhaus.

Sexualbeziehungen zwischen jüdischen und „arischen" Deutschen wurden als „Blut- und Rassenschande" gebrandmarkt. Hier verhöhnen SA-Leute ein Paar öffentlich.

1933 bis 1938 Benachteiligung und Diskriminierung

01.04.1933	Boykott jüdischer Geschäfte, Rechtsanwälte und Ärzte
07.04.1933	Entlassung der jüdischen Beamten mit Ausnahme der Frontkämpfer des Ersten Weltkrieges
22.09.1933	Ausschaltung jüdischer Schriftsteller und Künstler durch das Reichskulturkammergesetz

15.09.1935	„Nürnberger Gesetze" – „Reichsbürgergesetz": Grundlage für die Ausschaltung der Juden aus dem öffentlichen Leben und die Aberkennung des Wahlrechts – „Blutschutzgesetz": Verbot der Eheschließung zwischen Juden und Nichtjuden, Beginn der „Rassentrennung" – Aufgrund des „Ermächtigungsgesetzes" sind die „Nürnberger Gesetze" formal rechtmäßig
1937	Beginn der „Arisierung" der Wirtschaft
09.06.1938	Zerstörung der Münchner Synagoge
05.10.1938	Einziehung der Pässe und Kennzeichnung mit „J"
18.10.1938	Ausweisung von 15 000 Juden, die polnische Staatsangehörige waren

1938 bis 1942 Verfolgung

07.11.1938	Herschel Grynszpan, dessen Eltern unter dem Rassenwahn der Nazis leiden, erschießt in Paris einen deutschen Botschaftsangehörigen. Goebbels nimmt dies zum Anlass für die:
09./10.11. 1938	„Reichspogromnacht": Staatlich organisierte Aktion gegen die Juden in Deutschland, die als spontaner Racheakt der Bevölkerung dargestellt wird. Jüdische Geschäfte, Wohnhäuser und Synagogen werden zerstört oder angezündet, 26 000 Juden verhaftet und ins KZ verschleppt.
12.11.1938	– Antijüdische „Sühnemaßnahmen". Kollektivstrafe von 1 Milliarde Mark, Beseitigung der Schäden an den Gebäuden – Einzug der Versicherungsleistungen
23.09.1939	Beschlagnahme aller Rundfunkgeräte bei Juden
12.10.1939	Erste Deportation von Juden nach Polen
16.10.1940	Befehl zur Errichtung des Warschauer Ghettos

1941 bis 1945 Ermordung der Juden

31.07.1941	Befehl zur Evakuierung aller europäischen Juden – Beginn der systematischen Ermordung
01.09.1941	Einführung des Judensterns für alle Juden ab dem sechsten Lebensjahr
20.01.1942	„Wannsee-Konferenz": In knapp 90 Minuten entscheiden die Konferenzteilnehmer über die Ermordung von Millionen Juden in Deutschland und in den von deutschen Soldaten besetzten Gebieten.
März 1942	Eintreffen der ersten Judentransporte in Auschwitz
04.07.1942	Beginn der Massenvergasungen in Auschwitz

Von diesem Zeitpunkt an beginnt das letzte Kapitel des Leidensweges der europäischen Juden. Die Nationalsozialisten organisieren die massenhafte Ermordung. Wie Schlachtvieh werden die Juden in Eisenbahnwaggons zusammengepfercht und in die Vernichtungslager Auschwitz, Chełmno, Treblinka, Sobidor, Majdanek und Belzec transportiert.

Die **systematisch organisierte Ermordung der Juden** durch die Nationalsozialisten ist einmalig in der Geschichte der Menschheit. Nach dem Krieg ist häufig die Frage gestellt worden, wie es möglich gewesen ist, dass Menschen solche Gräueltaten begehen konnten. In den NS-Prozessen, die vor deutschen Gerichten stattgefunden haben, ist von den Angeklagten zur Rechtfertigung ihres Verhaltens oft gesagt worden, sie hätten nur die Befehle ihrer Vorgesetzten ausgeführt.

Lernaufgabe 3.3   Die Missachtung der Menschenrechte in der nationalsozialistischen Diktatur 3
1. Erläutern Sie die Ideologie, auf der der nationalsozialistische Staat beruht.
2. Diskutieren Sie, welche Rolle dieses Gedankengut in der heutigen Zeit spielt.

3.4   Widerstand gegen Menschenrechtsverletzung im NS-Staat

M 1 Widerstand als Aufgabe

Martin Niemöller in einem Gespräch nach 1945:

Als die Nazis die Kommunisten holten,
habe ich geschwiegen,
ich war ja kein Kommunist.

Als sie die Sozialdemokraten einsperrten,
habe ich geschwiegen,
ich war ja kein Sozialdemokrat.

Als sie die Gewerkschafter holten,
habe ich geschwiegen,
ich war ja kein Gewerkschafter.

Als sie mich holten,
gab es keinen mehr,
der protestieren konnte.

Niemöller, Martin: „Als die Nazis die Kommunisten holten ..." In: www.martin-niemoeller-stiftung.de. www.martin-niemoeller-stiftung.de/martin-niemoeller/als-sie-die-kommunisten-holten [11.08.2019].

M 2 Widerstand unter nationalsozialistischer Herrschaft

Auch wenn sich die überwiegende Mehrheit der Deutschen mit der Verachtung des Rechtsstaats unter Adolf Hitler abfand, sie vielleicht kritisch hinnahm oder sich aber selbst von der Propaganda hat mitreißen lassen, so gab es doch viele, die sich aus unterschiedlichen Gründen und auf verschiedenen Wegen gegen die Menschenrechtsverletzungen wehrten: sei es durch Verweigerung des Hitlergrußes, durch kritische Witze oder aufklärende Flugblätter, durch stillschweigende Missachtung diskriminierender Regeln, durch das Verstecken von Verfolgten oder durch Hilfe zur Flucht. Schließlich aber auch durch offene Gewalt. Namen wie Sophie Scholl oder Claus von Stauffenberg, Gruppen wie der Kreisauer Kreis oder die Edelweißpiraten können hier nur stellvertretend für viele andere aufgeführt werden.

Lernaufgabe 3.4   Widerstand gegen Menschenrechtsverletzung im NS-Staat 4
1. Interpretieren Sie die Aussage von Martin Niemöller.
2. Diskutieren Sie, welche Rolle dem Widerstand gegen das NS-Regime aus heutiger Sicht zukommt.

3.5 Konsequenzen aus der Verletzung des Rechtsstaats im Grundgesetz

M 1 Der Präsident des Parlamentarischen Rats zur Verkündung des Grundgesetzes

„Heute, am **23. Mai 1949**, beginnt ein neuer Abschnitt in der wechselvollen Geschichte unseres Volkes. Heute wird nach der Unterzeichnung und Verkündung des Grundgesetzes die Bundesrepublik Deutschland in die Geschichte eintreten. Wer die Jahre seit 1933 bewusst erlebt hat, [...] der denkt bewegten Herzens daran, dass heute, mit dem Ablauf dieses Tages, das neue Deutschland entsteht."

Adenauer, Konrad: Rede vom 23. Mai 1949. In: www.bundestag.de. www.bundestag.de/dokumente/textarchiv/2014/kalenderblatt/279526 [30.01.2019].

Mit dem **Grundgesetz** werden aus den bitteren Rückschlägen in der deutschen Verfassungsgeschichte Konsequenzen gezogen:

- Die **Menschenwürde** hat als **Art. 1** eine übergeordnete Stellung: Sie ist Staatsziel und zugleich Grenze staatlichen Handelns. Seit 1994 auch im Hinblick auf die natürlichen Lebensgrundlagen künftiger Generationen und seit 2002 für die Behandlung von Tieren (Art. 20a).

- Die Grundrechte werden wie die demokratische Ordnung mit einer **Ewigkeitsgarantie** versehen (Art 79 Abs.3), können also nicht durch Gesetz abgeschafft werden.

- Die Bürger können ab 1957 die Vereinbarkeit staatlichen Handelns mit den Grundrechten vom **Bundesverfassungsgericht** überprüfen lassen (**Verfassungsbeschwerde**). Sie sind also einklagbar (Art. 93 Abs. 4).

- Jedem Bürger wird das Recht zugesprochen, gegen jeden, der es unternimmt, die grundgesetzliche Ordnung zu beseitigen, **Widerstand** zu leisten. Jedoch nur dann, wenn keine andere Abhilfe möglich ist (Art. 20 Abs.4) **Die Bürger sind letzter Rettungsanker der Verfassung**. Die Aufhebung ihrer Pflicht zum Gehorsam gegenüber staatlichem Recht ist nach Auffassung des Bundesverfassungsgerichts jedoch nur dann gegeben, wenn die Verfassung als Ganzes – etwa durch einen Staatsstreich – bedroht ist.

M 2 Struktur der Grundrechte

Grundrechte = Wertentscheidungen der Verfassung	
objektive Funktion: Die Staatsgewalten müssen sich in ihrem Handeln an ihnen ausrichten. Jeder Eingriff in sie ist begründungspflichtig.	**subjektive Funktion:** Sie sind dem einzelnen Bürger staatlich garantiert und deshalb von ihm einklagbar (Verfassungsbeschwerde).

Freiheitsrechte	**Gleichheitsrechte**	**Teilhaberechte**
Als Abwehrrechte bieten sie „Freiheit vom Staat" (z. B. Berufsfreiheit nach Art. 12 GG).	Sie verpflichten den Staat, niemanden zu bevorzugen oder zu benachteiligen. Vor dem Gesetz sind alle gleich (z. B. die Geschlechter nach Art. 3 GG).	Als Mitwirkungsrechte bieten sie „Freiheit im Staat" (z. B. Petitionsrecht nach Art. 17 GG). Als Leistungsrechte bieten sie „Freiheit durch den Staat" (z. B. Mutterschutz nach Art. 6 Abs.4).

Neben der eigenen Verfassung verpflichtet sich die Bundesrepublik auch durch internationale Abkommen völkerrechtlich zur Einhaltung der Menschenrechte und unterwirft sich deren Gerichtsbarkeit. Dies führt an vielen Stellen zu einer Erweiterung bzw. Konkretisierung der Grundrechte wie beispielsweise im Bereich des Datenschutzes, des Bildungswesens oder des Arbeitsrechts.

- Als Mitglied des Europarats der **Konvention zum Schutz der Menschenrechte und Grundfreiheiten** mit der Klagemöglichkeit beim **Europäischen Gerichtshof für Menschenrechte** (EGMR) in Straßburg (Frankreich).
- Als Mitglied der Vereinten Nationen durch die **UN-Menschenrechtsverträge** mit der Klagemöglichkeit am **Internationalen Gerichtshof** in Den Haag (Niederlande).
- Als Mitglied der Europäischen Union durch die Europäische **Grundrechtecharta** mit der Klagemöglichkeit beim **Europäischen Gerichtshof** (EuGH) in Luxemburg.

Lernaufgabe 3.5   Konsequenzen aus der Verletzung des Rechtsstaats im Grundgesetz 5
1. Erläutern Sie die verfassungsrechtlichen Konsequenzen, die mit dem Grundgesetz aus der NS-Herrschaft gezogen wurden.
2. Diskutieren Sie die Bedeutung internationaler Übereinkünfte zum Schutz der Menschenrechte.

3.6 Merkmale des modernen Rechtsstaats

Die Rechtsstaatlichkeit im heutigen Sinn ist für Deutschland im Grundgesetz geregelt (Art. 20 Abs. 3). Der Artikel verlangt, dass die Ausübung staatlicher Macht demokratisch legitimiert sein muss, auf der Grundlage von verfassungsmäßig erlassenen Gesetzen erfolgt (**formaler Rechtsstaat**) und das Ziel hat, Freiheit und Gerechtigkeit im Staat zu gewährleisten (**materialer Rechtsstaat**). Zu seinen Merkmalen gehört, dass jeder vor dem Gesetz gleich ist (**Rechtsgleichheit**), jeder auf die Gültigkeit der bestehenden Regelungen vertrauen kann (**Rechtssicherheit**), niemandem die Menschenrechte genommen werden dürfen (**Grundrechtsgarantie**) und jeder seine Rechte vor einem unabhängigen Gericht einklagen kann (**Rechtsweggarantie**).

M 1 Der Rechtsstaat im Grundgesetz

Rechtsstaat	
Grundgesetz Art. 20 Abs. 3 Bindung der staatlichen Gewalt an die Gesetze	
Die Gesetzgebung ist an die verfassungsmäßige Ordnung, die vollziehende Gewalt und die Rechtsprechung gebunden.	
Arten des Rechtsstaats	
„formaler Rechtsstaat" = Bindung der Staatsgewalt an den von der Verfassung vorgegebenen Entscheidungsweg	„materialer Rechtsstaat" = Bindung der Staatsgewalt an Grundrechte, Gesetze und Recht
Merkmale des Rechtsstaats	
Rechtsgleichheit = Der Staat muss jeden vor dem Gesetz gleich behandeln.	**Rechtssicherheit** = Der Staat muss die Einhaltung des Gesetzes garantieren.
Grundrechtsgarantie = Der Staat darf die grundlegenden Rechte nicht aufheben.	**Rechtsweggarantie** Der Staat muss die Möglichkeit der Einklagung des Rechts garantieren.

Die **Gewaltenteilung** ist ein Garant der Demokratie. Sie verhindert durch gegenseitige Kontrolle der politischen Entscheidungsträger, dass keiner seine Machtbefugnisse ungerechtfertigt erweitert. Fehlt diese Aufsicht, konzentriert sich nicht selten die Entscheidungsgewalt in einer Hand. Dies zeigt die Geschichte bis an den heutigen Tag. Ein Machtmonopol ist jedoch das genaue Gegenteil von Volksherrschaft: Ein Einzelner oder eine Partei ist unangreifbar und alle anderen der Willkür unterworfen. Diese diktatorische Herrschaft kann nur verhindert werden, wenn das politische Kräftespiel durchgängig ausbalanciert ist. Sei es
- in der Medienlandschaft, die zur Willensbildung des Einzelnen beiträgt,
- beim politischen Einfluss der Interessenorganisationen (Verbände, Parteien)
- oder auf staatlicher Ebene durch die Trennung der Gewalten und deren weitere Aufspaltung, etwa der Legislative in Bundestag und Bundesrat.

Der Rechtsstaat als Schutz der Grund- und Menschenrechte

Die Gewaltenteilung ist ein kompliziertes System verteilter und gleichzeitig verschränkter politischer Handlungsräume. Gewichte und Gegengewichte halten es in der Balance. Zusammengehalten wird dieses komplexe Geflecht von der **Idee der Rechtsstaatlichkeit**, vom Anspruch des Einzelnen auf den Schutz seiner Rechte, insbesondere seiner Grundrechte. Sie sind die Gravitationskraft der Demokratie. Der Rechtsstaat ist dessen Wächter, insbesondere die unabhängige Justiz.

M 2 Gewaltenteilung in Deutschland

Quelle: Bundestag, Bundeszentrale für politische Bildung

M 3 Grund- und Menschenrechte im Rechtsstaat

Menschenrechte sind

- universell: Jeder Mensch auf der Welt besitzt sie!
- unteilbar: Alle Bereiche der Menschenwürde wie politische oder soziale Aspekte sind ganzheitlich miteinander verbunden und deshalb nicht voneinander trennbar!
- unveräußerlich: Sie können weder entzogen noch freiwillig aufgegeben werden!

Im Unterschied zu den Menschenrechten zählen zu den Bürgerrechten nur solche Grundrechte, die allein den Staatsbürgern vorbehalten sind (z. B. Versammlungsrecht oder freie Berufswahl).

M 4 Zusammenspiel der Staatsgewalten in Deutschland

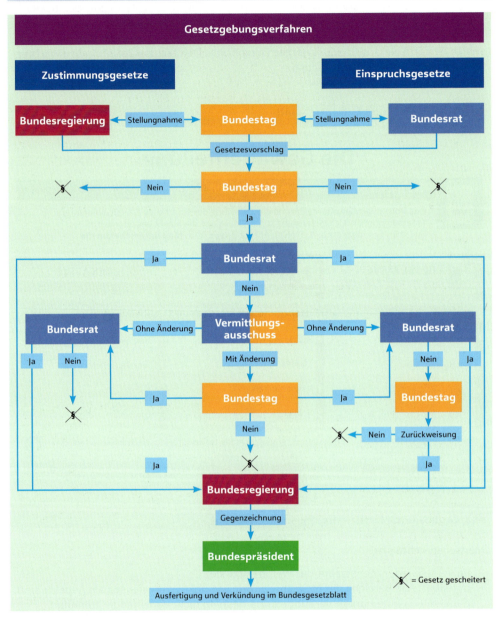

M 5 Grenzen staatlicher Macht

Die Pflicht zum Anbringen von Kreuzen in Klassenzimmern staatlicher Schulen verstößt nach einem Beschluss des Bundesverfassungsgerichts gegen die vom Grundgesetz in Artikel 4 garantierte Religionsfreiheit. Die Schulordnung Bayerns, die Kruzifixe in Volksschulen vorschreibt, sei in diesem Punkt verfassungswidrig und dürfe nicht angewendet werden. Mit dem Beschluss gab der Erste Senat der Verfassungsbeschwerde von Eltern und deren drei minderjährigen Kindern statt.

Vgl. Wochenschau II, Nr. 5, 1995.

Das oberste Gericht der Bundesrepublik Deutschland ist das **Bundesverfassungsgericht** mit Sitz in Karlsruhe. Es besteht aus zwei Spruchkammern (**Senate**) mit jeweils acht Richtern. Der Präsident des Bundesverfassungsgerichtes ist Vorsitzender des Ersten Senats, sein Stellvertreter Vorsitzender des Zweiten Senats. Die Richter werden je zur Hälfte vom Bundestag und vom Bundesrat gewählt. Als **„Hüter der Verfassung"** trifft das Gericht Entscheidungen über

- Verfassungsbeschwerden der Bundesbürger,
- Streitigkeiten zwischen Bundesorganen oder zwischen Bund und Ländern,
- die Vereinbarkeit von Bundes- oder Landesrecht mit dem Grundgesetz und
- die Verfassungswidrigkeit von Parteien.

M 6 Bundesverfassungsgericht als politische Entscheidungsinstanz?

Politisch umstrittene Fragen werden häufig von der Politik an das Bundesverfassungsgericht als letzte Entscheidungsinstanz weitergegeben. Gegen diese Rolle als „Schiedsrichter" der Nation sprechen sich immer wieder einzelne Bundesverfassungsrichter aus. Sie befürchten, dass diese Haltung die Demokratie untergräbt, weil sie die politische Entscheidungsmacht auf wenige Richter konzentriert. Nach ihrer Meinung sollten die demokratisch gewählten Politiker bemüht sein, selbst zweckmäßige Kompromisse zu finden und das Bundesverfassungsgericht nur in wirklich grundlegenden Verfassungsfragen anzurufen.

Berliner Friedhof in Karlsruhe

Lernaufgabe 3.6 Merkmale des modernen Rechtsstaats 6
1. Begründen Sie die Gewaltenteilung als notwendiges Prinzip einer demokratischen Herrschaft.
2. Beziehen Sie zum Kruzifix-Urteil kritisch Stellung.

Zusammenfassung

Am Anfang des demokratischen Staates steht der Kampf der Bürger um ihre Rechte, die sie vor Übergriffen des Staates schützen sollen. Der Forderungskatalog wächst schließlich im historischen Prozess bis zur Formulierung der Menschenrechte. In Deutschland finden sie 1919 den Weg in die Verfassung. Mit der Machtergreifung der Nationalsozialisten 1933 werden sie auf historisch beispiellose Weise durch den Staat missachtet. Seither gilt diese Epoche als mahnendes Ereignis, die Menschenrechte fest und unumstößlich in Politik und Gesellschaft zu verankern.

Zusammenfassende Lernaufgaben

Erkennen

1. Zeigen Sie historische Beispiele für den Kampf um Rechte, die vor staatlicher Willkür schützen sollen.
2. Stellen Sie das System der Grundrechte dar.
3. Erläutern Sie das Zusammenspiel der Staatsgewalten am Beispiel der Gesetzgebung in Deutschland.
4. Erläutern Sie die verfassungsrechtlichen Konsequenzen, die aus der Missachtung der Menschenrechte unter der NS-Herrschaft gezogen wurden.
5. Zeigen Sie Wege auf, wie sich die Bürger gegen einen Unrechtsstaat wehren können.

Werten

1. Diskutieren Sie folgende Auffassung: „Die Demokratie ist ein Rechtsstaat oder keine Demokratie!"
2. „Wo Recht zu Unrecht wird, wird Widerstand zur Pflicht!" Problematisieren Sie diese Aussage.

Anwenden

1. Entwerfen Sie ein Plakat, das Ihre Mitschüler anregt, den Rechtsstaat im Alltag zu achten.
2. Erstellen Sie einen Katalog von Rechten, die das Handeln der Schule Ihnen gegenüber begrenzt.

4 Der Sozialstaat als Antwort auf gesellschaftliche Konflikte

Zum Einstieg:
1. Vergleichen Sie die Aussagen der Karikaturen mit eigenen Erfahrungen.
2. Erstellen Sie in Ihrer Klasse eine Bildcollage zum Thema „Armut".

4.1 Die „soziale Frage" als Ausgangspunkt des Sozialstaats

Der epochale Prozess der industriellen Revolution und die damit verbundene Umwandlung der Agrargesellschaft in eine Industriegesellschaft bilden den historisch-politischen Ausgangspunkt des Sozialstaats. Angestoßen durch die aufklärerische Idee der Freiheit werden die Fesseln der feudalen Gesellschaftsordnung gesprengt: Das freie Unternehmertum verdrängt den Zwangsrahmen der Zunftordnung (z. B. Wettbewerbsverbot), der verschärfte Wettbewerb bewirkt technische Neuerungen, die die Arbeitsbedingungen (Fabrik) verändern, und die Bauern werden durch den Wegfall der Grundherrschaft frei und können als Arbeitskräfte in den Fabriken beschäftigt werden. Gleichzeitig wächst die Bevölkerung sprunghaft an, weil beispielsweise mit der Bauernbefreiung auch das Recht des Grundherrn entfällt, die Heirat seiner Bauern und damit die Kinderzahl zu begrenzen. Die Zahl der Menschen steigt aber auch an, weil durch die Verbesserung der Lebensumstände (z. B. Hygiene) die Sterberate – vor allem bei Kindern – sinkt. Der Zuwachs an Menschen auf dem Land führt zur Abwanderung in die Städte, wo die Fabriken sich konzentrieren. Dies erhöht in diesen Zentren das Angebot an Arbeitskräften und drückt die Löhne nach unten. Die Armut steigt und mit ihm der politische Druck, die sozialen Verhältnisse zu ändern (**„soziale Frage"**). Die Arbeiterschaft organisiert sich und übt Druck auf den Staat aus, die sozialen Bedingungen zu verbessern.

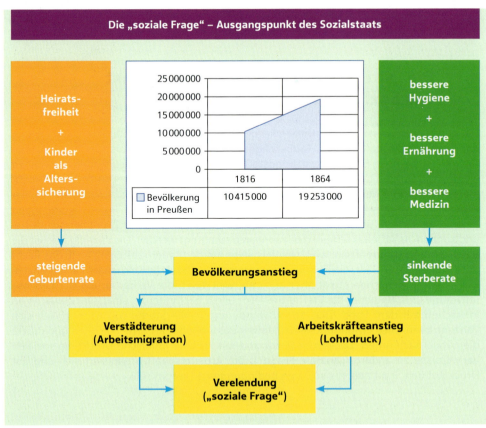

Lernaufgabe 4.1 Die „soziale Frage" als Ausgangspunkt des Sozialstaats 1
1. Erläutern Sie den Wandel von der Agrar- zur Industriegesellschaft.
2. Zeigen Sie die Ursachen für die Verelendung der Arbeiterschaft im 19. Jahrhundert auf.

4.2 Historische Voraussetzungen und Entstehung des Sozialstaats

M 1 Ausformung der Sozialversicherung

M 2 Die historischen Wurzeln der Sozialgesetzgebung

Erst die Industrialisierung stellte die Ressourcen für die [mit der Sozialversicherung] verbundenen finanziellen Aufwendungen bereit. Zudem erzeugte der Zerfall der feudal-ständischen Ordnung samt der Großfamilie, damit auch der vormodernen Absicherungen auf sehr niedrigem Niveau, die dramatische Bevölkerungsvermehrung seit Mitte des 18. Jahrhunderts, die Urbanisierung [Verstädterung] und die höhere Mobilität einen Regelungsdruck in Richtung Aufbau des Sozialstaates. Auch wirkte die politische Mobilisierung in revolutionären Perioden als ein treibender Faktor, insbesondere durch die fast kontinuierlich zunehmende Massenunterstützung der Gewerkschaften und der Arbeiterparteien. [...] Auch wenn sich die objektive materielle Lage der Unterklassen zu bessern begann, waren die Lebensumstände des überwiegenden Teils bis Mitte des 20. Jahrhunderts karg. Besonders die Altersarmut wurde als bedrohlich, moralisch nicht hinnehmbar und staatsgefährdend wahrgenommen. [...] Otto von Bismarcks am 17. November 1881 angekündigte, 1883, 1884 und 1889 vom Reichstag mit den drei Säulen der Kranken-, Unfall- sowie Invaliditäts- und Altersversicherung in gemischter Finanzierung beschlossene Sozialgesetzgebung war

Teil eines nicht zuletzt durch die Wirtschaftskrise der 1870er-Jahre ausgelösten politischen Kurswechsels. [...] Der zwischenstaatliche Freihandel wurde durch agrarische und industrielle Schutzzölle ersetzt, schließlich die junge Sozialdemokratie und die sozialistischen Gewerkschaften in einen illegalen (oder besser: de facto halblegalen) Status verbannt. [...] Die Sozialversicherungen sollten der Sozialdemokratie das Wasser abgraben, was nicht gelang. Vielmehr nutzte die Partei die Debatte um die Gesetzgebung für ihre eigene Agitation und die Vertretungskörperschaften der Ortskassen [der Sozialversicherung] wurden in vielen Fällen zu festen Stützpunkten der Arbeiterbewegung, die die sozialstaatlichen Anfänge der 1880er Jahre später in ihrem Sinn weiterzutreiben bemüht war[.] [...] Auch in der zweiten, stärker bürgerlichkonservativ geprägten Phase der Weimarer Republik kam der gesetzgeberische Prozess nicht zum Stillstand. [...] Doch waren die SPD und die ADGB-Gewerkschaften jetzt die treibenden Kräfte der Sozialpolitik.

Brandt, Peter: Die soziale Frage. In: Die Neue Gesellschaft 1/2 vom 01.01.2016 S. 31 und 33.

Lernaufgabe 4.2 Historische Voraussetzungen und Entstehung des Sozialstaats **2**
1. Erläutern Sie das Zustandekommen der Sozialversicherung.
2. Diskutieren Sie Problemstellungen, die aktuell mit den einzelnen Zweigen der Sozialversicherung in Verbindung gebracht werden.

4.3 Der Sozialstaat als verfassungsrechtlicher Auftrag

M 1 Der Sozialstaat als Ausdruck sozialer Auseinandersetzungen

Am 8. Mai 1949 beschloß der Parlamentarische Rat das Grundgesetz für die Bundesrepublik Deutschland. Es enthielt das Wort „Sozialstaat" nicht. Auch keine spätere Änderung hat dieses Wort eingeführt. Aber zweimal ist davon die Rede [Art. 20 und 28], daß dieser Staat ein „sozialer Staat" sein soll. [...] Damit war der soziale Charakter dieses Staates in die oberste Schicht des Verfassungsrechts eingegangen. Denn „eine Änderung dieses Grundgesetzes, durch welche die in den Art. 1 und 20 niedergelegten Grundsätze berührt werden, ist unzulässig" (Art. 79 Abs. 3 GG). Natürlich hat der Sprachgebrauch sich dann nicht damit begnügt, nur vom „sozialen Bundesstaat" oder vom „sozialen Rechtsstaat" zu sprechen. So wie von der Republik und der Demokratie, vom Bundesstaat und vom Rechtsstaat hat man von Anfang an auch vom „Sozialstaat" gesprochen.

Darüber hinaus aber bleibt der Auftrag des Sozialstaats offen. [...]. Zu Recht greift das Bundesverfassungsgericht, um den Auftrag des Sozialstaats zu beschreiben, immer wieder zu der allgemeinen Formel von der „gerechten Sozialordnung". „Was jeweils praktisch zu geschehen hat, wird [...] in ständiger Auseinandersetzung aller an der Gestaltung des sozialen Lebens beteiligten Menschen und Gruppen ermittelt. Dieses Ringen spitzt sich zu einem Kampf um die politische Macht im Staat zu. Aber es erschöpft sich nicht darin. Im Ringen um die Macht spielt sich gleichzeitig ein Prozeß der Klärung und Wandlung dieser Vorstellungen ab. Die schließlich erreichten Entscheidungen werden gewiß stets mehr den Wünschen und Interessen der einen oder anderen Gruppe oder sozialen Schichten entsprechen; die Tendenz der Ordnung und die in ihr angelegte Möglichkeit der freien Auseinandersetzung zwischen allen realen und geistigen Kräften wirkt aber [...] in Richtung auf Ausgleich und Schonung der Interessen aller. Das

Gesamtwohl wird eben nicht von vornherein gleichgesetzt mit den Interessen oder Wünschen einer bestimmten Klasse [vgl. Verfassung der DDR]; annähernd gleichmäßige Förderung des Wohles aller Bürger und annähernd gleichmäßige Verteilung der Lasten wird grundsätzlich erstrebt. [...] Die staatliche Ordnung muß systematisch auf die Aufgabe der Anpassung und Verbesserung und des sozialen Kompromisses angelegt sein; sie muß insbesondere Mißbräuche der Macht hemmen. Ihre Aufgabe besteht wesentlich darin, die Wege für alle denkbaren Lösungen offenzuhalten [...]"

Zacher, Hans F.: Vierzig Jahre Sozialstaat - Schwerpunkte der rechtlichen Ordnung. In: 40 Jahre Sozialstaat Bundesrepublik Deutschland. Herausgegeben von Norbert Blüm und Hans F. Zacher. Baden-Baden: Nomos-Verlagsgesellschaft 1989, S. 23 und 30.

Die Bundesrepublik ist ein **Rechtsstaat**. Zu seinen **Merkmalen** gehört die verfassungsrechtliche Verankerung der **Menschenrechte**. Ferner muss jeder auf die Gültigkeit seiner persönlichen Rechte vertrauen können (**Rechtssicherheit**) und niemand darf rechtlich bevorzugt werden (**Rechtsgleichheit**). Durch eine **unabhängige Gerichtsbarkeit** muss jeder Staatsbürger die Möglichkeit haben, seine Rechte verbindlich durchzusetzen.

Eigentum verpflichtet, heißt es in Art. 12 (2) des Grundgesetzes, sein Gebrauch soll dem Wohl der Allgemeinheit dienen. Damit ist die Bundesrepublik neben einem Rechtsstaat auch ein **Sozialstaat**. Zum Schutz der Schwächeren greift er über Gesetze wie das Mieterschutzgesetz in die Rechte von Einzelnen (z. B. Vertragsfreiheit) ein oder gewährt ihnen Leistungen. Nach dem Grundsatz der **Subsidiarität** soll er aber nur tätig werden, wenn sich die zu schützenden Personen nicht selbst helfen können.

Die Verbindung zwischen Rechts- und Sozialstaat wird als **sozialer Rechtsstaat** bezeichnet. Wie stark die Politik zum Ausgleich sozialer und persönlicher Interessen in die Rechte des einzelnen Bürgers eingreifen darf, ist heftig umstritten.

M 2 Ziele und Struktur des Sozialstaats

Grundprinzipien des Sozialstaats			
soziale Sicherheit	Sicherung des Existenzminimums	sozialer Schutz/ soziale Teilhabe	sozialer Ausgleich
• Kranken- versicherung • Unfallversicherung • Renten- versicherung • Arbeitslosen- versicherung • Pflegeversicherung	Arbeitslosengeld II • Regelsatz 424,00 € (2019) • Wohngeld (Miete, Heizung, Strom) • SV-Beiträge • Sonstige Zuschüsse (u. a. Übergangsgeld)	• Arbeitsschutz • Kündigungsschutz • Mutterschutz • Mieterschutz • innerbetriebliche Mitbestimmung	• progressive Einkommensteuer • Familienförderung (Ehegatten-Splitting, Kinderfreibeträge, Kindergeld) • Vermögensbildung • Ausbildungsförderung
Leistungen erhält, wer Beiträge an die Versicherung gezahlt hat (Versicherungsprinzip).	Leistungen erhält, wer seine Bedürftigkeit nachweisen kann (Bedürftigkeitsprinzip).	Der Gesetzgeber stärkt die rechtliche Position des Schwächeren (Prinzip des Machtausgleichs).	Der Gesetzgeber stärkt die wirtschaftliche Situation der Schwächeren durch Umverteilung (Solidaritätsprinzip).

Lernaufgabe 4.3   Der Sozialstaat als verfassungsrechtlicher Auftrag ③
1. Diskutieren Sie, ob der Staat berechtigt ist, die Miethöhe einer Wohnung rechtlich zu begrenzen („Mietpreisbremse").
2. Erörtern Sie am Beispiel des Bundesausbildungsförderungsgesetzes (BAföG) das Subsidiaritätsprinzip. (Recherchehilfe: Suchbegriff im Internet „bafoeg-rechner".)

Zusammenfassung

Mit der Industriellen Revolution im 19. Jahrhundert ändern sich die sozialen Verhältnisse. Die Liberalisierung der Wirtschaft stößt neue Formen der Beschäftigung an (Lohnarbeit). Diese konzentriert sich in den Städten, die zu Magneten der Arbeitsmigration werden. Dieser Zuwanderungsdruck wird zusätzlich durch das Bevölkerungswachstum verstärkt. Die wachsende Zahl der Arbeitssuchenden führt zu einer Senkung des Lohnniveaus und treibt die Arbeiterschaft ins Elend. Diese organisiert sich und drängt den Staat nach Lösungen („soziale Frage"). Erste Antwort ist die Sozialversicherung, die den Grundstein für den heutigen Sozialstaat legt. Bis heute stellen sich immer wieder neue „soziale Fragen" (z. B. Altersarmut), die den Sozialstaat zum Handeln drängen.

Zusammenfassende Lernaufgaben

Erkennen
1. Erläutern Sie den Unterschied zwischen der Agrar- und der Industriegesellschaft.
2. Erklären Sie die „soziale Frage" im 19. Jahrhundert.
3. Zählen Sie die Zweige der Sozialversicherung auf.
4. Stellen Sie die rechtliche Verankerung des Sozialstaats im Grundgesetz dar.
5. Erklären Sie die Grundprinzipien des Sozialstaats.

Werten
1. Setzen Sie sich mit der Formel der „gerechten Sozialordnung" des Bundesverfassungsgerichts auseinander.
2. Erörtern Sie die Rolle Bismarcks als „Vater" des Sozialstaats.

Anwenden
1. Gestalten Sie eine Collage zum Thema „soziale Gerechtigkeit".
2. Recherchieren Sie nach Bezugspunkten zwischen Ihnen und dem Sozialstaat.

5 Der Bundesstaat als Schutz vor Machtmissbrauch

Contra: Bildungsföderalismus
Schämt euch, Länder! [...] Bildung und Schule sind, so steht es im Grundgesetz, Ländersache. [...] Aus der ureigenen Sache ist so ein ureigenes Chaos geworden: Tausende Lehrpläne und Lernkonzepte unterschiedlichster Art [...] Der Umzug mit schulpflichtigen Kindern von Bremen nach Stuttgart ist ein hochriskantes Abenteuer. Die Anforderungen an den Gymnasien weichen so voneinander ab, dass Jugendliche besser in Köln bleiben, wenn die Eltern beruflich nach München wechseln. [...] Es geht im Kern um die ganz große Frage: Wie lernen Kinder künftig? Und welche Rolle spielen in diesem Lernen Kunst, Literatur und Musik? Darüber [...] sollte die Kultusministerkonferenz verhandeln.
Prantl, Heribert: Schämt euch, Länder! In: Süddeutsche Zeitung. 05.12.2018. www.sueddeutsche.de/bildung/schule-foederalismus-digitalpakt-1.4238646 [13.08.2019].

Pro: Bildungsföderalismus
Traut euch, Länder! [Wer] den Bildungsföderalismus abschaffen will, der gibt sich der Vermutung hin, der Bund könne das besser. [...] Bildung lässt sich im Land sehr viel zündender zum Wahlkampfthema machen als auf Bundesebene, wo sie sich irgendwo zwischen den Ressorts für Soziales, Wirtschaft und Verteidigung einreiht. [...] Um Gräben zwischen den Ländern zu verhindern, müssen Grundbedingungen vereinheitlicht werden – Dauer der Bildungsgänge, Standards der Abiturprüfung, solche Dinge. Dafür gibt es [...] eine Kultusministerkonferenz. Die große Einheitsschule von Kiel bis Konstanz würde den Wettbewerb zwischen den Ländern um die besten Ideen unterbinden. Dabei ist es das, was Deutschland am meisten braucht, um international bestehen zu können: gute Ideen für die Bildung.
Janisch, Wolfgang: Traut euch, Länder! In: Süddeutsche Zeitung. 05.12.2018. www.sueddeutsche.de/bildung/schule-foederalismus-digitalpakt-1.4238644 [13.08.2019].

Zum Einstieg:
1. Vergleichen Sie die Schulstruktur von Rheinland-Pfalz mit der anderer Länder. (Recherchehilfe: Schulformwechsel in Deutschland, Bertelsmann Stiftung)
2. Diskutieren Sie, ob zur Abiturprüfung bundeseinheitliche Fragen gestellt werden sollen. (Recherchelink: www.iqb.hu-berlin.de/abitur)

5.1 Grundgesetz und Bundesstaat

M 1 Verfassung durch die Länder

8. Mai 1949: Die Mehrheit des Parlamentarischen Rates erhebt sich nach der Annahme des Grundgesetzes. Die beiden KPD-Abgeordneten, die mit Nein gestimmt haben, bleiben sitzen.

M 2 Länder und Bundesländer

„Bundesländer" gibt es in Deutschland nicht. Und das hat geschichtliche Gründe. Nach dem zweiten Weltkrieg existierte Deutschland als Staat nicht mehr, auch die Länder, aus denen sich das Reich zusammensetzte, waren verschwunden. Die vier Siegermächte teilten das eroberte Gebiet in vier Besatzungszonen. Mit denen war allerdings buchstäblich kein Staat zu machen. In den drei Westzonen verfolgte man die Idee einer föderalen Struktur und gründete Länder mit demokratisch gewählten Landesregierungen – einige der Neugründungen gab es so schon seit Jahrhunderten, wie Bayern oder die Hansestadt Hamburg, andere waren völlige Neuschöpfungen wie das große Nordrhein-Westfalen [oder Rheinland-Pfalz]. Und diese Länder wiederum schlossen sich 1949 zur Bundesrepublik Deutschland zusammen. Der neue, westdeutsche Staat war also eine Gründung der deutschen Länder. Und da der Bund erst nach den Ländern und durch sie kam, spricht man auch heute noch von „Ländern", nicht von „Bundesländern". [...] Die Stellung der Länder, die Gliederung des Bundes und eine mögliche Änderung dieser Ordnung sind im Artikel 29 des Grundgesetzes genau festgelegt. In der sowjetischen Besatzungszone sah es ein wenig anders aus. Zunächst gab es dort auch fünf Länder, doch teilte man den neu gegründeten Staat schon 1952 in Bezirke auf, die alle zentral aus der Hauptstadt Ostberlin regiert wurden. Erst mit der Vereinigung 1990 wurden die fünf Länder neu gegründet.

Risse, Karin: ... gibt es keine Bundesländer? In: Einblick: Beiträge zu Bundesrat und Föderalismus. Herausgegeben vom Bundesrat. Ausgabe 2008. www.bundesrat.de/SharedDocs/downloads/DE/publikationen/Einblick.pdf?__blob=publicationFile&v=1 [13.08.2019], S. 4.

Der Bundesstaat als Schutz vor Machtmissbrauch 199

M 3 Die Länder der Bundesrepublik

Die Bundesrepublik Deutschland ist am 23. Mai 1949 aus dem Zusammenschluss der 16 deutschen Länder der Westzone hervorgegangen. Die Länder auf dem Gebiet der ehemaligen DDR treten ihr am 3. Oktober 1990 bei. Mit dem Grundgesetz geben sie sich gemeinsame staatliche Organe, die sie mit Rechten ausstatten. Auch die „Kompetenzkompetenz", also das Recht, die Zuteilung von Rechten zwischen Bund und Ländern zu ordnen, wird auf die Bundesebene übertragen (Art. 79 GG). Neben der Entscheidung über Gesetze ist auch deren Ausführung von hoher Bedeutung. Sie wird überwiegend den Ländern übertragen, weshalb der Bund über wenige Behörden verfügt (z. B. Bundeswehr, Bundesgrenzschutz, Bundespolizei und Zoll). Als Gliedstaaten bleiben sie über den Bundesrat in die politischen Entscheidungen des Gesamtstaates eingebunden (z. B. Gesetzgebung) und bilden auf diesem Weg ein politisches Gegengewicht zu den gesamtstaatlichen Organen. Aus den Erfahrungen mit der nationalsozialistischen Diktatur werden diese bundesstaatlichen Regelungen im Grundgesetz mit einer Ewigkeitsklausel oder Ewigkeitsgarantie versehen (Art. 79 Abs. 3 des Grundgesetzes): Sie können durch die Politik nicht aufgehoben werden.

M 4 Die Stellung der Länder im Bund

Grundgesetz für die Bundesrepublik Deutschland, Art. 70
(1) Die Länder haben das Recht der Gesetzgebung, soweit dieses Grundgesetz nicht dem Bunde Gesetzgebungsbefugnisse verleiht.
(2) Die Abgrenzung der Zuständigkeit zwischen Bund und Ländern bemisst sich nach den Vorschriften dieses Grundgesetzes über die ausschließliche und die konkurrierende Gesetzgebung.

Lernaufgabe 5.1   Grundgesetz und Bundesstaat 1
1. Erläutern Sie die Einwände an der Verwendung des Begriffs „Bundesland".
2. Stellen Sie die Rolle der Länder als Gegengewicht zum Bundesstaat dar.

5.2 Der Bundesstaat als Staatenverbindung

Als **Bundesstaat** (auch als Föderalstaat oder föderalistischer Staat bezeichnet) unterscheidet sich die Bundesrepublik von einem Einheitsstaat wie Frankreich. Dort herrscht eine zentrale Staatsgewalt über das gesamte Staatsgebiet (**Zentralstaat**). Mit dieser föderalen Staatsordnung hebt sich der deutsche Staat auch von einem **Staatenbund** wie dem Verteidigungsbündnis NATO ab. Dieser verfügt über keine eigene staatliche Souveränität, sondern schöpft sein Recht aus zwischenstaatlichen Verträgen. Mit der Europäischen Union hat sich eine besondere Form der Staatenverbindung entwickelt. Sie ist kein Bundesstaat, aber mehr als ein Staatenbund. Sie beruht, wie der Staatenbund, auf Verträgen zwischen ihren Mitgliedern, kann aber Richtlinien erlassen, die die Mitgliedsstaaten gesetzgeberisch umsetzen müssen. Diese Zwischenstellung wird als **Staatenverbund** gekennzeichnet.

Während in einem Zentralstaat die Finanzmittel des Staates in einer Hand liegen, werden sie in einem Bundesstaat zwischen Bund und Ländern sowie zwischen diesen aufgeteilt. Wegen der unterschiedlichen Leistungskraft der Länder verlangt das Grundgesetz einen finanziellen Ausgleich zwischen ihnen (Länderfinanzausgleich). Das Ziel ist die Herstellung gemeinsamer Lebensverhältnisse im Bundesstaat. Zusätzlich unterstützt der Bund die ärmeren Länder mit Sonderzahlungen aus der Bundeskasse.

M 1 Länderfinanzausgleich

Grundgesetz für die Bundesrepublik Deutschland, Art. 107
(2) Durch Bundesgesetz, das der Zustimmung des Bundesrates bedarf, ist sicherzustellen, dass die unterschiedliche Finanzkraft der Länder angemessen ausgeglichen wird.

Der Bundesstaat als Schutz vor Machtmissbrauch

M 2 Zuständigkeitsverteilung zwischen Bund und Ländern

Zuständigkeitsverteilung der Gesetzgebung zwischen Bund und Ländern (Gesetzgebungskompetenz nach Art. 70 GG)

Ausschließliche Gesetzgebung des Bundes Art. 73 (1), 71	Konkurrierende Gesetzgebung Art.: 72 (1, 2, 4), 74	Rahmengesetzgebung Art. 72 (3)	Ausschließliche Gesetzgebung der Länder Art. 70 (1)
Der Bund hat die ausschließliche Gesetzgebung. z. B. Verteidigung	[D]ie Länder (haben) die Befugnis zur Gesetzgebung, solange und soweit der Bund von seiner Gesetzgebungszuständigkeit nicht durch Gesetz Gebrauch gemacht hat. z. B. Straßenverkehr	Hat der Bund von seiner Gesetzgebungszuständigkeit Gebrauch gemacht, können die Länder durch Gesetz hiervon abweichende Regelungen treffen. z. B. Hochschule (Zulassung und Abschluss)	Die Länder haben das Recht der Gesetzgebung, soweit dieses Grundgesetz nicht dem Bunde Gesetzgebungsbefugnisse verleiht. z. B. Bildung

M 3 Geben und Nehmen im Bundesstaat

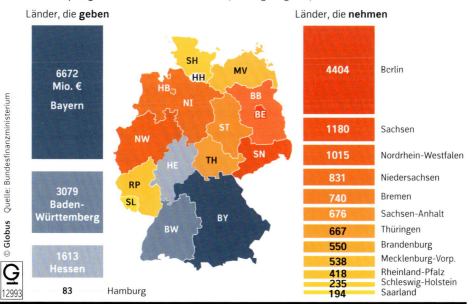

Der Länderfinanzausgleich — Zahler und Empfänger im Jahr 2018 in Millionen Euro (vorläufige Angaben)

Länder, die geben:
- Bayern: 6672 Mio. €
- Baden-Württemberg: 3079
- Hessen: 1613
- Hamburg: 83

Länder, die nehmen:
- Berlin: 4404
- Sachsen: 1180
- Nordrhein-Westfalen: 1015
- Niedersachsen: 831
- Bremen: 740
- Sachsen-Anhalt: 676
- Thüringen: 667
- Brandenburg: 550
- Mecklenburg-Vorp.: 538
- Rheinland-Pfalz: 418
- Schleswig-Holstein: 235
- Saarland: 194

Quelle: Bundesfinanzministerium / © Globus 12993

M 4 Bundesstaat und Staatseinnahmen

Wer bekommt welche Steuern?

Gemeinschaftsteuern
- **Körperschaftsteuer**
  Bund 50 %, Länder 50 %, Gemeinden 0 %
- **Lohn- und Einkommensteuer**
  Bund 42,5 %, Länder 42,5 %, Gemeinden 15 %
- **Umsatzsteuer**
  Bund 49,6 %, Länder 47,2 %, Gemeinden 3,2 %
- **Abgeltungsteuer auf Zins- und Veräußerungsverträge**
  Bund 44 %, Länder 44 %, Gemeinden 12 %

Bund — Länder — Gemeinden

Bundessteuern
- Energiesteuer
- Stromsteuer
- Tabaksteuer
- Kaffeesteuer
- Versicherungsteuer
- Kraftfahrzeugsteuer
- Solidaritätszuschlag

Landessteuern
- Erbschaft- und Schenkungsteuer
- Grunderwerbsteuer
- Biersteuer
- Rennwett- und Lotteriesteuer
- Spielbankabgabe
- Feuerschutzsteuer

Gemeindesteuern
- Gewerbesteuer
- Grundsteuer
- Vergnügungsteuer
- Hundesteuer
- Zweitwohnsitzsteuer
- Spielautomatensteuer
- Getränkesteuer

EU-Eigenmittel*
- Mehrwertsteuer-Eigenmittel
- BNE-Eigenmittel
  (Anteil am Bruttonationaleinkommen)
- Zölle und Zuckerabgaben

Europäische Union

Stand: Dezember 2018
© Bundesministerium der Finanzen

*Teile des Bundeshaushalts fließen nach einem festgelegten Finanzierungsschlüssel an die Europäische Union.

M 5 Länderfinanzausgleich in der Diskussion

Länderfinanzausgleich 2020: Die Spaltung der Republik

Tatsächlich verfügt derzeit kein Bundesland über die Mittel, um beispielsweise die Bildungsausgaben signifikant zu erhöhen – auch wenn dies alle Parteien im Wahlkampf immer wieder einmütig fordern und versprechen. […] Selbst wenn die „Geberländer" somit über höhere Finanzmittel als die „Nehmerländer" verfügen, reichen diese nicht aus. Insofern versuchen die reicheren Länder nun, die insgesamt zu kurze Finanzdecke über die eigene Nase zu ziehen [Klagen gegen den Finanzausgleich]. Dabei nehmen sie billigend in Kauf, dass andere Bundesländer völlig frei liegen. Ihre Forderungen werden von Pressure-Groups, neoliberalen Thinktanks und Wissenschaftlern geteilt, die mehr „Wettbewerbsföderalismus" fordern, um so die „Verantwortlichkeit" der Länderpolitik zu beflügeln und „Anreize" zu setzen, damit sich die armen Länder endlich einmal mehr anstrengen und den reichen nicht länger auf der Tasche liegen. Arme Länder könnten ja zudem die Möglichkeit bekommen, höhere Steuern zu erheben, wenn sie unbedingt soziale Wohltaten finanzieren wollten – so der Tenor der Vorschläge. Tatsächlich aber würde dies einen ruinösen Wettbewerb zwischen den Ländern in Gang setzen und die Ungleichheit noch weiter vergrößern: Reiche Bundesländer würden versuchen, durch besonders niedrige Steuern Wirtschaftsunternehmen und reiche private Haushalte anzulocken und sich so – auf Kosten der anderen Bundesländer – einen höheren Anteil vom Steuerkuchen zu sichern. […] Allerdings zeigen Forschungsergebnisse, dass der wirtschaftliche Erfolg eines Bundeslandes zum großen Teil auf langfristigen infrastrukturellen Entwicklungen beruht […] Mehr Wettbewerb zwischen den Ländern würde daher keine fruchtbare Konkurrenz, sondern im Gegenteil einen drastischen Abbau der öffentlichen Leistungen in den armen Bundesländern bewirken. Das grundgesetzliche Gebot der Wahrung der Einheitlichkeit der Lebensverhältnisse würde damit vollends zur Makulatur. […] Statt mehr Wettbewerb wäre daher das genaue Gegenteil geboten: Die Verteilung zwischen armen und reichen Bundesländern muss ausgeweitet werden, flankiert von einer Reihe an Maßnahmen im Bereich der Bund-Länder-Finanzbeziehungen, die die Einnahmen insgesamt erhöhen und den verschuldeten, strukturschwachen Ländern und Kommunen unter die Arme greifen.

_{Troost, Axel und Restat, Jan: Länderfinanzausgleich 2020: Die Spaltung der Republik. In: „Blätter" 9/2014, herausgegeben von der Blätter Verlagsgesellschaft mbH, Seite 13-16. www.blaetter.de/archiv/jahrgaenge/2014/september/laenderfinanzausgleich-2020-die-spaltung-der-republik [13.08.2019].}

M 6 Vor- und Nachteile des Bundesstaates in der Diskussion

Vorteile des Bundesstaates gegenüber dem Einheitsstaat

Machtverteilung
Zur klassischen horizontalen Trennung der Staatsgewalten (Legislative – Exekutive – Judikative) kommt im Bundesstaat die vertikale Gewaltenteilung zwischen dem Gesamtstaat und den Gliedstaaten hinzu. Machtverteilung bedeutet Machtkontrolle und Schutz vor Machtmissbrauch.

Mehr Demokratie
Die Gliederung in kleinere staatliche Einheiten erleichtert die Überschaubarkeit und Verstehbarkeit staatlichen Handelns und fördert damit die aktive Anteilnahme und

Mitbestimmung. Der Bürger kann außerdem sein Wahlrecht als das urdemokratische Entscheidungsrecht doppelt einsetzen, denn im Bundesstaat wird zum Parlament des Gesamtstaates und zu den Parlamenten der Gliedstaaten gewählt.

Führungsalternativen
Chancen und Wettbewerb der politischen Parteien werden dadurch gefördert, dass sie trotz Minderheitsposition im Gesamtstaat die politische Verantwortung in Gliedstaaten übernehmen und so ihre Leistungs- und Führungsfähigkeit erproben und beweisen können.

Aufgabennähe
Die staatlichen Organe sind regionalen Problemen im Bundesstaat näher als im Einheitsstaat. Vergessene, ferne „Provinzen" gibt es nicht.

Bürgernähe
Der Bürger hat kurze Wege zu den staatlichen Stellen. Er kann eher Kontakt zu Politikern und Behörden bekommen als im Einheitsstaat mit einer anonymen, fernen Zentrale.

Wettbewerb
Die Gliedstaaten stehen zwangsläufig im Wettbewerb zueinander. Konkurrenz belebt. Erfahrungsaustausch fördert den Fortschritt und beugt bundesweiten Fehlentwicklungen vor.

Ausgleich
Wechselseitige Kontrolle, gegenseitige Rücksichtnahme und Kompromisszwang verhindern oder erschweren doch zumindest Extrempositionen. Der Föderalismus wirkt ausgleichend und damit auch stabilisierend.

Vielfalt
Die Gliederung des Bundes in Länder garantiert viele wirtschaftliche, politische und kulturelle Mittelpunkte. Die landsmannschaftlichen, geschichtlichen, wirtschaftlichen und kulturellen Eigenheiten können so besser erhalten und weiterentwickelt werden. Diese Vielfalt kann zu mehr Freiheit werden.

Nachteile des Bundesstaates gegenüber dem Einheitsstaat

Uneinheitlich
Die Eigenständigkeit der Länder führt zwangsläufig zu Unterschieden. Vielfalt ist das Gegenteil von Einheitlichkeit. Dadurch können Schwierigkeiten entstehen, zum Beispiel für Schüler beim Wohnungswechsel in ein anderes Land.

Kompliziert
Viele Entscheidungszentren in der Bundesrepublik, die Machtverteilung zwischen Bund und Ländern bedeuten: Zusammenwirken, Rücksichtnahme, gegenseitige Kontrolle und wechselseitige Begrenzung. Die in dieser Weise verflochtene Staatstätigkeit ist also kompliziert und manchmal für den Bürger schwer zu überschauen.

Zeitraubend
Parlamente, Regierungen und Verwaltungen von Bund und Ländern müssen gegenseitig auf Anstöße, Entscheidungen oder Zustimmungen warten und langwierige

Verhandlungen miteinander führen, um zu gemeinsamen Lösungen zu kommen. Darüber kann viel kostbare Zeit vergehen.

Teuer
Die einzelnen Parlamente, Regierungen und Verwaltungen in Bund und Ländern werden gemeinhin insgesamt für teurer gehalten als die entsprechenden Stellen in einem Einheitsstaat. Ob diese Annahme aber wirklich stimmt, ist fraglich, denn die Einrichtungen der Länder könnten in einem Einheitsstaat nicht einfach ersatzlos wegfallen. Die Bundesstellen müssten mit Sicherheit erweitert werden – und es ist durchaus offen, ob zentrale Mammutbehörden dann am Ende wirklich billiger wären.

Reuter, Konrad: Bundesrat und Bundesstaat. Berlin 2009. 14. Auflage. Herausgegeben vom Bundesrat. In: www.bundesrat.de/SharedDocs/downloads/DE/publikationen/Bundesrat-und-Bundesstaat.pdf?__blob=publicationFile&v=1 [13.08.2019], S. 7–9.

Lernaufgabe 5.2   Der Bundesstaat als Staatenverbindung 2
1. Unterscheiden Sie die Formen der Staatsverbindungen.
2. Erläutern Sie den Länderfinanzausgleich als Notwendigkeit des Bundesstaates.

5.3 Der Bundesstaat als Erbe der deutschen Vergangenheit

Zur Identität eines Menschen gehört das Wissen um seine Herkunft. Dies gilt auch für ein Land. Deshalb verweist das Wappen von Rheinland-Pfalz beispielhaft auf die drei Kurfürstentümer Trier, Pfalz und Mainz. Sie haben das politische Geschehen auf seinem heutigen Staatsgebiet in der Vergangenheit wesentlich mitgeprägt. Mit ihrem Stimmrecht bei der Wahl des deutschen Königs (Kurwürde) stellen sie zugleich einen Bezug zur Entwicklung Gesamtdeutschlands her. Die vielen Impulse für Freiheit und Demokratie, die vom Territorium des heutigen Rheinland-Pfalz ausgingen, symbolisiert das Wappen als Krönung der Geschichte. Seinen Grenzverlauf erhält das Bundesland indirekt durch die Siegermächte im zweiten Weltkrieg. Ungeachtet von gewachsenen Bezügen legen sie am Reißbrett die französische Besatzungszone fest, aus deren nördlichem Teil das Staatsgebiet von Rheinland-Pfalz hervorgeht.

M 1 Geschichte als Symbol

Gebiet von Rheinland-Pfalz 1648

Wappenzeichen von Rheinland-Pfalz

M 2 Weg zur Gründung des ersten deutschen Reiches

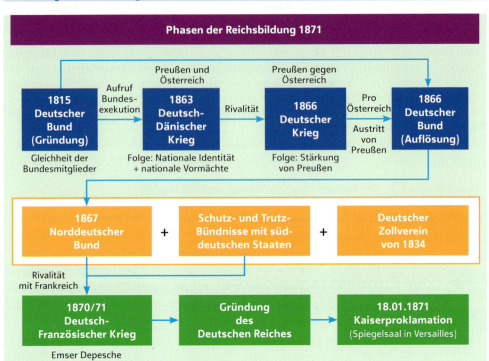

Die Deutschen auf dem Weg zum Bundesstaat

Die 16 deutschen Bundesländer haben ihre Wurzeln in den vielfältigen Herrschaftsgebieten, die sich im Verlauf der Geschichte auf deutschem Boden gebildet haben. Im Gegensatz zu ihrem absolutistischen Nachbarn Frankreich können sich die deutschen Fürsten ihre Eigenständigkeit gegenüber dem Kaiser (Heiliges Römisches Reich Deutscher Nation) weitgehend bewahren und eigene Wege gehen. Mit dem Sieg Napoleons über die deutschen Fürstenstaaten geht das Deutsche Kaiserreich 1806 unter. In der anschließenden französischen Besatzungszeit schlagen die deutschen Staaten unterschiedliche Wege zur politischen Modernisierung ein (z. B. Reformen in Preußen). Nach der Vertreibung Napoleons 1815 kommt es auf gesamtdeutscher Ebene nur noch zu einem lockeren Bündnis der deutschen Staaten (Deutscher Bund). Auf einen gemeinsamen Kaiser können sie sich nicht einigen. Der erste nationale Verfassungsentwurf 1848 aus der Bürgerschaft („Paulskirchenverfassung") ist demokratisch und zugleich bundesstaatlich konzipiert. Er scheitert jedoch an den politischen Machtverhältnissen der Zeit.

1863 sieht der Deutsche Bund seine Interessen durch Dänemark gefährdet. Er beauftragt Preußen und Österreich militärisch einzugreifen (Bundesexekution). Dies gilt zugleich als Anerkennung von deren politischer Vormacht im Deutschen Bund. Nach dem Sieg wächst die Rivalität zwischen den beiden deutschen Großmächten. Es geht um die Führung innerhalb Deutschlands. 1866 kommt es dadurch zum deutsch-deutschen Krieg mit der Niederlage von Österreich. Da sich der Deutsche Bund zu Österreich bekennt, tritt Preußen aus

Der Bundesstaat als Schutz vor Machtmissbrauch

ihm aus. Daraufhin löst sich dieser auf. Das gestärkte Preußen sichert seinen Machtbereich, indem es seine Nachbarstaaten als Teilstaaten in den Norddeutschen Bund 1866 einbindet. Ihm schließen sich die Südstaaten in einem „Schutz- und Trutzbündnis" an. Wirtschaftlich gefestigt wird dieser Pakt durch den deutschen Zollverein, der die Mitglieder wirtschaftlich stärkt. Das Ziel Preußens ist ein geeintes Deutschland unter seiner Führung. Einen solch starken Nachbarn sieht Frankreich jedoch als Gefahr. Es kommt 1870 zum Krieg, provoziert durch Preußen (Emser Depesche). Nach dem Sieg der deutschen Streitkräfte wird das Deutsche Reich 1871 im Spiegelsaal von Versailles bei Paris ausgerufen.

M 3 Das erste Deutsche Reich – Grenzen und Gliedstaaten

Nach dem Untergang des deutschen Kaiserreichs 1918 stützt sich auch die Verfassung der Republik (Weimarer Verfassung) auf die deutschen Länder.

M 4 Weimarer Verfassung und Stellung der Länder

Art. 60
Zur Vertretung der deutschen Länder bei der Gesetzgebung und Verwaltung des Reichs wird ein Reichsrat gebildet.

Art. 61
Im Reichsrat hat jedes Land mindestens eine Stimme. Bei den größeren Ländern entfällt auf eine Million Einwohner eine Stimme. [...] Kein Land darf durch mehr als zwei Fünftel aller Stimmen vertreten sein.

M 5 Verfassungsrecht und Schwächung der Länder

Art. 48
Wenn ein Land die ihm nach der Reichsverfassung oder den Reichsgesetzen obliegenden Pflichten nicht erfüllt, kann der Reichspräsident es dazu mit Hilfe der bewaffneten Macht anhalten.

Der Reichspräsident kann, wenn im Deutschen Reiche die öffentliche Sicherheit und Ordnung erheblich gestört oder gefährdet wird, die zur Wiederherstellung der öffentlichen Sicherheit und Ordnung nötigen Maßnahmen treffen, erforderlichenfalls mit Hilfe der bewaffneten Macht einschreiten. Zu diesem Zwecke darf er vorübergehend die in den Artikeln 114, 115, 117, 118, 123, 124 und 153 festgesetzten Grundrechte ganz oder zum Teil außer Kraft setzen.

Lernaufgabe 5.3   Der Bundesstaat als Erbe der deutschen Vergangenheit 3
1. Erläutern Sie die Symbolik des rheinland-pfälzischen Wappens. (Recherchelink: www.rlp.de/de/unser-land/wappen-und-landessiegel/)
2. Stellen Sie die Rolle der Länder in der deutschen Verfassungsgeschichte dar.

5.4 Die Beseitigung bundesstaatlicher Strukturen in Deutschland

Der Preußenschlag 1932

Schon in der Weimarer Republik gerät der Bundesstaat in das kritische Blickfeld antidemokratischer Kräfte. Am 20. Juli 1932 entbindet Reichspräsident Hindenburg per Notverordnung und unter Beteiligung der Reichswehr den Sozialdemokraten Otto Braun von seinem Amt als Ministerpräsident des preußischen Bundesstaates. Das gleiche gilt für die Minister in seinem Kabinett. An deren Stelle setzt er den rechtskonservativen Franz von Papen als Reichskommissar ein, der nun die Geschicke des Landes in seinem Sinne leitet. Begründet wird dieses Vorgehen mit der angeblichen Unfähigkeit der Landesoberen, gegen linksradikale Demonstranten vorzugehen. In Wahrheit geht es ihnen jedoch darum, die Sozialdemokraten aus der Regierung des größten deutschen Bundesstaates zu verdrängen. Damit sollte die Opposition im Reichsrat gegen eine geplante monarchische Restaurationspolitik erheblich geschwächt werden. Angesichts der bestehenden hohen Arbeitslosigkeit verzichten die Gewerkschaften, die den Sozialdemokraten nahestehen, auf einen Generalstreik. Sie hoffen auf einen Gegenschlag der demokratischen Kräfte in der Wahlkabine. Der bleibt jedoch aus. Bei den Wahlen am 31. Juli 1932 geht die NSDAP als überragender Sieger hervor. Auch die Klagen einiger Länder gegen die Verletzung föderaler Rechte durch diesen „Staatsstreich" bleiben erfolglos. Der Staatsgerichtshof erklärt das Vorgehen als rechtens. Das vom Reich kontrollierte Preußen erleichtert es Adolf Hitler später, die Diktatur zu errichten: Die preußische Polizei unterliegt durch den „Preußenschlag" seinem Einfluss als Reichskanzler.

Die Gleichschaltung der Länder unter der NS-Herrschaft 1933

Ein totalitärer Herrscher duldet keine Nebenmacht. Er strebt nach Gleichschaltung aller Machtbereiche. Dies gilt auch für die föderalen Länder. Von daher wundert es nicht, wenn Hitler gleich nach der Machtergreifung die preußische Volksvertretung auflösen lässt, um seiner Partei durch gewaltsame Einschüchterung der Wähler eine Mehrheit zu verschaffen. Ähnliches erfolgt im Hinblick auf die Volksvertretungen anderer Länder. NS-Mitglieder provozieren Gewaltzustände, die die Reichsregierung zum Anlass nimmt, die Landesregierung unter Berufung auf die Verordnung zum Schutz von Volk und Staat vom 28. Februar 1933 (sogenannte Reichstagsbrandverordnung) in Verbindung mit Art. 48 der Weimarer Verfassung abzusetzen und durch Reichskommissare aus dem eigenen politischen Lager zu ersetzen. Diese lösen anschließend die Volksvertretungen auf, um durch gewaltmanipulierte Wahlen für eine Mehrheit der NSDAP im Landtag zu sorgen.

Durch das „Vorläufige Gesetz zur Gleichschaltung der Länder mit dem Reich" vom 31. März 1933 können (in Verbindung mit weiteren Gesetzen) alle Minister, Abgeordneten und höheren Staatsbeamten, die nicht der NSDAP angehören, aus ihren Ämtern entfernt werden. Den Landesregierungen ist erlaubt, verfassungsändernde Gesetze zu erlassen und die Landesverwaltungen neu zu organisieren. Eine Zustimmung der Landtage ist nicht mehr erforderlich. Gleichzeitig bestimmt es die Auflösung der Landtage und eine Neubesetzung nach den Ergebnissen – der für die NSDAP erfolgreichen – Reichstagswahl vom 5. März 1933. Von dieser Regelung ist nur Preußen ausgenommen.

Durch ein weiteres Gesetz werden in den Ländern Reichsstatthalter eingesetzt, die Reichskanzler Adolf Hitler persönlich unterstellt sind. In der Mehrzahl sind es die NSDAP-Gauleiter, die für die Durchführung der Politik der Reichsregierung sorgen sollen. Sie sind den Landesregierungen übergeordnet und haben als Aufsichtsorgan diese zu beaufsichtigen.

Letzte Strukturen des föderalen Staatsaufbaus beseitigte das „Gesetz über den Neuaufbau des Reiches" vom 30. Januar 1934: Es hebt die Länderparlamente auf. Die Hoheitsrechte der Länder fallen an das Reich. Die Landesregierungen werden der Reichsregierung unterstellt. Mit der Auflösung des Reichsrats findet die Errichtung der von den Nationalsozialisten propagierten „Einheit des Reiches" ihren Abschluss.

Bis heute bleibt umstritten, ob es reale Chancen gab, diesem Staatsstreich mit rechtlichen Mitteln entgegenzutreten. Tatsächlich wurde weder ein Generalstreik noch der Einsatz der preußischen Polizei erwogen. Auch der Einsatz demokratischer Kampfverbände wie der sozialdemokratische „Reichsbanner Schwarz-Rot-Gold" stand außerhalb der Diskussion. Am Ende konnten die Nationalsozialisten triumphieren.

Lernaufgabe 5.4   Die Beseitigung bundesstaatlicher Strukturen in Deutschland **4**
1. Diskutieren Sie die These, der „Preußenschlag" sei ein „Staatsstreich" gewesen.
2. Zeigen Sie auf, wie Adolf Hitler den Bundesstaat als Hürde der Diktatur beseitigt.

Zusammenfassung

Der Bundesstaat ist Ausdruck der deutschen Geschichte. Er spiegelt die tragende Rolle der Länder in seiner verfassungspolitischen Entwicklung wider. Im Gegensatz zu anderen Staaten kam es in Deutschland sehr spät zu einer länderübergreifenden Reichsbildung. Und zwar nicht von unten durch die Bürger (z. B. „Paulskirchenverfassung", 1848), sondern von oben durch innere und äußere Kriege (1871). Die erste durch das Volk entstandene Verfassung (Weimarer Reichsverfassung) stützt sich bewusst auf die Länder als eine tragende Säule der Demokratie. So zeigt sich am Beispiel von Preußen, dass sie ein demokratisches Gegengewicht zum Reich bilden können. Der „Preußenschlag" macht deutlich, welche Gefahr die Mächtigen in unabhängigen Ländern sehen. Besonders deutlich wird dies durch die Gleichschaltung der Länder unter der nationalsozialistischen Diktatur. Sie braucht eine zentralistische Herrschaftsstruktur, um die gesamte Bevölkerung ihrem Willen zu unterwerfen. Die Mütter und Väter des Grundgesetzes haben daraus ihre Konsequenzen gezogen. Sie bilden den Gesamtstaat von unten, von den Ländern her. Mit der Neugründung der Länder (z. B. Auflösung des preußischen Staates) soll zugleich das Kräfteverhältnis zwischen den Ländern besser ausgewogen werden.

Zusammenfassende Lernaufgaben

Erkennen

1. Stellen Sie den Weg zur Gründung der Bundesrepublik dar.
2. Grenzen Sie die Begriffe Bundesstaat und Zentralstaat voneinander ab.
3. Erläutern Sie den Begriff „Länderfinanzausgleich".
4. Zählen Sie geschichtliche Etappen zur Herausbildung des Bundesstaates in Deutschland auf.
5. Erklären Sie, wie unter der nationalsozialistischen Diktatur der Bundesstaat zerstört wurde.

Werten

1. Problematisieren Sie den Länderfinanzausgleich als Grundlage des Bundesstaates.
2. Erörtern Sie die Gefahren zentralistischer Staatssysteme am Beispiel des Nationalsozialismus.

Anwenden

1. Erstellen Sie ein Schaubild über die Etappen der Entwicklung des Bundesstaates.
2. Recherchieren Sie nach Unterschieden in der Bildungspolitik der Länder.

Sachwortverzeichnis

A
Absolutismus 143
Afrika 62
Agrarwirtschaft 58
Aktiengesellschaft (AG) 136
Aktiver Realist 79
Aktivierender Sozialstaat 114
Altersstruktur 19, 25
Altersvorsorge 30, 68, 127
Antisemitismus 180
Arbeit 88
Arbeitnehmer 78, 104
Arbeitskosten 31
Arbeitskräfte 53, 108
Arbeitslosigkeit 92
Arbeitsmarkt 44, 52, 101
Arbeitszeit 97
Armut 61, 120
Atypische Beschäftigung 103
Aufenthaltstitel 51
Aufklärung 72, 77, 192
Aufsichtsrat 136
Ausländer 11, 47, 49

B
Babyboomer 33, 73
Basisinnovation 94
Bauernbefreiung 191
Befreiungskrieg 179
Beitragsbemessungsgrenze 35
Berufliche Qualifikation 52
Beschäftigungsfähigkeit 107
Beschäftigungsschwelle 96
Betriebsvereinbarung 134
Betriebsverfassungsgesetz 134
Bevölkerungsbewegung 11
Bevölkerungspolitik 46
Bevölkerungswachstum 26, 66
Bildungsföderalismus 197
Bismarck, Otto von 113, 193
Bodenschädigung 59
Bodin, Jean 143

Bruttoinlandsprodukt (BIP) 11, 93
Bundesland 11, 198
Bundespräsident 187
Bundesrat 11, 186
Bundesstaat 197
Bundestag 186
Bundesverfassungsgericht 172, 189
Bürgerinitiative 15

C
China 13, 60

D
Dänemark 129
Datensammlung 12
Datenschutz 16
Datenverarbeitung 14
Demografie 11
Demografische Kennzahl 21
Demografischer Übergang 26
Demografisch-ökonomisches Paradoxon 45
Demokratie 14, 166, 171
Deutsche Demokratische Republik (DDR) 157, 173, 174
Diagramm 18
Digitalisierung 106
Diktatur 13, 160, 169, 180

E
Ehe 85
Einigungskriege 179
Einkommen 119
Elterngeld 45
Epidemiologischer Übergang 37
Ernährungssicherheit 62
Erwerbsarbeit 89
Erwerbsbeteiligung 43
Erwerbstätige 12, 90
Erwerbstätigkeit 44
Europäischer Gerichtshof (EuGH) 185

Europäischer Gerichtshof für Menschenrechte (EGMR) 185
Europaparlament 11
Ewigkeitsgarantie 184
Exekutive 158, 187

F
Fachkraft 95
Fachkräfteeinwanderungsgesetz 52
Familiäre Eigenversorgung 82
Familie 82
Familiengericht 85
Familienplanung 66
Familienpolitik 40, 46
Fertilität 19
Flexibilität 94
Flexicurity 103
Frankreich 207
Freie Marktwirtschaft 113
Friedenspflicht 133
Fürsorgender Sozialstaat 114

G
Gauleiter 209
Gegenmoderne 78
Gemeinwohl 15, 147
Generationenvertrag 28, 34
Generationsgestalt 73
Generation Z 74
Gericht 157
Geschlechterstruktur 18
Gesellschaftliche Arbeitsteilung 82
Gesellschaftsvertrag 146
Gestapo (Geheime Staatspolizei) 171
Gesundheit 37, 67
Gewaltenteilung 187
Gewaltmonopol 143
Gewerkschaft 10, 125, 131
Gleichstellung 42
Globalisierung 78, 101
Griechenland 65
Grundgesetz 15, 85, 177, 184

Sachwortverzeichnis

Grundrechte 15, 176, 177
Grundrente 32
Grundsicherung 32
Grüne Revolution 57

H
Hambacher Fest 179
Handlungskompetenz 108
Heiliges Römisches Reich Deutscher Nation 206
Hindenburg, Paul von 208
Hitler, Adolf 169, 208
Hobbes, Thomas 144
Homeoffice 97

I
Importierter Fortschritt 68
Individualisierung 72
Industrialisierung 113, 193
Informationelle Selbstbestimmung 13
Integration 65
Internationaler Gerichtshof 185
Internet der Dinge 107

J
Judikative 158
Jugend 73
Jugendkultur 73

K
Kaiser 165
Kinder 12, 40
Kinderbetreuung 44
Klimawandel 62
Konzentrationslager 170
Kreuztabelle 18
Kultur 72

L
Länderfinanzausgleich 2020 203
Lebensbaum 19
Lebensmittel 61
Legislative 158, 186
Locke, John 145
Lohnnebenkosten 30, 125

M
Machiavelli, Niccolò 142
Machtergreifung 180
Machtübernahme 169
Mangelernährung 60
Manipulation 16
Medianeinkommen 120
Menschenrechte 176
Menschenwürde 61, 184
Migration 19
Migrationspolitik 65
Mikrozensus 11
Mittelschichtgesellschaft 122
Mobilität 94
Moderne 77
Monarchie 160
Morbidität 37
Mortalität 19
Mündigkeit 109

N
Nationalsozialisten 169
Nationalversammlung 179
Neoliberalismus 77
Normalarbeitsverhältnis 103
Normfamilie 84
Notverordnungen 171

O
Obrigkeitsstaat 171
Ökologischer Fußabdruck 59
Outsourcing 98

P
Parlament 157, 171
Parlamentarische Demokratie 162
Paulskirchenverfassung 164
Pflegeversicherung 38
Pluralisierung 72
Präsidentielle Demokratie 161
Präsidialregierung 167
Preußen 165, 207
Preußenschlag 208
Preußische Reformen 164
Pull-Faktor 63
Push-Faktor 63

Q
Qualifikationswandel 107

R
Rassenlehre 180
Rechtsordnung 15
Rechtsstaat 176
Regierung 157
Reichspräsident 166
Reichstag 169, 171
Reichstagsbrandverordnung 209
Reichswehr 170
Renteneintrittsalter 33, 35
Rentenpolitik 32
Rentenversicherung 29
Reproduktive Rechte 46
Republik 160
Ressourcenverbrauch 59
Restauration 179
Rheinland-Pfalz 198
Rousseau, Jean-Jacques 146

S
Scheidungsverfahren 86
Sexualität 66
Sozialdarwinismus 181
Sozialdemokratie 194
Soziale Frage 113, 191
Soziale Marktwirtschaft 114
Soziale Netzwerke 16
Sozialer Rechtsstaat 195
Sozialer Wandel 9
Sozialgesetzbuch 38, 115, 125
Sozialistische Einheitspartei Deutschlands (SED) 173
Sozialleistungsquote 117
Sozialpartnerschaft 131
Sozialpolitik 114
Sozialstaat 117, 191
Sozialstruktur 9
Sozialversicherung 28, 125, 194
SS (Schutzstaffel) 171
Staatenbund 200
Staatenverbund 200
Staatsform 160
Staatsgebiet 141

Staatsgewalt 141
Staatsoberhaupt 171
Staatsstreich 208
Staatsvernunft 142
Staatsvolk 141
Standardrente 30
Stille Reserve 90
Subsidiarität 195

T
Tarifvertrag 132
Tragfähigkeit 57
Tyrannei 146

U
Übervölkerung 57
Umlagefinanzierung 124
Umverteilung 45
UN-Welternährungsorganisation (FAO) 62

Urbanisierung 62
USA 101

V
Vereinte Nationen 56, 63, 141, 176
Verfassung 157
Verfassungsbeschwerde 184
Volksabstimmung 171

W
Wähler 81
Wanderungsentscheidung 64
Wartburgfest 179
Weimarer Verfassung 166
Weiterbildung 116
Weltbevölkerung 55
Welternährung 59
Weltmarkt 61

Weltwirtschaft 101
Werte 74
Wertetyp 79
Wertewandel 77
Widerstand 146, 183
Wiener Kongress 179
Wirtschaftswachstum 66
Wissensgesellschaft 10, 109
Wohlstand 68

Z
Zensus 11
Zentralstaat 200
Zentralverwaltungswirtschaft 113
Zivilisatorischer Fortschritt 56
Zuwanderung 35
Zuwanderungsgesetz 51

Bildquellenverzeichnis

akg-images GmbH, Berlin: 83.1 (akg-images/ Florian Profitlich), 83.2 (akg-images).
AOK Bundesverband GbR, Berlin: 7.1.
BAMF Bundesamt für Migration und Flüchtlinge, Nürnberg: 50.1, 50.2.
Bergmoser + Höller Verlag AG, Aachen: 162.1 (Zahlenbilder), 163.1 (Zahlenbilder), 166.1 (Zahlenbilder).
Bertelsmann Stiftung, Gütersloh: 14.1, 156.1, 156.2.
Bundesagentur für Arbeit, Nürnberg: 90.1.
Bundesagentur für Arbeit (Statistiken), Nürnberg: 92.1, 95.1.
Bundesanstalt für Arbeitsschutz und Arbeitsmedizin, Dortmund: 99.1, 99.2.
Bundesinstitut für Bevölkerungsforschung (BiB), Wiesbaden: 22.1, 23.2, 29.2, 39.1, 48.1, 56.1.
Bundesministerium der Finanzen, Berlin: 202.1.
Bundesministerium für Arbeit und Soziales, Berlin: 10 (Götte, Sebastian), 118.1, 118.2.
Deutsche Stiftung Weltbevölkerung (DSW), Hannover: 8.1 (Brian Otieno), 55.1, 55.2, 67.1.
Deutscher Bauernverband e.V., Berlin: 105.1.
Deutsches Institut für Wirtschaftsforschung e.V. (DIW Berlin), Berlin: 122.1.
DGB Bundesvorstand, Berlin: 33.1.
Eurostat - Statistisches Amt der Europäischen Union, Luxemburg: 126.1.
fotolia.com, New York: 88.3 (Small Town Studio), 97.1 (Rainer Plendl).
Fraunhofer IRB Verlag, Stuttgart: 106.1.
Fraunhofer-Institut für Arbeitswirtschaft und Organisation Human Factors Engineering IAO, Stuttgart: 109.1.
GfK-Nürnberg e.V., Nürnberg: 61.1.
Hild, Claudia, Angelburg: 148.1, 205.1.
Hüter, Michael, Bochum: 40.1, 72.1 (Lehrer online).
Institut für Arbeitsmarkt- und Berufsforschung der Bundesagentur für Arbeit, Nürnberg: 105.2, 108.1.
Janson, Jürgen, Landau: 34.2.
Koufogiorgos, Kostas; www.koufogiorgos.de, Haigerloch: 116.1, 132.1.
Mandzel, Waldemar, Bochum-Watt.: 34.1.
Mester, Gerhard, Wiesbaden: 191.1.
MetallRente GmbH, Berlin: 30.1, 30.2.
OKS Group, Delhi: 18.1, 19.1, 19.2, 79.1, 121.2, 160.2.
PAJOAS GmbH, Paunzhausen: 28.1.
Picture-Alliance GmbH, Frankfurt/M.: 8.3 (dpa/dpaweb/ Klaus Rose), 9.1 (Hans Wiedl), 20.2 (dpa-infografik), 25.1 (dpa-infografik), 31.1 (dpa-infografik), 49.1 (dpa-infografik), 59.2 (dpa-infografik), 60.1 (dpa-infografik), 63.1 (dpa-infografik), 64.1 (dpa-infografik), 70.1 (akg-images), 70.2 (©PBS/Courtesy Everett Collection / Everett Collect), 70.3 (Peter Zschunke), 76.1 (Paul Zinken), 84.1 (dpa-infografik), 88.1 (akg-images), 93.1 (dpa-infografik), 101.1 (dpa-infografik), 112.1 (akg-images), 112.2 (epa Indahono), 117.1 (dpa-infografik), 139.1 (akg-images), 139.2 (Stefan Sauer), 139.3 (Hauke-Christian Dittrich), 140.1 (Zentralbild), 141.1 (dpa-infografik), 143.1 (akg-images), 144.1 (akg-images), 146.1 (akg-images), 168.1 (dpa-infografik), 169.1 (dpa-infografik), 173.1 (akg-images), 177.1 (dpa-infografik), 178.1 (dpa-infografik), 180.1 (CPA Media), 187.1 (dpa-infografik), 201.2 (dpa-infografik).
Plaßmann, Thomas, Essen: 16.1, 52.1, 125.1.
Robert Bosch GmbH, Gerlingen-Schillerhöhe/Stuttgart: 7.3, 88.2 (Unternehmensarchiv).
Sakurai, Heiko, Köln: 94.1, 135.1, 176.1.
SINUS-Institut, Heidelberg: 75 (Studie für die 12 IHK in Baden-Württemberg).
sozialpolitik-aktuell.de - Uni Duisburg-Essen, Duisburg: 29.1, 96.1, 130.1, 130.2.
Staatskanzlei Rheinland-Pfalz, Mainz: 205.2.
stock.adobe.com, Dublin: Titel (Look!), 7.2 (Halfpoint), 8.2 (Robert Kneschke), 140.2 (Thaut Images), 199.1 (sunt).

Sturm, Reinhard, Diekholzen: 167.1.
Stuttmann, Klaus, Berlin: 115.1, 127.1, 189.1, 191.2.
Süddeutsche Zeitung - Photo, München: 170.1 (Scherl), 181.1 (Scherl), 181.2 (Scherl), 198.1 (ap/dpa/picture alliance).
Verlag J.H.W. Dietz Nachf., Bonn: 161.1, 162.2.
© **Bundeszentrale für politische Bildung/bpb, Bonn**: 71.1 (Datenreport 2018).
© **Statistisches Bundesamt (Destatis), Wiesbaden**: 11.1, 43.1, 85.1, 91.1, 91.2.

Wir arbeiten sehr sorgfältig daran, für alle verwendeten Abbildungen die Rechteinhaberinnen und Rechteinhaber zu ermitteln. Sollte uns dies im Einzelfall nicht vollständig gelungen sein, werden berechtigte Ansprüche selbstverständlich im Rahmen der üblichen Vereinbarungen abgegolten.